생태와 평화교육을 위한

100시간 여행

고립을 넘어 연대하는 민주시민을 위하여

도성훈 인천광역시 교육감

"외로움은 사회와 가족이라는 맥락에서 제대로 지지받지 못하는 느낌일 뿐만 아니라 정치적으로나 경제적으로 배제된 느낌이다."

- 노리나 허츠, 고립의 시대(2021), P.23

우리는 누군가로부터 인정받고 싶은 욕구를 가진 존재입니다. 악셀 호네트는 '인정 투쟁(2011)'에서 '인정(사랑, 권리, 연대)'은 긍정적 자기 의식을 가지게 하는 심리적 조건이자, 자신의 삶을 성공적으로 실현시킬 수 있는 사회적 조건이라고 말합니다. 그래서 인정 받지 못하고 무시(폭행, 권리 부정 및 제외, 모욕) 당한 사람은 개인적으로나 사회적으로 정체성을 인정받기 위해 '인정 투쟁'을 벌이게 되는데, 이러한 '인정 투쟁'은 도적적으로 정당하며 사회적 인정 관계의 확대를 통해 사회는 도덕적으로 진보할수 있게 됩니다.

노리나 허츠의 '외로움'은 호네트의 '무시'와 맞닿아 있습니다. 노리나 허츠는 『고립의 시대(2021)』에서 21세기 외로움의 원인을 개인의 문제로 보지 않고 신자유주의로부터 시작된다고 보았습니다. 신자유주의는 모든 것을 시장에서 거래하며 무한 경쟁을 통해 생산성을 끝없이 끌어올리는 승자독식주의입니다. 이러한 경쟁을 통해 승자는 기득권을 더욱 강화하고, 패자는 모든 책임을 자신의 노력 부족으로 돌립니다. 한편 4차 산업혁명으로 기술 발달이 고도화되면서 사람들은 더 원자화되고 파편화되고 있습니다. 여기에 코로나19로 시작된 장기간의 '사회적 거리 두기'는 사람들을 더욱 고립시키는 결과를 가져왔습니다.

이러한 고립과 외로움은 구조적 문제이며 평화의 문제와 직결됩니다. 인간의 존엄을 해치는 물리적 폭력과 구조적 폭력, 문화적 폭력은 인정받을 권리를 해치는 무시의 유형이며 이를 극복하는 것이 곧 인정 투쟁입니다. 인정은 사회적 존재인 인간이 그가 속한 공동체에서 정치적으로나 경제적으로 배제되지 않는 것이며 사회와 가족으로부터 존엄과 사랑을 받는 것입니다. 이는 공동체를 중심으로 공동선을 추구하고 공존과 평화의 가치를 중심으로 협력과 연대를 통해 이루어질 수 있습니다. 우리는 이러한 과정을 정치라고 부릅니다. 그렇기 때문에 정치는 고립된 사회를 다시 연결하는 방법이자 인간의 존엄을 보장하는 중요한 기제라고 할 수 있습니다.

정치교육으로서 민주시민교육

정치는 권력과 불평등 문제를 중요하게 다룹니다. 그래서 민주국가의 주권자인 시민은 '세상 읽기'를 통해 권력과 불평등 문제를 잘 살펴볼 수 있어야 합니다. 한 사회의 권력 문제를 살펴본다는 것은 정치·경제·사회·문화 구조를 살펴보는 것이며, 누가 정책을 결정하고, 누가 혜택을 보는지를 살피는 것입니다. 이는 결국 불평등의 문제를 이해하고 해결하는 힘이 됩니다. 어떤 관점을 가지느냐에 따라 불평등은 당연한 것이 되기도 하고, 해결해야 하는 것이 되기 때문입니다.

세상을 읽는 능력은 태어날 때부터 타고나는 것이 아니라 끊임없는 연습과 성찰을 통해 비로소 얻게 되는 능력입니다. 한 사회의 정치 수준은 그래서 그 사회 시민의 정치 수준을 넘을 수 없습니다. 정치가 상대를 악마화하고 사회를 양극단으로 몰아가며 정치 혐오를 통해 시민들을 정치로부터 멀어지게 함으로써 자신들의 권력을 공고히 하는 사회에서 우린 인간으로서의 존엄을 보장받을 수 없습니다.

민주주의는 주체적인 민주시민이 주권을 행사하는 정치형태이자 삶의 방식이며, 인간에 대한 사랑과 존중을 바탕으로 합니다. 그리고 공공선을 중심으로 한 협력과 연대는 민주주의를 이루어내는 중요한 요소입니다. 이를 위해서는 한 사람 한 사람이 주체적인 시민으로서 자신의 목소리를 안전하고

당당하게 낼 수 있어야 합니다. 그리고 그 목소리를 바탕으로 공론장에서 사회적 현안을 쟁점으로 다루고, 토론을 통해 집단 지성을 만들어내며 공동체의 문제를 해결하기 위해 직접 행동할 수 있어야 합니다. 이럴 때 우리 사회는 자유와 평등, 인간 존엄이라는 민주주의 가치를 하나씩 실현해 나갈 수 있습니다. 우리가 '세상 읽기'를 통해 실천과 참여를 강조하는 민주시민교육을 강조하는 이유가 바로 여기에 있습니다.

평화와 생태,
공존의 민주시민교육

2021년 발생한 미얀마 군부의 쿠데타는 현재까지 진행형입니다. 군부는 반(反) 쿠데타 시민에 대한 무자비한 유혈 진압을 계속 이어가고 있습니다. 2022년 러시아는 우크라이나를 침략했습니다. 이는 수많은 전쟁 난민을 낳았고, 세계 식량 위기와 에너지 위기, 핵전쟁의 위기를 가속화하고 있습니다. 2022년 대한민국은 북한의 핵과 군비경쟁이라는 안보 위협에 놓여있습니다. 지금까지 지켜왔던 민주주의와 평화가 어느 한순간 무너질 수 있다는 위기 앞에 있는 것입니다.

한편 기후재난으로 인한 기후 위기는 전 세계적인 문제가 된 지 오래입니다. 지난여름 이곳을 휩쓸고 간 집중 호우는 반지하 주택 문제를 통해 우리 사회의 불평등 문제를 적나라하게 드러냈습니다. 기후 위기는 모두가 겪고 있지만 그 피해는 불평등하게 나타나고 있는 것입니다. 또한, 코로나19로 대변되는 팬데믹은 인간의 자연 파괴의 결과이며 그러한 파괴의 결과는 우리가 생각하지 못하는 곳에서 여러 문제를 일으키고 있습니다.

우리는 지금 전환의 시대에 살고 있습니다. 기존의 착취적인 자본주의를 넘어 더불어 살아가는 포용적 민주주의를 바탕으로 시민 권력을 통해 불평등의 문제를 해결해야 합니다. 또한, 탈(脫)탄소 사회로의 전환을 통해 인간은 자연과 공존해야 합니다.

인천교육청이 2018년부터 매년 하나하나 쌓아가고 있는 민주시민교육은 전환의 시대에 필요한 민주, 인권, 평화, 생태를 중심에 둔 공존의 교육입니다. 이를 위해 100시간 포럼을 4년째 운영하고 있으며, 성공회대 민주시민교육 대학원과 업무협약을 통해 교사들의 민주시민교육 전문가로서의 역량을 강화하고 있습니다.

특히 평화와 공존을 위한 평화교육을 위해 전국 최초로 시도교육청 차원에서 2022년 강화도에 '난정평화교육원'을 개원하였습니다. 이러한 과정에서 '인천광역시교육청 학교 민주시민교육 교사 아카데미'는 올해 '평화'와 '생태'를 주제로 '생태와 평화교육의 100시간 여행'을 출판하게 되었습니다. 고립과 외로움의 시대, 생태와 평화 전환의 시대에서 공존하는 삶, 연대하는 삶을 함께 실천하고자 하시는 분들께 이 책을 추천합니다.

감사의 인사를 드리며

2019년부터 인천교육청과 함께 민주주의자로서 자기 역할을 확실히 보여 주신「시민교육과 사회정책을 위한 마중물」에 감사의 인사를 드립니다. 특히 교육청이 지역과 함께 공동의 프로젝트를 통해 성장할 수 있는 길을 만들어 주신 유범상 이사장님께도 깊은 존경과 감사의 마음을 전합니다. 그리고 학교 민주시민교육 국제포럼에 이어 함께 책을 출판할 수 있도록 도와주신 에듀니티 김병주 대표님과 조정빈 편집자님, 아울러 동료들과 2년이라는 긴 시간을 함께하며 토론과 실천을 통해 민주주의자로 살아간 우리 선생님들께도 존경의 마음을 전합니다.

진정한 연대는 단지 구호가 아니라 사회적 현상에 대해 공감하는 것이고, 구조적 이해를 바탕으로 공론의 장에 참여하여 각자가 서 있는 바로 그 자리에서 실천과 참여를 통해 변화를 이끌기 위해 노력하는 구체적인 행동입니다.

우리 함께 고립을 넘어 공존, 공생하는 평화의 시대를 만들어 봅시다.

2부 생태

3부 평화

에필로그

생태와 평화교육의 100시간 여행

잡초란 없다

잡초란 인간에게 아직 유용성이 발견되지 않은 풀이다. 풀은 평등하게 태어나지만, 인간은 자신의 관점과 필요에 따라 잡초와 약초로 나눈다. 풀의 입장에서 인간의 시선과 행위는 폭력적이며, 인간은 풀의 입장을 아랑곳하지 않고 행동한다.

돼지가 주어진 명대로 산다면 15년을 살 수 있다. 그런데 돼지의 평균수명은 6개월이다. 6개월이 되면 더 이상 몸집이 커지지 않기 때문에 사료만 축내게 되므로 인간은 6개월이 적기라고 보고 이때 살해하는 것이다. 돼지의 입장에서 인간은 너무도 약탈적이고 야만적이지만, 인간의 입장에서는 합리적이고 효율적일 뿐이다.

어떻게 생명을 이렇게 다룰 수 있을까? 인간중심주의로 세상을 재단하는 이런 관점에 잡초와 돼지는 매우 억울하고 분할 것이다. 그런데 잡초와 돼지에게 조금이라도 위안이 되는 것이 있다면, 인간은 인간도 자신들과 비슷하게 다룬다는 점이다. 인간도 경제력을 잃으면, 동물과 식물처럼 쓸모없는 존재로 취급받는다. 카프카의 〈변신〉에서 주인공 그레고르 잠자Gregor Samsa는 변신 이후 더 이상 일을 하지 못하게 되고, 결국 가족에게 부담스럽고 귀찮은 존재가 된다. 그래서 결국 살해되는 것이다. 이때 잠자의 가족은 돌봄의 부담을 벗어던졌다는 해방감에 즐거운 여행을 떠난다.

평등하게 태어난 인간, 풀 그리고 돼지는 어떻게 자신의 인권과 생명권을 박탈당하게 되었을까? 동물과 자연의 입장에서는 인간중심주의가 근본적인 원인이다. 같은 생명인데 인간은 자연과 동물을 사물로 취급한다. 즉 생산을 위한 도구로 보고 자기 마음대로 다룬다. 따라서 잡초를 제거하기 위해 경작이라는 미명하에 제초제를 광범위하게 뿌린다. 축산이라는 이름 하에 동물들을 우리에 가두고 고기, 달걀, 우유, 털 등을 얻기 위해 끊임없이 억압하고 착취한다.

자본주의는 인간중심주의를 생산과 이윤의 관점에서 실현한다. 자본은 모든 것을 상품으로 만든다. 공장은 컨베이어 벨트에 인간을 배치하고, 자연과 동물을 갈아 넣어 상품으로 뽑아낸다. 칼 폴라니는 이것을 '거대한 전환'이라고 표현하고, 자본주의의 상품생산과정을 '악마의 맷돌'이라는 은유로 설명했다. 즉 모든 것이 시장이라는 악마의 맷돌에 희생된다고 보는 것이다.

인간은 악마의 맷돌에 희생되는 것을 감수했다. 생존을 위해 어쩔 수 없다. 하루하루를 지옥같은 삶, 전쟁의 삶을 살아야 했다.

저항이 시작되었다. 초기에 기계를 부수는 러다이트 운동에서 점차 투표권을 얻으려는 차티즘 운동 그리고 인간다운 공장을 만들려는 공장법 운동이 이런 일련의 행동에서 나왔다. 결국 일부 국가들은 복지국가로 전환되었다. 복지국가는 불평등을 완화하고 의료, 교육, 주택 등 필수재를 국가가 제공함으로써 시장의 상품에서 이탈시켰다. 하지만 자본의 저항도 만만치 않았다. 결국 1930년대부터 시작된 복지국가는 1980년대 전후에 신자유주의의 공격을 받고 비틀거리고 있다.

동물과 자연도 인간과 마찬가지로 순응하지만은 않았다. 소에게 양의 창자를 갈아 곡물과 함께 먹였다. 이것은 소를 빨리 자라게 하고 고기의 질을 좋게 만들었기 때문에 인간에게 이윤과 보탬이 되었다. 특히 양의 내장이라는 폐기물을 소의 먹이로 재활용함으로써 매우 효율적인 방법이었다. 이 과정에서 발생한 광우병은 일종의 저항이다. 동물에게 과다하게 먹인 항생제는 결국 인간의 몸에 이상을 일으킨다. 기후위기, 지구온난화, 오존층 파괴, 인간을 공격하는 코로나19와 같은 바이러스의 출몰 등은 동물과 자연의 반격이다. 이윤을 추구하기 위해 동물과 자연과 벌이는 전쟁에서 인간은 승리할 것처럼 보이지 않는다.

울리히 벡은 이것을 위험사회로 명명했다. 위험사회의 주범은 인간중심주의의 눈으로 이윤을 향해 무한 질주하는 자본주의의 생산과 소비의 방식이다. 이제 위험은 일정한 패턴을 형성하여 구조화되었고 일상에서 직면하고 있다. 그런데 벡은 이런 위험이 모두에게 동일한 방식으로 나타나지 않는다고 말한다. 위험은 약자만을 따라다니기 때문이다. 영화 〈기생충〉의 반지하방은 모든 위기가 응집된 곳이다. 기후위기로 인한 더위와 폭우는 대저택에게 큰 영향을 주지 않는다. 비는 낭만이고 더위는 에어콘이 가동되기 때문이다. 하지만 반지하의 거주자들에게 있어 더위와 추위는 생존의 문제로 와 닿는다. 이처럼 구조화된 불평등과 생태위기는 시민들의 일상을 전쟁으로 만들고 있다.

앞서 보았듯이 두 개의 전선이 있다. 하나는 인간과 인간의 전쟁으로 인한 불평등의 전선이고, 또 다른 하나는 인간의 공격에 저항하는 동물·자연과의 전쟁으로 인한 생태위기의 전선이다. 이 전쟁의 피해는 약자인 인간을 집중적으로 쫓아다니고 있다. 하지만 점차 지구가 병들면, 지구거주자들 모두에게 위험하다. 어떻게 이 현상을 벗어날 수 있을까?

첫째, 인간중심주의를 의심해야 한다. 인간, 특히 소수의 인간을 중심에 두고 세상을 구성하는 것은 윤리적으로 옳지 못하고, 공리적으로 볼 때도 모두를 위험에 빠뜨릴 수 있다. 모두가 건강해야 한다. 라투르의 행위자 연결망 이론에 따르면 세계의 모든 존재는 상호 관계 속에 존재한다고 했다. 인간뿐만 아니라 동물, 그리고 사물까지도 주체로 사고한다. 공기는 물론 과속방지턱도 인간과 연결되어 있기 때문에 이들도 주체가 될 수 있다.

둘째, 이윤을 극대화하는 자본주의도 의심해야 한다. 에리워스의 〈도넛 경제학〉에 따르면 자본주의는 애벌레 경제학을 기반으로 한다. 애벌레처럼 모든 것을 먹고 버리기 때문이다. 자본주의는 모든 것을 상품으로 전환하여 이윤을 추구하면서 동시에 쓰레기를 생산한다. 플라스틱 폐기물처럼 이 쓰레기는 위험을 구조화하고 우리의 거주지를 병들게 한다. 생산력주의 관점에서 이윤추구의 기계인 악마의 맷돌을 그대로 사용할 것인가?

셋째, 자본주의와 인간중심주의에 기반한 주체에 대해 의심해야 한다. 그동안 인간과 계급이 주체가 되어 환경을 보호하고, 생명을 애완동물로 취급해왔다. 그런데 과연 이런 인간과 계급으로 앞서 말한 모든 전쟁이 종식되고 평화체제가 만들어질 수 있을까? 새로운 주체가 모색되어야 한다. 예를 들어 라투르는 녹색계급을 제안한다. 이 계급은 상품을 생산하는 것이 아니라 우리의 삶의 공간을 생성하는 계급으로, 자연과 동물도 녹색계급의 일원으로 상정한다.

이상에서 보듯이 잡초란 없다. 잡초라는 주장이 존재할 뿐이다. 잡초를 하나의 존재로 선언하고 자신의 권리를 가진 풀로 인식할 때, 구조적 불평등과 생태의 위기에 대해 근본적인 사고를 할 수가 있다. 생산의 관점에서 만든 철학, 경제학, 정치학 등의 분과학문은 이제 근본적인 전환을 통해 새롭게 태어나야 한다. 이런 점에서는 불평등이 정치의 문제이듯이 생태도 정치다. 잡초가 없는 세상을 향해 가는 시민들의 정치를 상상할 때이다.

교실에서 피어난 생태와 평화의 100시간 여행

이 책은 생태와 평화를 주제로 하고 있다. 두 주제가 하나의 짝이 될 수 있을까? 본 책은 생태가 우리 일상의 평화를 위협하는 주요 요인일 수 있다는 관점을 갖는다. 기후위기, 지구온난화, 폭염과 혹한, 오존층 파괴, 통제되지 않는 바이러스 등은 우리의 삶을 지옥으로 만든다. 특히 생태위기는 약자를 따라다니며 괴롭힌다. 한편 자본주의의 구조적 불평등도 우리의 삶을 평화롭지 못하게 만든다. 이런 점에서 이 글은 평화를 국가 간 폭력적인 충돌 상태인 전쟁으로만 보지 않고, 일상의 구조적 폭력에 주목한다. 생태위기로 인한 구조적 폭력이 평화를 위협하는 것으로 간주한다. 특히 생태위기와 불평등은 약자를 주로 괴롭힌다는 관점에서 위험사회의 계급성에 주목한다. 이런 관점을 어떻게 학급에서 나눌 수 있을까?

이 책은 크게 3부로 나누어져 있다. 1부에서는 생태와 평화를 바라보는 관점을 다룬다. 앞에서 언급했듯이 생태를 자본주의와 연관시켜 보고, 평화를 생태와 연결해서 이해한다. 즉 생태위기는 시민들의 일상을 전쟁으로 만든다는 것이다. 또한 불평등을 시민들의 평화를 저해하는 구조적 요인으로 간주하고 분석한다. 그런데 학교에서 생태와 평화교육은 그동안 어떤 관점에서 진행되어 왔을까? '공존을 위한 학교 생태교육과 평화교육의 흐름'에서 다루어지고 있다.

이 책에 담긴 2부와 3부는 이런 관점을 100시간 동안 함께 공부한 교사들이 학생들과 나눈 수업과 그 내용을 다룬다. 2부는 생태에 관한 글 7편이 실려 있고, 3부는 평화와 관련된 글 4편을 담고 있다. 생태의 주제는 플라스틱에 관한 성찰, 생태=정치라는 관점에서 아이들과 수업한 글과 민주시민교육의 맥락에서 생태시민교육을 진행한 사례, 생태를 바라보는 관점의 전환, 지구촌의 관점에서 초등학교 아이들에게 생태교육을 한 사례를 담고 있다. 한편 3부는 전쟁의 맥락에서 보았던 평화교육을 일상의 구조적 폭력의 맥락에서 본 평화의 관점 전환교육을 다루고 있다. 또한 학생들과 평화를 묻고 답하는 과정을 노동현장과 연결지어 구조적 폭력의 눈으로 보고, 슬로로딩 수업과 동아리활동을 연결해 일상에서의 평화교육을 이야기한다.

이상에서 보듯이 이 글은 생태와 평화에 대한 관점의 전환과 이것을 수업에서 나눈 다양한 사례를 담고 있다. 따라서 새로운 관점과 생태·평화를 주제로 한 시민교육을 하고자 하는 사람들에게 이 책은 매우 좋은 참고서가 될 것이다. 특히 이 책은 수업의 방법과 구체적인 교육의 예시를 담고 있어, 현장에서 교육을 하는 시민교사들에게 실용적인 가이드북이 될 수 있다.

고마움을 전하며

이 책은 놀라운 기획의 산물이다. 인천광역시교육청이 주최하고 '시민교육과 사회정책을 위한 마중물'(이하 사단법인 마중물)이 주관한 100시간의 민주시민교육 3차 연도 산물이기 때문이다. 교사들이 단일한 주제를 가지고 100시간이나 함께 공부한다는 것은 상상에서나 존재하지 않을까.

첫 시작은 2019년도에 시작되었다. 사단법인 마중물의 이사장이자 100시간 공부의 담임격이었던 필자는 100시간 교육에 대한 제안을 김용진 장학사로부터 받았을 때 그것은 하나의 상상이라고만 생각했다. 교육청이 100시간 프로젝트를 기획했다는 것이 잘 믿어지지 않아 한 개인의 기획 단계에 머물 것이라고 보았기 때문이다. 그리고 이것이 실현된다고 하더라도 바쁜 일정을 소화해야 하는 교사들이 과연 참여할 수 있을지에 대한 의심을 가졌다. 함께 공부하면서 필자는 교사와 교육청에 대한 선입견을 완전히 떨쳐버릴 수 있었다.

1차 연도는 〈민주주의자들의 교실〉이라는 제목으로 철학을 다룬 1권, 실제 수업 경험을 다룬 2권으로 총 두 권의 책이 출간되었다. 그리고 2차 연도는 〈처음하는 인권교육〉이라는 제목으로 두 번째 책을 탄생시켰다. 1차, 2차 연도의 책도 모두 기존의 관점과 달랐다. 민주주의와 인권을 사회권의 관점에서 정의하고, 이것을 교실에서 교육했기 때문이다. 그렇게 3차 연도는 생태와 평화라는 주제로 확정되었고, 같은 방식으로 공부를 시작했다. 코로나 상황에서 대면교육과 토론이 제약되었지만 모두 열정적으로 함께 공부했다. 그 결과 드디어 세 번째 책의 출간을 앞두게 되었다. 이 네 권의 책은 연결되어 있다. 교사들은 민주주의자들의 교실을 함께 만들었고, 이곳에서 민주주의의 핵심 주제 즉 인권, 평화, 생태를 공부하고 익히고 학생들과 나누었다.

현재 존엄을 주제로 4차 연도 학습이 진행 중이다. 필자는 이 과정에 참여한 것을 행운으로 생각하고 있다. 현재 노인을 '선배시민'으로 규정하고 노인을 대상으로 시민교육을 진행하고 있는데, 강의를 듣고 실천 프로그램에 참여한 노인들이 말한다. '왜 이제야 이런 이야기를 하는가, 좀 일찍 들었으면 얼마나 좋았을까.' 그동안 한국의 노인들은 자식과 가족 농사만 잘 지으려고 했지, 시민권을 실현하는 국가 농사를 지을 생각을 하지 못했기 때문이다. 결국 모든 시민과 생명들이 존재 그 자체로 인정받으며 당당하게 살 수 있는 교육은 요람에서부터 시작되어야 한다. 인천광역시교육청의 프로젝트는 청소년 시민교육을 가능성을 현실화한 것이다. 따라서 함께 한 선생님들은 나에게 희망의 증거이고, 한국 사회가 좀 더 인간화될 수 있는 길을 여는 사람들이다. 나와 한국 사회에 희망을 준, 함께 한 교사들에게 진심으로 감사함을 전한다.

우리의 토론이 세상에 나올 수 있었던 것은 보이지 않은 곳에서 헌신한 사람들 덕분이다. 사단법인 마중물의 김향미 국장은 여름과 가을 그리고 겨울 내내 좋은 공론장을 만드는 분위기와 환경을 만들어주었다. 출판사 에듀니티는 촉박한 일정임에도 불구하고 이 책을 기꺼이 맡아주었고, 고민을 작품으로 전환해 주었다. 이 자리를 빌어 김병주 대표와 조정빈 편집자에게 진심어린 감사함을 전한다.

마지막으로 이 책은 인간의 오만과 이윤을 향한 무한질주로 인해 고통받는 지구촌의 거주자들에게 전하는 성찰이자 사죄이다. 이 책이 민주주의를 확장하고 구조적 폭력과 생태위기로부터 우리의 삶을 평화롭고 안전하게 만드는 작은 매개이길 소망한다.

필자를 대표하여 유범상 씀.

- 1부 -

관점

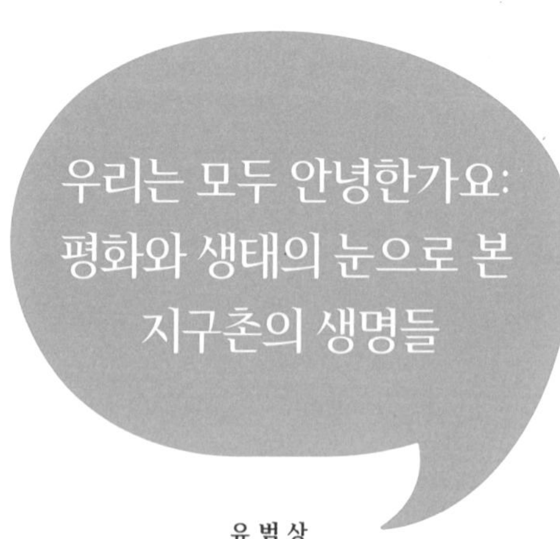

우리는 모두 안녕한가요: 평화와 생태의 눈으로 본 지구촌의 생명들

유 범 상
한국방송대학교 교수

반지하의 재난: 기후재난과 창살 없는 감옥

2022년 여름, 비로 순식간에 불어난 물이 방으로 차올라 반지하에 살고 있던 세 사람이 사망했다. 두 사람은 자매이고, 초등학생은 이들의 딸 혹은 조카이다. 두 자매의 엄마는 질병으로 병원에 입원해 있어 참극을 면했다. 하지만 이 엄마의 여생은 두 딸과 손주를 잃어 지옥 같은 고통 속에 살게 될지 모른다. 정치인들은 대책을 논의했는데, 그중에 반지하를 없애야 한다는 목소리도 포함되어 있었다.

이 재난은 어디에서 왔을까? 반지하라는 주거 형태와 폭우라는 자연 상태, 게다가 이들은 돌봄의 결핍 상태에 있었다. 엄마는 질병을 가진 노인이었고, 언니 또한 발달장애인이었다. 유일하게 돈을 벌 수 있는 동생이자, 아이의 엄마는 낮은 임금으로 서비스직에 일하고 있었다. 사회정책이 안전하지 못하다면 경제적인 측면의 삶은 구조적으로 창살 없는 감옥에 갇힌 것처럼 보인다. 반지하의 주거 형태는 이들의 삶의 상태를 보여준다. 이런 상황에서 폭우가 쏟아졌다. 폭우는 위태로운 빈곤의 삶에 결정적인 공격이었다.

세 가족의 참극은 영화 〈기생충〉과 닮았다. 〈기생충〉 속 빈곤 가정은 반지하에 살고 있다. 이들은 모두 실업자이고, 퀴퀴한 냄새를 달고 산다. 홍수가 나자 반지하 방은 수영장이 된다. 〈기생충〉은 한국 사회의 불평등과 하층민의 고단한 삶을 보여준다. 이들에게 하루하루는 생존을 위한 사투이고, 지옥과 같은 삶일 수도 있다. 불평등의 한국 사회를 '헬조선'이라고 표현하듯이. 홍수는 세 가족의 참극에서 보듯이 빈곤층에게 더 가혹한 재난이 된다. 홍수는 반지하 사람들에게 치명적이다. 하지만 대저택의 사람들에게 있어 비 오는 날은 음악과 함께 하는 낭만일 수 있다.

현장을 방문한 어느 정치인은 '반지하 방을 없애야 한다'고 주장했다. 과연 반지하 방에 살고 싶어서 사는 것일까? 석탄발전소를 계속 짓겠다는 정치인은 과연 반지하의 재난 문제를 근본적으로 해결할 수 있을까?

반지하의 불행에 공통적인 원인이 있다. 이윤만을 보고 무한 질주한 자본주의의 난폭함이 불평등과 생태위기를 불러일으킨 것이다. 신고전학파의 경제학은 자본주의의 저돌적 근대화를 찬송했다. 이 경제학에 따르면, 우리가 노는 가장 재미난 놀이터는 단 하나, 즉 시장이라는 것이다. 시장에 나온 행위자는 합리적이다. 즉 시장에서 자신의 이익만을 최대화하기 위해 행동한다. 상대보다 더 싸게 대량으로 질 좋은 상품을 생산하여 팔아서 이윤을 얻는다. 소비자가 질 좋은 제품을 더 싸게 사려고 하기 때문이다. 합리적인 가격이 시장의 수요/공급의 과정에서 형성되고 대량생산/대량소비가 일어난다. 이 과정에서 GDP는 올라가고 국가는 부유해지며 인류는 진화한다.

GDP라는 지표는 자연을 파괴하고, 불평등을 심화시키는 현상을 포착하

자본주의와 사회적 위험

지 못한다. 자연을 삼켜 생산하고, 소비하고, 폐기물을 버릴 때 그것들이 얼마나 해로운지 말하지 않는다. 또한 생산하고 소비하는 주체가 특정 계층에 한정되었다는 것을 문제 삼지 않는다. 그저 생산과 소비의 양을 따질 뿐이다. 이 사이에 불평등은 더욱 심각해진다.

본 글은 우리가 안녕한지를 묻는다. 여기에서 우리는 지구상의 모든 생명체다. 불평등과 생태위기에서는 모두 불안하다. 우리가 안녕하지 못한 근본적인 이유는 인간 중심으로 세상을 만들고 이윤을 위해 돌진적 근대화를 추구한 자본주의 때문이라는 것이 이 글의 관점이다. 위 그림에서 보듯이 자본주의는 인간, 동물, 자연을 악마의 맷돌에 갈아 이윤을 얻는다. 점차 지구촌은 위험한 세상이 되고, 불평등과 기후 위기의 공격을 받아 지옥 같은 삶의 현장으로 변모한다. 문제는 이 위험이 약자에게 주로 향한다는 데 있다.

○○○

악마의 맷돌과 사회적 위험

자본주의 전차와 악마의 맷돌

중세는 신의 시대였다. 생각, 권력, 땅이 모두 그의 것이었다. 따라서 교황은 하나님의 생각을 전해주었고, 신이 왕권을 누구에게 주셨는지를 말해주었다. 이런 점에서 왕권신수설도 교황이 인간 중에 가장 권력이 세다는 것을 보여준다. 땅도 하나님의 것이기에 인간은 점유할 뿐 소유할 수 없었다. 새로운 인식론적인 전환이 일어났다. 근대 계몽주의는 이성을 가진 인간이 생각할 수 있는 존재라고 선언했기 때문이다. 권력도 계약으로, 곧 인간이 가진 것이다. 모든 권력은 인간에게서 나온다. 사적 소유는 인간의 정당한 권리이다. 땅, 권력, 생각의 주체가 신에서 인간으로 옮겨 왔다.

신의 자리에 오른 인간은 이제 모든 것을 다스리는 존재가 되었다. 인간은 하나님의 명령, 즉 지상에 존재하는 모든 것을 지배하고자 했다. 동물, 자연, 심지어는 인간조차도 진보를 위해 희생되었다. 철학과 과학은 인간중심주의를 정당화하는 일에 적극 나섰다. 경제학은 보이지 않는 손인 시장을 내세우며 인간, 자연, 동물을 개발하고 정복해 나갔다. 이것을 체화한 새로운 주체가 자본주의이다. 자본주의는 이윤을 목표로 무한 질주한다. 이런 점에서 자본주의는 이윤 극대화라는 눈 하나로 세상을 보며 무한 질주하는 키클롭스 괴물로 비유된다.

키클롭스가 잡아서 악마의 맷돌에 무자비하게 집어넣은 존재는 인간이다. 자본주의는 말을 잘 듣는 기계를 고용하고 인간을 이 기계에 맞추었다. 테일러는 과학적인 경영방식을 도입하였는데, 공장에서 노동자들의 행동이 낭비되지 않도록 고안한 것이었다. 포드는 컨베이어 벨트를 통해 이를 실현했다. 테일러 주의와 포드주의는 자본주의 입장에선 최고의 발명품이지만 노동자의 입장에서 보이지 않는 수갑이었다. 채플린의 영화 〈모던 타임스〉는 컨베이어 벨트에 종속되어 일하다 미쳐가는 인간을 보여준다.

이상에서 보듯이 자본주의의 착취는 인간만이 아니라 모든 생명을 착취한다. 동물은 이윤을 위해 필요한 존재이다. 동물은 실험용으로 쓰이거나 인간의 배를 채우기 위해 공장식 사육 방식으로 잔인하게 길러졌다. 인간은 그동

안 동물에게 너무 잔혹했다:

> "인류의 역사는 … 자기가 아닌 다른 인간보다도 자기와 종이 다른 동물들에 대한 잔인성은 한결 더 가혹하다. 인류는 생존하고 번영하기 위해서 애쓰는 동물들, 생선들을 잡아서 죽인 후 찢어 먹고, 뜯어 먹고, 썰어 먹고, 끓여 먹으며 지내 왔다. … 식탁에 앉아 피가 배어나는 스테이크를 나이프로 잘라 포크로 찍어 입에 넣거나, 닭 다리를 두 손으로 뜯거나, 큰 도미를 속뼈만 앙상하게 남기며 발라 먹거나 한다"(박이문, 2009: 199-200).

동물의 사육과 도축 과정은 더욱 잔인하다. 공장식 사육 방식은 동물에 대한 고려가 전혀 없다. 인간을 위한 동물실험은 더더욱 잔혹하다. 피터 싱어는 〈동물해방〉 서문에서 이렇게 말한다. "이 책은 인간이 아닌 동물들에 대한 인간의 폭정에 관한 책"이라고 할 수 있다(싱어, 2012: 14). 인간과 동물만이 아니라 자연, 즉 존재하는 모든 것은 이윤의 대상이다.

> "우선 지구에서 광물, 금속, 생물연료, 화석연료를 뽑아낸다. 그다음에는 이를 갖고 각종 제품을 만들어낸다. 그 제품을 소비자에게 판다. 소비자는 제품을 사용하고 빠른 시간 안에 '버린다'"(레이워스, 2018: 247).

칼 폴라니는 자본주의를 악마의 맷돌에 비유했다. 맷돌에 갈린 모든 것은 이윤의 도구로 전환되어 고유의 공동체성과 개성을 잃어버린다고 비판했다. 이때 그는 노동, 화폐, 토지만큼은 맷돌에 넣지 않아야 한다고 주장했다. 노동이 인간을 의미한다면, 토지는 자연을 의미한다. 자연 또한 자본주의의 착취의 대상이다. 이처럼 지구상에 존재하는 사물은 물론이고 생명들이 이윤의 대상이 되어 악마의 맷돌에 갈린다. 모든 것은 병들어 간다.

〈도넛 경제학〉은 이것을 '애벌레 경제'라고 규정한다. "산업은 애벌레 비슷한 모습으로 그려진다. 한쪽 끝에 달린 입으로는 계속 음식을 들이켜고, 이를 몸속에서 소화하고, 다른 쪽 꽁무니로 배설물을 내뿜는 것이다"(레이워스, 2018: 247). 이때 배설물은 모두에게 위험한 비수로 돌아온다.

이처럼 자본주의의 악마의 맷돌에 들어가는 순간 원자화되고, 사물화되며, 고유의 모습을 잃게 된다. 자본주의의 포로가 되는 순간 평화가 사라지고 공포가 엄습한다.

두 전선:구조화된 폭력과 생태 전쟁

지구에는 인간, 동물 그리고 자연 등 많은 생명이 살고 있다. 원래 이들의 삶은 평화로웠다. 원래 인간은 자연 상태에서 평화로운 삶을 구가했다. 하지만 사유재산이 전쟁상태로 몰아갔다. 오늘날 자본이 돈을 버는 속도는 인간의 노동이 따라잡지 못한다. 20:80의 사회는 어느덧 1:99의 사회가 되어가고 있다. 자본주의는 자본 소유 여부에 따라 소수와 다수의 인간 간 대립이라는 구조를 체제화하고 있다.

본 글은 자본주의에 존재하는 두 개의 균열에 주목한다. 하나의 전선은 자본주의하에 불평등의 선을 따라 생겨난 인간과 인간의 전선이다. 마르크스는 목에 칼을 겨눈 적대적 관계라고 보며 화해 불가능한 계급관계라고 묘사했다. 그는 계급투쟁을 통한 계급 소멸의 사회를 대안으로 제시했다. 실제 자본주의는 소득 이전을 통해 시민에게 필수품인 의료, 교육, 주택, 고용 등을 제공함으로써 인간의 얼굴을 한 자본주의로 만들고자 했다. 이처럼 자본주의는 불평등과 계급투쟁을 관리했다. 복지국가는 계급 타협의 정치로 적대적인 계급이 얼마든지 공존 가능하다는 것을 보여주었다.

1980년대 이후 신자유주의는 초기 자본주의로 돌아가고자 했다. 신자유주의는 탈 상품화되었던 의무교육, 공공의료, 공공 주택, 공기업 등을 시장에 내놓았다. 지구적 차원의 신자유주의가 확장되어 가면서 지구촌 어디에서도 아메리칸드림이나 '개천의 용'은 더 이상 불가능한 것처럼 보인다. 자본주의의 불평등은 구조화되었고 빈곤층은 살기 위해서 동정과 시혜에 기대어 살 수밖에 없다. 이 과정에서 저항은 곳곳에서 일어나고 있다. 예를 들어 2008년, 금융위기 이후 '월가를 점령하라'는 99%가 1%에 저항하려는 운동이 나타났다.

자본주의 내의 또 다른 전선은 인간과 종이 다른 생명체, 즉 자연과 동물과의 관계에 그어져 있다. 자연 상태에서 동물은 먹이사슬에 의한 위협이 있었지만, 지금처럼 종을 보존하기 힘든 상황이 있었을까? 자본주의의 공격을 받은 자연과 동물은 가만히 있지 않는다. 이들은 끊임없이 신음을 토해내면서 인간을 공격한다. 월터스는 오늘날 생태위기를 읽을 수 있는 본질적인 문제의식을 담고 있다. 광우병, 에이즈, 살모넬라 DT104, 라임병, 한타바이러스, 웨스트나일뇌염 등 여섯 가지 질병을 소개하는데, 이 전염병들을 "조심성 없는 인류가 자신의 집인 자연계를 파괴함으로써 의도하지 않은 결과를 빚어낸 우화"로 묘사한다(월터스, 2020: 23-24).

월러스의 책 <팬데믹의 현재적 기원>의 부제 '거대 농축산업과 바이러스성 전염병의 지정학'에서 보듯이 우리는 근대 공장식 농축산업의 장소에 주목해야 한다. 동물을 착취하면서도 저항하지 않게 만드는 방법은 무엇이었을까? 동물이 병들지 않게 항생제를 사용하는 것이다.

> "항생제와 접촉하면 대다수 세균은 죽겠지만 잘 견디는 몇몇 세균들은 살아남을 것이다. 이것이 항생제 내성 획득의 첫 단계이다. 살아남은 세균들은 다음 세대의 기반이 되며, 물론 자신의 형질을 자손에게 물려준다. 따라서 다음 세대에는 똑같은 항생제에 노출되었을 때 살아남는 세균들이

더 많아질 것이다"(월러스, 2020: 93).

항생제는 안전할까? 항생제에 맞서 내성을 획득한 바이러스에 대해 약물 제조회사들은 또 다른 항생제를 개발하고 있기 때문에 문제가 없다고 주장한다(월러스, 2020: 101). 그런데 왜 동물들을 안전하게 관리하려고 노력하기보다는 인간에게 부작용을 일으키는 약물을 사용할까? 약물이 비용의 측면에서 돈이 덜 들기 때문이다. 특히 단기적으로 바로 효과가 있기 때문에 송아지들에게조차 과도하게 항생제를 사용한다(월러스: 2020: 92).

이상에서 보듯이 지구 환경파괴에서 생명을 지키기 위한 저항, 혹은 항의가 전염병이다. 전염병은 동물들의 생존 투쟁이다:

> "현대의 집약 농업, 삼림 벌채, 지구 기후변화, 질병을 전파하는 작은 동물들의 수를 억제해왔던 많은 포식자의 제거 …. 이런 환경 변화들이 모두 질병 증가에 기여한 요인들이다. 그리고 세계 여행과 무역이 증가도 많은 질병을 빠르게 전파할 수 있다. … '새로운 전염병 어떤 것이든 내 눈앞에 내놓아보아라. 인간이 일으킨 환경 변화가 그것을 야기했거나 약화시켰다는 것을 보이겠다'"(월터스, 2020: 16).

이처럼 전염병 유발 바이러스가 자기 공간에서 잘 살고 있다가 인간의 자리로 이동한 것은 그들의 의지이기보다는 자연과 동물에 대한 인간의 공격에서 비롯된 것이다. 그 결과 "치명적이기까지 한 수많은 새로운 전염병들이 문을 열어달라고 마구 두드려대고 있다. 그리고 이미 문을 통과한 것들도 있다"(월터스, 2020: 11).

두 전선의 대치 상태를 어떻게 하면 해결할 수 있을까? 노동의 희생을 통해 이윤을 추구하려는 과정에서 생긴 노동과 자본의 인간 간에 형성된 첫 번째 전선은 장기전이 될 전망이다. 힘의 불균형이 지속되면서 불평등은 해소되거나 완화되기보다 구조화되고 있기 때문이다. 두 번째 전선도 평화 체제로 전환되기 어려워 보인다. 자연과 동물에 대한 인간의 착취는 이윤 동기가 사라지지 않는 한 멈추지 않을 것이다. 하지만 지구촌의 위기에서 인간은 어느 정도 양보의 환경보호 캠페인을 벌이고 있다. 우리는 환경을 보호함으로써 문제를 해결할 수 있을까? 그동안 환경보호는 인간을 중심에 두고 주변을 잘 이용하고 활용하려는 관점에서 접근해 왔다. 즉 모든 것은 인간의 편익, 더 본질적으로 말하면 자본의 이윤을 위한 대상이었다. 그 과정에서 환경은 하나의 '상품'으로 간주되었다. 환경보호는 오늘날 생태위기의 대안이 되지 못한다. 이 전선은 인간의 자연에 대한 태도와 행위를 근본적으로 바꾸지 않는데 사라질 수 있을까.

○○○

약자만 쫓아다닌다: 구조적 폭력과 지옥 같은 삶

위험은 계급적이다

자본주의는 이윤과 성장을 위해 무한 질주했다. 성장과 이윤의 질주를 위해서는 원료를 필요로 한 것이다. 우리는 자연과 동물을 갈아서 원료로 사용했다. 이 일을 하는 것은 값싼 인간의 노동력이다. 이 과정에서 노동은 다치고 자연은 파괴되고 동물은 혹사당했다. 그사이 노동은 파업으로, 자연은 재해로, 동물은 전염병으로 저항했다.

폭주 기관차의 질주는 멈추지 않았다. 위험은 단지 부수적인 것에 불과했기 때문이다. 위험은 '구더기 무서워 된장 못 담그랴'하는 정당화로 부차적인 것으로 취급되었다. 또한 위험이 올 때마다 노동자에게는 임금으로, 자연은 토목으로, 동물은 의학과 과학으로 막을 수 있다는 자신감을 가지고 있었다. 인간, 동물, 자연을 착취할수록 이윤과 편리함은 커졌다. 자본주의의 돌진적 근대화에 따른 위험은 부차적인 것이 아니라 본질적인 것은 아닐까? 월러스는 돌발적인 선언을 한다:

> "자연을 상품으로 바꾸고, 질병에 대한 생태학적 회복력을 떨어뜨리고, 가축과 병원균이 세계를 이동하게 만드는 것은 자본에 의한 생산주기다. 자본주의적 생산은 그 안에 전염병을 품고 있는 게 아니라 그 자체가 전염병이다"(월러스, 2020: 300).

주목할 것이 있다. 이 이윤과 편리함은 계급적이라는 사실이다. 자본주의의 성장 과실은 소수에게 배분된 반면 위험은 다수에게 돌아갔다. 울리히 벡은 위험의 계급성을 다음과 같이 표현한다:

> "부는 상층에 축적되지만, 위험은 하층에 축적된다. 그런 만큼 위험은 계급사회를 폐지하지 않고 강화하는 것으로 보인다. 빈곤은 불행하게도 위험을 만연시킨다. 그와 반대로 (수입, 권력, 또는 교육의 면에서) 부자는 위험으로부터의 안전과 자유를 사들일 수 있다"(벡, 1997: 75).

결국 이윤과 편리함은 소수의 인간에게 집중되었다. 그리고 이 과정에서 발생하는 위험으로부터 이들은 안전하다. 위험은 강자의 편이기 때문이다. 코로나19는 이런 질주와 인간의 자만감에 큰 도전을 던지고 있다. 팬데믹은 성장의 중심에 선 나라들에조차 안전하지 않다는 것을 보여주고 있기 때문이다. 이것은 성장과 이윤의 체계에 잠재된 모순을 모두 드러내고 점차 정치

체제에 대한 저항으로 번질 조짐이다. 더 큰 문제는 코로나19가 과학과 의학으로 달랠 수 있는 범위를 벗어나 지속될 수 있다는 예상에 있다.

불평등과 평화스러운 폭력

평화란 무엇인가? 안녕의 상태이다. 평화는 폭력과 억압이 없는 상태를 의미한다. 즉 눈에 보이는 전쟁, 갈등, 그리고 폭력이 없는 상태를 평화라고 할 수 있다. 전쟁은 없는데, 왜 나는 지옥 같은 삶을 살고 있을까?

> "전 세계적으로 아홉 명 중 한 명은 여전히 먹을 것이 부족하다. 2015년에는 5세 이하 아동 600만 명이 사망했으며 그 사인의 절반은 설사와 말라리아처럼 쉽게 치료할 수 있는 병이었다. 20억 명이 아직도 하루 3달러 이하로 살고 있고, 일자리가 없는 젊은 층이 7,000만 명이 넘는다. … 2015년 현재 전 세계 부자의 상위 1%는 나머지 99%의 부를 모두 합친 것보다 더 많이 가졌다"(레이워스, 2018: 13).

이런 상황에서 능력주의는 말한다. 모든 것은 개인의 노력 문제이고, 모든 가능성은 열려있다. 아메리칸드림과 개천의 용은 신화가 아니라, 노력하고 근면한 자의 보상을 의미한다고. 마이클 샌델은 〈공정하다는 착각〉에서 능력주의는 부모 등의 후천적인 조건이나 신체 등의 선천적인 조건에 의존하기 때문에 공정하지 않다고 주장한다. 능력주의가 만드는 세상은 세습 귀족제와 다를 바 없는 세상이다.

자본주의의 구조적 불평등은 노인은 물론 청년들에게 향한다. 노년의 삶은 불평등하다. 노인의 45%가 빈곤층이고, 35% 정도가 용돈 수준의 돈을 받으며 여전히 공공 근로를 해야 한다. 반면 소수의 노인은 고급 요양 시설에서 골프와 해외여행을 하면서 지낸다. 청년들은 오늘날 한국의 N포 세대, 즉 결혼, 연애, 취업 등을 무한대로 포기한 세대라고 말하며 '헬조선'에 살고 있다. 헬조선은 조선시대와 같은 신분제가 있는 사회라는 것이다. "행복하고 아무 걱정 없는 식사를 해본 기억이 별로 없어서 …"(변진경, 2018: 29). 〈청년 흙밥 보고서〉에 나오는 구절이다. 청년들의 어려움을 알고는 있었지만, 많은 청년이 밥도 제대로 먹지 못하고 있다니.

이 책은 "청년들은 '식사권'을 잃었다. 아니 빼앗겼다"라는 목차로부터 시작해서 "21세기형 쪽방에 저당 잡힌 청춘"으로 글이 이어진다. 그리고 청년들의 취업, 지방대생의 애환 등을 논의하고 대안으로 청년수당에 대해 이야기하고 있다. 이처럼 책은 청년들의 삶을 리포트 형식으로 보고하고 있는데, 가장 강렬한 인상은 먹는 것에 대한 이야기이다.

왜 청년들은 식사를 제대로 하지 못할까? 돈과 시간이 없기 때문이다. 천만 원에 이르는 등록금, 비싼 방값과 생활비는 돈벌이가 마땅치 않은 청년들에게 큰 부담이다. 취업 준비생 송유민씨는 말했다.

> "수중에 돈이 떨어졌을 때 가장 줄이기 쉬운 게 식비예요. 방세는 고정되어 있고, 통신비나 사회생활비를 줄일 수도 없고…. 밥 한 끼를 굶을지언정 친구들과 모여서 놀 때 돈 없다고 티 내긴 싫어요."(변진경, 2018: 35).

전쟁과 홀로코스트 같은 보이는 폭력을 넘어 일상에서 보이지 않는 구조적 폭력에 주목할 때, 우리는 노동자들을 만나게 된다. 〈노가다 칸타빌레〉는 인정받지 못하는 사람들의 이야기라고 할 수 있다. 노가다는 우리가 사는 건물, 다니는 도로, 필요한 물건 등을 만들고 옮기는 없어서는 안 될 노동 형태임에도 불구하고 No가다인 것이다.

노동자들이 권리를 인정받지 못하는 사이에 죽어가고 있다. "535/ 487/ 499/ 461/ 516/ 434/ 437/ 499/ 606. 2017년까지 매년 노가다 판에서 산재 사망자 수다. 전체 산업 노동자 가운데 건설 노동자 비율은 고작 16.4%인데 사망자 비율이 무려 52.5%이다"(송주홍, 2021: 264-265). 이처럼 매년 비슷한 원인으로 수많은 노가다들이 산재로 사망한다:

> "매년 500명씩 죽어 나가는 판에 나 혼자만 천년만년 무사할 거라고 장담 못 한다. 조회 마치고 작업장 갈 때, 노가다꾼들이 가끔 던지는 농담 하나. '우리, 살아서 봅시다'"(송주홍, 2021: 266).

배달노동자들은 노가다와 크게 다르지 않은 환경에 살고 있다. 오늘날 라이더는 외견상 노동자가 아니다. 개인사업자이기 때문이다. 하지만 일의 형태는 노가다와 마찬가지이다. 즉 라이더는 배달 대행 플랫폼을 운영하는 회사와 계약하는 개인사업자(자영업자)이지만, 실상은 산업화 초기의 노동자와 비슷한 상황에 처해 있기 때문이다. 사장이기 때문에 다치면 산재보험이 적용되지 않는다. 당연히 퇴직금도 없다. "배달 세계에서 만들어진 규칙은 있지만, 우리 사회가 만든 근로자 보호, 사고 예방과 치료, 보호망이 존재하지 않는다"(박정훈, 2020: 175). 20대 노동자의 산재 사망 1위가 배달 노동 영역에서 발생했다는 점을 감안하면 노동조건이 매우 열악한 노동자인 셈이다. 사장 노동자는 라이더 입장에선 매우 불리한 호칭이다. '계약서엔 사장, 일 시킬 때는 노동자'이기 때문이다(박정훈, 2020: 157). 〈배달의민족은 배달하지 않는다〉라는 책은 이런 현상을 다음과 같이 표현하고 있다.

> "1970년 전태일 열사가 '근로기준법을 준수하라'라고 외치며 분신한 지 50년이 지난 오늘날, 우리는 '근로기준법을 준수하라'가 아니라, '근로기준법을 적용하라'고 외쳐야 하는 처지가 되었다. 50년 전 사장의 욕설을 들으며 하루 14시간씩 한 달에 단 이틀을 쉬면서 미싱을 돌렸던 노동자들은 이

제 플랫폼의 지시를 받으며 하루 12시간씩 한 달에 4번을 쉬면서 오토바이를 돌린다. 수익은 늘고 노동시간은 약간 줄어들었으므로 진보라면 진보라고 해야 할까?"(박정훈, 2020: 181).

한국 노동자들의 삶도 구조적 폭력에 위험 속에 노출되어 있는데, 외국인 노동자들은 어떨까? 한국에 온 네팔 노동자들은 모욕과 무시 앞에서 자신들이 기계가 아니라 인간이라고 외친다:

사장님!/ 나는,/ 출산과 고통으로 신음하는 내 아내를 버리고/ 자신의 심장을 쪼개서 온 사람이에요/ 삶이 이토록 어려운 시기가 도래해서/ 이제는 당신 기계의 족쇄를 차고/ 슈퍼 기계가 되어서 움직이고 있어요/ 그럼에도/ 땀을 흘린 대가로/ 왜 무시를 당해야 하나요?/ 내 자존심에/ 왜 상처를 받아야 하나요?/ 사장님!/ 이제 내 땀을 무시하지 마세요/ 이제 내 자존심에 사어를 주지 마세요/ 왜냐하면 나도 그렇잖아요/ 이 지구상에/ 당신처럼 감각을 가진 사람이잖아요.(라이. 2020: 73-74)

네팔의 또 다른 노동자는 한국에서 점점 허수아비가 되어간다고 한탄한다. 또 다른 노동자 람 꾸아르 라이는 '실패한 노력'이라는 시에서 젊음을 바쳐 모든 것을 참으면서 일했지만, 궁극적으로 사장을 만족시킬 수 없음을 깨달았다고 한탄하고 있다(빠라짓 뽀무 등, 2020: 91-92).

호네트는 가치 부정과 모욕은 분노를 불러일으키고 저항으로 귀결된다고 주장한다. 과연 노가다들은 어떻게 인정 투쟁에 나설 수 있을까. 네팔 노동자 34명이 쓴 시집 〈기계의 도시란다〉는 이미 분노의 폭탄에 점화가 시작되었음을 보여준다.

평화는 전쟁과 같은 가시적인 폭력을 넘어 '지옥 같은 삶'의 일상의 폭력으로 향해야 한다. 빈곤, 질병, 혐오와 차별 등은 일상을 전쟁으로 만든다.

지구촌의 평화: 시민교육과 녹색 계급의 상상

이 글은 반지하의 재난에서 시작되었다. 그 재난은 계급 불평등과 생태위기가 복합적으로 응집된 공간이었다. 반지하의 비극은 신자유주의가 이윤을 위해 먹고 버린 뒤의 황량한 사회를 단적으로 보여주었다. 자본주의는 생산과 이윤을 위해 모든 생명을 악마의 맷돌에 갈아 넣었고 이 과정에서 소진되고 치명적인 상처를 가진 존재들을 외면했다.

반지하의 재난은 지구촌의 신자유주의의 불평등과 기후 위기를 반영하고 있다. 그렇다면 지구촌의 평화는 어떻게 가능할까? 인간중심주의, 자본주의와 경제학, 주체와 계급이라는 세 가지 주제에 대한 의심에서부터 시작해야 한다. 첫째, 더 이상 인간중심주의로 세상을 보지 않아야 한다. 인간은 자연과 동물과 마찬가지로 하나의 지구 거주인에 불과하다. 모두는 상호의존적인 것이다.

중세에 신은 인간에게 자연을 다스리라고 명령했다. 근대 계몽주의는 인간은 이성을 가지고 합리적으로 자연을 정복하여 유토피아를 만들 수 있다고 보았다. 따라서 헤겔이나 마르크스의 역사는 합리성과 이성의 간계를 따라 유토피아에 도달하는 종말론적 사고였다. 이런 맥락에서 인간은 바이러스와의 투쟁에서 승리해 왔다고 착각해 왔다. 이것은 환상일지 모른다. 흑사병은 대가를 치르고 관리해 왔을지 모르지만, 코로나19는 끝나지 않았다. 이를 퇴치한 것이 아니라 이들의 공격을 유예해 온 것에 불과할 수 있다. 카뮈가 〈페스트〉에서 언급한 것처럼 인간이 조금이라도 방심하면 페스트균은 도처에 숨어 있다가 다시 인간을 공격할 것이다. 이런 점에서 새로운 치료 방법에만 몰두할 것이 아니라, 근본적인 원인을 찾아내야 한다. 이것은 생태계를 복원해야 하는 것이다. 인간은 겸손해져야 한다. 이제 인간 중심성의 눈으로 종 차별주의를 당연시했던 태도를 의문에 부쳐야 한다. 우리는 '원 헬스 One Health' 개념에 주목할 필요가 있다. 원 헬스는 "자연, 동물, 인간의 건강은 모두 이어져 있으므로 인수공통전염병을 막기 위해서는 환경과 농업까지 고려해 총체적으로 접근해야 한다"는 것을 의미한다(월러스, 2020: 177):

> "철새와 세계 여행의 도움을 받아, 그리고 아마도 지구온난화까지 가세해서, 이른바 아프리카 바이러스는 세계적인 바이러스가 되어가고 있다는 것을 잊곤 한다. 우리와 다른 동물들이 어디로 여행을 하든지 간에, 미생물들도 우리 몸에 붙어서 혹은 우리 몸속에서 우리와 함께 다닌다. 때로 우리는 미생물들을 뒤에 남기고 떠나기도 하고, 때로는 새로운 미생물들을 지니고 돌아오기도 한다"(월러스, 2020: 201).

이처럼 우리는 모두 생태계의 망 속에 촘촘히 얽혀 있다. 인간중심주의 눈으로는 이 망을 관리해야 하고, 할 수 있다고 믿는다. 하지만 인간의 행복과 건강은 다른 생명을 착취하고 궁극적으로 유지될 수 없다. 인간은 이윤의 눈으로 모든 것을 악마의 맷돌에 갈아 넣고 자신이 안전할 수 있다고 착각해 온 것이다.

인간은 완벽하지 않으며, 인간이 만든 과학 또한 중립적이지도 않다. 자연과학도 정치학이나, 사회학 그리고 인문학의 눈으로 봤던 시선들에 하나의 시선을 보태는 것이다. 따라서 과학이 모든 것을 설명하듯이 과장해서는 안 된다. 그 결과가 사회진화론과 혐오, 전쟁 그리고 파국을 불러일으킨다. 인간중심주의에서 생명들의 상호의존성을 인정하고 새로운 길을 찾아야 한다.

두 번째 의심은 자본주의로 향해야 한다. 자본주의는 인간의 이성과 능력을 최대치로 끌어올리는 최적의 제도로 칭송되어 왔다. 이것은 이윤을 중심에 놓고 GDP로 측정하는 경제학으로 귀결되었다. 이에 맞서는 대안은 없을까? '도넛 경제학'이다. 도넛은 위험을 보여주고 안전의 대안을 제시하는 은유물이다. 도넛의 안쪽은 불평등의 블랙홀이다. 여기에 빠지면 빈곤의 위험에 처한다. 그렇다고 도넛의 바깥쪽으로 나가서도 안된다. 지구를 파괴하는 행위의 결과이기 때문이다. 그래서 인간은 도넛 안에 머물러 있어야 한다. 이처럼 '도넛 경제학'은 불평등을 막으면서도 재생 가능한 지구 생태계를 만들려는 기획이자 실천이다. 이것은 GDP에 목숨을 거는 주류경제학과 완전히 다른 길을 걷는 새로운 경제학이다.

〈도넛 경제학〉은 주류경제학에서 도넛 경제학으로의 시선의 전환을 주장한다. 이 전환은 목표를 GDP에서 도넛으로 바꾸고 인간의 삶의 주요 장소를 시장에서 사회로 바꾸며, 시장을 사회의 한 기능으로 끌어들이고, 합리적(이기적) 인간을 협동하는 인간으로 바꾸는 것을 의미한다.

세 번째 의심은 전통적인 국가와 계급의 문제 설정으로 향해야 한다. 복지국가도 자본주의의 지속가능한 발전에 기반해서 기획된 것이다. 계급 적대는 생산력 주의를 기반해서 분배를 둘러싼 갈등으로 개념화되었다. 이제 이런 의심에 기반해서 새로운 상황에 새로운 가능성을 상상해야 한다.

기존의 주체는 노동자계급이었다. 새로운 세상을 만들기 위해서는 지구거주자가 주체가 되어야 한다. 구조적 폭력과 생태위기로부터 위험에 빠진 사람들이 주체가 되어야 한다. 이것이 계급 민감성이다. 이때 계급은 경제적인 불평등뿐만 아니라 생태위기의 공간에 있는 사람들로 확장해야 한다.

브뤼노 라투르는 녹색 계급이 출현하고 있다고 주장한다. 녹색 계급은 생명에 필요한 조건에 대한 감수성을 가진 존재로, '생산의 확대가 아니라 거주할 수 있는 지구 환경의 유지를 우선시하는' 존재이다(라투르·슐츠, 2022: 32). 녹색 계급은 지구거주자들에게 관심을 갖는다. "지구 생활의 연속성을 가능하게 하는 것은 바로 생명체들이다. 생명체들은 스스로 수십억 년의 세월 동안 기후, 대기, 토양, 대양을 포함하여 지구 생활을 만들어냈다"(라투르·슐츠, 2022: 32). 이 존재는 성장을 위해 파괴하는 생산이 아니라 거주 가능할 수 있는 조건의 생성 문제에 관심을 갖는다. 즉 "존재의 그러한 수단과 조건에 대한 투쟁, 즉 거주 가능한 땅, 흙, 영토 및 생존 기회들에 대한 투쟁"(라투르·슐츠, 2022: 136)으로 나아간다.

녹색 계급은 전통적인 계급을 벗어나는 것이 아니라 연관되는 것이다. 따라서 녹색 계급의 민감성은 위험의 현장을 섬세하게 보는 눈이다. 그런데 코로나19는 불평등을 넘어서서 동물권, 생태권에 대해서도 민감성을 가질 것을 요구한다. 연대성의 실천도 필수적이다. 위험은 지역을 넘어 일상과 세계로 향해 있다. 따라서 위험과 그 원인에 대한 대응이 계급적인 연대와 세계적인 연대를 요한다. 역시 대안은 민감성과 연대성에 기반한 시민정치이다. 이 정치는 생태 정치학으로 인식된다.

생태 정치학에 기반한 실천은 일상에서부터 출발해야 한다. 불평등과 생태 위기로부터 구조적 억압에 맞서야 한다. 즉 반지하에서 만난 전쟁 같은 삶에 천착하여 민주주의와 인권의 눈으로 들어가야 한다. 생태와 평화는 모든 존재하는 생명을 존중하는 데서부터 시작되어야 하는 것이다. 즉 인권의 문제가 근본적인 대안이다.

이러한 세 가지 의심은 시민들의 생태 정치학으로 수렴되고, 민주시민교육과 연결된다. 그동안 민주시민교육은 자유권에 중심이 되어 개인의 자유에 초점이 맞춰졌다. 하지만 구조적 폭력과 기후 위기에서 바라보는 민주시민교육은 새로운 것을 드러내야 한다. 우선 평화는 국가가 전쟁에서 안전한 것이라는 것에 머물러서는 안 된다. 일상화된 구조적 폭력에 주목해야 한다. 우리 사회를 헬조선이라고 부르면서 지옥 같은 삶을 살고 있는 비존재들에

주목해야 한다. 그리고 이들의 삶에 덧붙여진 위험, 즉 생태위기에 주목해야 한다:

> "인권침해를 당한 피해자는 무작위로, 단순히 운이 나빠 그런 일을 당한다기보다 자신이 속한 경제적·사회적·정치적 조건이 열악할수록 인권침해를 당할 '개연성'이 커진다"(조효제, 2020: 372).

더 나아가 시민교육은 이런 불평등을 만든 근본적인 원인에 주목해야 한다. 그것은 인간이고 자본이며 자본주의라는 의심을 갖는 것이어야 한다. 결국 이것은 정치의 문제이고, 생태도 시민들의 정치적 자각과 실천에서 공존과 생성의 공간이 될 수 있다는 것을 이해해야 한다. 이런 점에서 생태 정치학은 차별적인 구조를 변화시키는 것도 중요하다. 코로나19의 경우 환경파괴와 이에 따른 기후변화와 연관성이 있다. 따라서 인권운동은 환경과 생태운동과 필연적으로 만난다. 이렇게 보면 인권은 모든 것과 연관되어 있다. 인권은 새로운 생태와 평화에 관한 경제학과 경제정책에도 개입해야 한다. 이런 의심은 새로운 생각으로 연결되며, 이제 시민들이 새로운 주체로 거듭날 것을 모색해야 한다. 이때 녹색 계급은 전통적인 계급론, 국가론, 정치론에 도전하는 것을 의미한다. 이 모든 것은 학교 현장, 시민사회 그리고 노동의 현장에서 시민교육과 함께 시작되어야 한다.

이상에서 보듯이, 반지하에서 만난 비극은 지구촌과 지구 거주 생명들의 모든 문제이다. 이 문제는 전통적인 정치학과 경제학으로 해결될 수가 없다. 지구촌의 평화를 위한 시민교육은 이제 근본적인 의심으로부터 시작해서 지구촌의 모든 생명을 주체로 세우는 녹색 계급을 상상해야 한다. 그리고 실천은 각자의 공간에서 자신들답게 모색해야 한다.

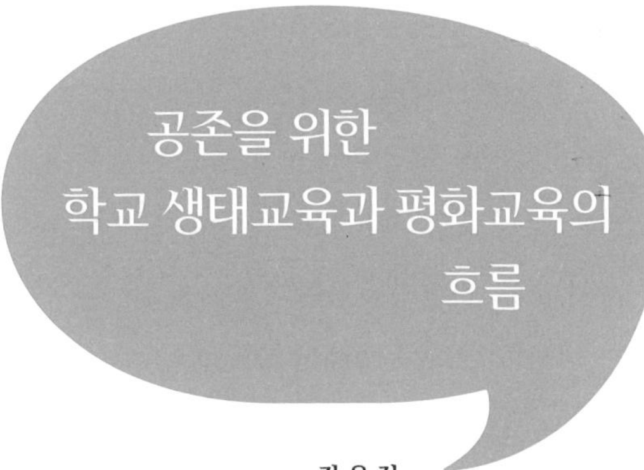

공존을 위한 학교 생태교육과 평화교육의 흐름

김 용 진
인천광역시교육청 장학사

민주시민의 시선으로 세상 읽기

진실을 찾기 위해서는 하나의 사실이 아니라 그 사실을 둘러싼 다양한 내용을 여러 시선에서 살펴볼 수 있어야 한다. 이러한 힘을 우린 문해력이라 부른다. 문해력은 단순히 글자를 읽고 이해하는 기초적인 소양만을 의미하지 않는다. 사회·문화·경제·정치적 권력관계를 이해하고 그 원인의 배경을 이해할 수 있는 능력을 말한다. 이를 프레이리는 '세상 읽기'라고 하였다. 세상을 읽는다는 것은 단순히 세상에서 벌어지는 현상을 보는 것을 넘어 그 현상의 원인과 배경을 이해하는 것으로 지금까지 당연하다고 생각하는 것에 대해 질문을 던지는 것이다. 그래서 관련 현상을 쟁점으로 다룰 수 있어야 하며 논쟁성을 통해 스스로 판단할 수 있어야 한다.

그렇다면 우리 사회는 논쟁적인 사안을 어떻게 다루고 있을까? 자폐를 가진 장애인 주인공이 나오는 드라마 '이상한 변호사 우영우'가 인기다. 이 드라마를 보는 시선은 자신이 어디에 있고 무엇을 바라보는지에 따라 사뭇 다르다. 한 기사는 기업 입장에서 로펌을 변호한다. 지금까지 돈 많은 범죄자를 돕는 로펌의 이미지를 벗고 많은 사람들에게 긍정적인 문의를 많이 받고 있다는 것이 핵심이다. 다른 기사는 드라마 우영우와 출근길 지하철 시위로 논쟁이 되는 전국장애인연합회(전장연)의 활동을 대비시키며 특별한 재능이 없는 대다수 일상의 장애인들에 대한 사회적 시선은 별반 다르지 않다는 점을 이야기하고 있다.

[노컷뉴스 파고들기]

"다만 우영우처럼 자폐성 장애인이 전문직에서 일하는 경우는 굉장히 예외적이고 이게 가능하려면 꾸준한 지원이 필요한데 우영우처럼 '지원 없이도 가능하다'란 인식이 생길까 우려가 된다. 또 우영우 같은 캐릭터가 아닌 발달 장애인에 대한 시각은 여전히 우호적이지 않다."

1)

[한경비즈니스 스페셜 리포트-우영우 신드롬]

"변호사의 '인간적 고민' 솔직히 담아 내기도… 태평양 최대 수혜. '이상한 변호사 우영우(이하 우영우)'가 보여주는 이런 정직함 그리고 변호사이기 전에 한 인간으로서의 고민은 대중을 넘어 실제 관련업에 종사하는 변호사들에게도 큰 울림을 주고 있다. 일각에서는 '우영우'의 인기가 로펌의 대한 이미지 제고는 물론 업계 판세에까지 영향을 미치고 있다는 분석도 나온다."

2)

다음은 대통령의 엄정 대처 발언으로 조명받은 대우조선해양 하청 노동자들의 파업과 교섭 타결에 관한 이야기다. 이 또한 동일한 파업과 교섭 타결이지만, 대하는 시각에 따라 다르게 표현하고 있다. 한 기사는 노동자의 임금 인상 요구를 노조의 이기주의로 바라보고 그에 따른 경제적 피해를 이야기하며, 다른 기사는 '1㎥' 도크에 들어가 농성할 수밖에 없었던 노동자의 노동 조건과 환경에 대해 이야기한다.

---

1) '우영우' 열풍에 웃는 로펌들…"더 이상 '어둠의 온상' 이미지 No". 한경비지니스, 2022.7.23.

2) '우영우'는 열광, 전장연은 외면…우리는 달라졌을까. 노컷뉴스, 2022.7.21.

[조선일보]

"대우조선해양 협력사 소속 일부 직원들로 구성된 민주노총 금속노조 거제통영고성 조선하청노조(이하 '하청노조')의 장기 파업 및 옥포조선소 1번 독(Dock·선박 생산시설) 점거 상황이 22일 노사 협상 타결로 종료됐다. 하청노조가 이번 파업·점거로 얻은 것은 4.5% 임금 인상에 그쳤다. 대우조선은 이날까지 생산지연으로 매출 손실, 고정비 지출, 지체 보상금 예상액 등 총 8000억원이 넘는 손실을 입게 됐다."

3)

[한겨레]

"애초에 조선하청지회가 개별 하청업체랑 1년 간 임금 협상을 해왔는데 전혀 진전이 없어 하청업체들과의 집단교섭을 요구했습니다. 원청도 무시했고요. 이른바 '불법 점거'를 하니까 그제서야 원청이 협상 테이블에 앉았습니다. 극단적으로 투쟁을 하지 않으면 상대가 움직이지 않는데 노조가 어떻게 해야 할까요."

4)

다양한 사회 문제를 어떤 관점에서 바라보는지에 따라 문제의 원인 진단과 해결 방안이 달라진다. 우리는 이때 사용된 언어가 누구의 입장에서 사용되고 있는지 맥락을 살펴야 한다. 그래야 그로 인해 누가 이익을 얻는지 살필 수 있으며 합리적인 판단을 할 수 있다. 바로 이러한 힘이 '문해력'이자 '세상 읽기'다.

이러한 힘은 사회적 실천 및 행동과 맞물린다. 행동 없는 사고는 탁상공론에 불과하고 사고 없는 행동은 무모한 행동주의에 그친다. 그래서 성찰하고 행동하는 자세가 필요하다. 프레이리는 이를 '프락시스[Praxis]'라 불렀다. 결국, 시민은 자신을 둘러싼 환경을 이해하고 끊임없이 질문하며 우리 사회의 현상과 현안을 쟁점으로 다뤄야 한다. 이 과정에서 현실에 대한 문제 제기로 존엄을 보장하는 공동체를 위해 행동할 수 있는 사회참여 역량이 요구된다.

---

3) 상처만 남긴 대우조선 파업… 임금 4.5% 더 받자고 8100억원대 손실. 조선일보, 2022.7.22.

4) 하청의 불법 점거? 조선업계엔 '태초의 불법'이 있었다. 한겨레신문, 2022.7.23.

공존의 민주시민교육, 생태교육과 평화교육

민주시민교육은 민주공화국의 시민이 마땅히 갖춰야 할 민주 시민성인 자율성, 공공성, 연대성을 함양하는 교육을 의미한다. 그래서 민주시민은 자율적인 시민, 공공성을 갖춘 시민, 연대하는 시민이 되어야 한다. 또한 주체성을 가지고 끊임없는 비판적 성찰과 세상 읽기를 통해 공론장에서 함께 공동체의 문제에 대해 이야기하고 이를 해결하기 위해 참여하고 실천하는 행동이 중요하다.

그렇다면, 지금 우리가 살아가는 공동체의 가장 큰 문제는 무엇일까?

퓨 리서치 센터Pew Research Center[5]에서는 매년 각국의 국민들이 감염병 확산, 기후변화, 테러, 해외 사이버 공격, 핵무기 확산 등에 대해 얼마나 큰 위협이라고 생각하는지 추적 조사하고 있다. 2020년 14개국을 대상으로 연구를 진행한 결과, 8개국이 기후변화, 4개국이 감염병 확산, 2개국이 해외 사이버 공격을 최대 위협으로 꼽았다. 우리나라는 10명 중 약 9명(89%)이 감염병 확산이 중대한 국가의 위협이라고 응답했다. 이는 조사국 중 가장 높은 수치이다. 이에 반해 프랑스, 독일, 이탈리아 및 스페인 등 유럽 대부분은 신종 코로나바이러스 감염증코로나19 등 감염병보다 기후변화가 중대한 위협이라고 응답한 이들이 많았다.

만약 2022년 현재 우리 공동체의 위협을 꼽는다면 세계 경제 위기와 빈곤, 전쟁과 전쟁 난민, 기후변화 등이 될 것이다. 코로나19 이후 세계 각국은 대규모 재정 확대 정책을 폈고 이에 따른 영향으로 전 세계는 인플레이션 사태를 겪고 있다. 여기에 러시아의 우크라이나 침공으로 인해 대규모 전쟁 난민이 600만 명 이상 발생하였고, 우크라이나의 곡물과 러시아의 원유 수출이

5) 14개국의 사람들이 2020년에 세계 상태를 보는 방법. 퓨 리서치 센터 (pewresearch.org)

제한되면서 전 세계 식량 및 원유 공급이 감소하여 식량 위기와 에너지 위기가 고조되었다. 급기야 스리랑카에서는 국가부도로 대통령이 도주하는 일까지 벌어졌다.

이러한 위기의 영향은 모든 나라에, 그리고 모든 사람에게 평등하게 나타날까?

2022년 4월 프란치스코 교황은 바티칸에서 열린 '세계 창조물을 위한 기도의 날' 기자회견에서 "기후 위기는 특히 빈곤층과 원주민에게 큰 피해를 준다"라며 "약탈적인 경제 이익에 매몰된 토지가 황폐화돼 원주민들이 큰 고통을 받고 있다"고 했다. 이어 "지난 2세기 동안 환경 오염을 가장 많이 일으킨 부유한 국가들은 생태적 빚을 지고 있다"면서 "각국은 전쟁이나 보건 위기와 같은 전 세계적 위험에 견줄 만한 위기의식으로써 기후 위기에 대응해야 한다"고 촉구했다.[6] 여러 자료에서 볼 수 있듯이 감염병 확산과 기후 위기에 따른 악영향은 유독 저개발 국가와 사회·경제적으로 취약한 계층에게 크게 다가온다. 코로나19 백신은 선진국에서 대부분 구매했고, 해당 국민들은 3차 접종까지 받으면서도 무수히 많은 백신은 폐기됐다. 하지만, 아프리카 등 저개발 국가는 백신을 구할 수 없었을 뿐 아니라 마스크조차 제대로 공급받지 못했고, 온실가스를 가장 적게 배출함에도 불구하고 그로 인한 피해는 가장 많이 감내하고 있다. 한 국가 안에서도 사회·경제적 요인으로 벌어진 불평등 문제는 결국 아이, 노인, 경제적 약자 등에게 더 큰 피해를 입히고 있다. 여름의 폭염과 겨울의 한파는 쪽방의 노인과 고시원의 청년, 건설 현장의 노동자에게 더 가혹하다. 코로나19 감염에 따른 자가 격리자의 경우 개인 정원이 있는 주택 소유자나 넓은 평수의 아파트 소유자에 비해 단칸방에 사는 가족, 작은 평수 임대 아파트의 거주자에게 더 가혹하다.

6) "지구의 울부짖음 외면 말라"... 프란치스코 교황, '기후위기' 대응 촉구 (hankookilbo.com)

이러한 불평등 문제에서 중요한 것은 공존이다. 공존은 성, 인종, 지역, 계급, 세대, 국가, 생태 등 다양성을 존중하고 존엄을 보장함으로써 불평등을 극복하는 적극적인 상태다. 기후 위기와 전쟁과 폭력이 도처에서 벌어지고 있는 현대 사회에서 인류의 생존과 존엄을 보장하는 공존의 문제는 매우 중요하다. 그래서 현대 사회에서 공존의 문제와 밀접한 생태교육과 평화교육은 민주시민교육 차원에서 중요하게 다뤄야 한다.

○○○

학교 생태교육의 흐름

자연보호헌장

인간은 자연에서 태어나 자연의 혜택 속에서 살고 자연으로 돌아간다. 하늘과 땅과 바다와 이 속의 온갖 것들이 우리 모두의 삶의 자원이다. 자연은 인간을 비롯한 모든 생명체의 원천으로서 오묘한 법칙에 따라 끊임없이 변화하면서 질서와 조화를 이루고 있다. (중략)

1. 자연을 사랑하고 환경을 보전하는 일은 국가나 공공단체를 비롯한 모든 국민의 의무이다.

(중략)

3. 자연보호는 가정, 학교, 사회의 각 분야에서 교육을 통하여 체질화 될 수 있도록 하여야 한다.
4. 개발은 자연과 조화를 이루도록 신중히 추진되어야 하며, 자연의 보존이 우선되어야 한다.

(후략)

1978. 10. 5.

가끔 답답한 날이면 가까운 산에 오른다. 산 입구에 자연보호헌장이 있어 꼼꼼히 읽어 보았다. 가장 눈에 띈 부분은 환경보전을 국가와 공공단체의 의무로 선언한 조항과 개발보다 자연의 보존이 우선임을 선언한 조항이다. 이 헌장이 만들어진 1978년은 새마을운동, 치산녹화 사업으로 국민들의 나무 심기 운동이 활발했던 때였다. 당시에는 경제 개발을 최우선으로 하였기에, 환경보호는 계몽을 통한 쓰레기 줍기, 분리수거 등 개인의 실천에 초점을 둔 국가 주도 캠페인에 머물렀다. 44년 전의 이 선언이 실현됐다면 생태파괴와 기후 위기의 문제로부터 우린 좀 더 자유롭지 않았을까?

기후변화일까? 기후위기일까?

오늘도 전 세계는 40도가 넘는 폭염으로 인해 철도와 아스팔트가 녹고 자연발화로 화재가 발생하는 사건들이 뉴스를 통해 흘러나온다. 우리나라의 경우도 갑작스러운 폭염과 한파 등 잦은 기상 이변 현상으로 기후변화를 느끼는 빈도가 높아지고 있다. 그러면서 '기후변화'를 '기후 위기'로 변경해 사용하기 시작했다. 한편에서는 자연스러운 기후변화라고 주장하는가 하면 다른 한편에서는 이미 위기를 넘어 재난 또는 재앙으로 치닫고 있음을 주장한다.

교과서에서는 지구온난화 혹은 기후변화의 용어를 사용하면서 그에 따른 자연환경과 생활의 변화를 이야기하고 있다. 하지만 교과서의 용어와 달리 사람들은 기온 상승이 더 이상 자연스러운 변화가 아니며 인류의 생존을 위협하는 단계에까지 와 있다는 것을 직감하기 시작했다. 그리고 현재는 많은 이들이 '기후 위기'라는 용어를 폭넓게 사용하고 있다. 이러한 인식의 변화는 인천시교육청에서 개발한 고등학교 교과서인 '학생자치와 사회참여'에서 살펴볼 수 있다. 교과서의 대단원 '생태와 참여'를 보면 생물 다양성과 기후 위기 대응을 중단원으로 구성하여 생태파괴와 기후 위기의 위험을 극복하기 위한 생태교육의 중요성을 다루고 있다.

고등학교 '학생차지와 사회참여' 교육과정 중 일부

대단원	중단원	일반화된 지식	내용 요소
생태와 참여	자연과 공존	인간은 다양한 생물 다양성 보존을 위한 노력을 통해 자연과의 공존을 이루게 된다.	· 생태 복원 · 생물 다양성의 중요성 · 생물 다양성의 보존
	기후위기 대응	기후위기에 대응하고 지속가능한 생활양식을 모색하는 것은 시민의 의무이다.	· 기후위기의 위험성 · 탄소중립의 실현 · 지속가능한 생활양식

기후변화에 관한 정부 간 협의체IPCC에서 기후변화는 "장기간에 걸친 기간(수십 년 또는 그 이상) 동안 지속되면서, 기후의 평균 상태나 그 변동 속에서 통계적으로 의미 있는 변동으로 '인간 행위로 인한 것'이든 '자연적인 변동Variability'이든 시간의 경과에 따른 기후의 변화"라고 설명하고 있다. 또한 기후변화에 관한 유엔기본협약UNFCCC에서는 "전 지구 대기의 조성을 변화시키는 인간의 활동이 직접적 또는 간접적으로 원인이 되어 일어나고, 충분한 기간 동안 관측된 자연적인 기후변동성에 추가하여 일어나는 기후의 변화"로 설명한다.[7] 두 개념의 공통점은 기후변화의 직접적인 이유를 인간의 행위로 보고 있다는 것이다. 특히 산업혁명 이후 지구의 기온은 지속적으로 상승하고 있다. 산업화와 도시화에 따른 자본주의적 생산방식과 소비문화는 기후 변화의 직접적인 원인이라고 할 수 있다.

날로 심각해지는 기후 문제가 인간 생존의 위협으로 다가옴에 따라 기후변화 용어만으로는 사람들의 행동 변화를 이끌어내기 어렵게 되었고, 기후

7) 국가기후위기적응정보포털 (https://kaccc.kei.re.kr/portal/climateChange/climatechange_list.do)

위기로 그 용어가 대체되기 시작했다. 이를 기후재난 또는 기후 재앙으로 표현하기도 한다. 비슷한 이유로 지구온난화 대신 지구 가열Global Heating이라는 용어가 쓰이기도 한다.

이러한 표현은 '환경'에서 '생태'로의 전환과도 연결된다. '환경'은 인간을 중심에 두고 주변을 둘러싼 환경을 어떻게 이용할 것인가에 초점을 둔 개념이다. 이는 이윤을 극대화하고, 편리성을 증진시키기 위한 자본주의적 생산과 소비를 당연한 가치로 받아들이게 만든다. 즉, 자연을 대상화하고 착취하는 현실에 대해 눈 감게 만들어버린다. 이러한 인간 중심적 사고의 문제를 극복하고 해결하기 위해 인간과 자연의 공존을 강조하는 '생태'는 지구 생태계를 중심으로 사고하고 행동하며 인간과 자연이 어떻게 공존할지에 초점을 둔 개념이다.

교육과정을 통해 본 학교 환경교육의 흐름

그레타 툰베리의 '기후를 위한 학교 파업School Strike For Climate' 이후 우리나라에서도 기후 위기에 대한 관심이 고조됐고, 이후 환경교육의 내용은 기후 위기 대응과 함께 생태교육을 중심으로 이어졌다. 특히, 2021년 서울 녹색미래 정상 회의가 개최되고 같은 해 기후 위기 대응을 위한 탄소중립·녹색성장 기본법(약칭: 탄소중립기본법)이 제정되면서 지구온난화와 기후변화로 불리던 기존 개념이 기후 위기로 전환되었다. 이제 기후 위기 대응을 포함한 학교 생태교육은 선택의 문제가 아니라 필수 영역으로 자리 잡았다.

생태교육보다 환경교육이 익숙한 우리나라의 교육은 학교 환경교육이라는 이름으로 이어지고 있다. 그래서 앞으로 다룰 내용은 인간 중심 환경교육의 역사다.

우리나라에서 학교 환경교육[8]은 어떻게 이루어졌을까?

초·중등학교에서의 환경교육은 제5차 교육과정 시기부터 강조되기 시작하여, 제6차 교육과정 시기에서는 전 교과에 걸쳐 강조되었다. 특히 중학교의 '환경', 고등학교의 '환경과학' 교과가 별도로 분리되었고, 초등학교에서는 재량활동 시간에 환경교육을 다루기 시작했다. 제7차 교육과정 시기에는 중등학교에 '환경'과를 독립 교과로 편제하였고, 고등학교에서 '생태와 환경' 과목이 등장했다. 그리고 각 교과에서도 환경 내용이 포함되기 시작했다.

녹색성장을 강조한 이명박 정부에서 시행된 2009 개정 교육과정에서는 '환경과 녹색성장' 과목이 개설되고 "본 과목의 목표를 달성하기 위하여 지구와 인류의 지속 가능한 미래에 관심을 갖게 하고, 환경과 녹색성장에 관한 지역 사회의 활동에 참여하는 경험을 갖게 하는 것이 중요하다. 특히 토론, 체험 학습, 사례 연구, 통합적 접근 방법 등을 강조하고, 학교 밖의 환경 교육 자원이나 기관과 연계하여 활동한다."로 그 목표를 제시하였다.

2015 개정 교육과정 적용 시기에는 과목명이 '환경'으로 변경됐다. 그리고 과목의 목표로 "학습자가 행복과 자아실현을 추구하는 개인으로서 환경과 타인을 배려하는 범위 안에서 지속 가능한 방식의 삶을 살아가는 동시에 책임 있는 시민으로서 환경적, 경제적, 사회적으로 지속 가능한 사회 체계를 이해하고 이를 추구하는 데 필요한 의지와 역량을 갖추도록 하는 데 있다."를 제시했다.

다양한 교육과정상의 논의와 변화가 있었지만, 학교 환경교육의 효과를 파악하는 것은 쉽지 않다. 별도 교과가 생기고 모든 교과에 환경 내용이 포함

---

8) 국가교육과정은 모두 학교 환경교육으로 표현하고 있다. 그래서 2015 개정교육과정까지의 모든 환경교육은 생태교육을 포함하고 있다.

되어 있다 하더라도 교과서는 '자연보호'와 '분리수거', '지구온난화'와 '기후변화'에 따른 '북극곰의 위기' 등 개인 중심의 노력과 감성의 호소 수준에 머물러 있는 교과 내용으로는 기후 위기와 생태 문제에 관한 세상 읽기 교육은 불가능에 가깝다. 또한 국가교육과정과 교수-학습 방법의 한계를 넘어 입시 중심 교육의 장벽 앞에서 환경교육을 제대로 하기는 쉽지 않다.

교수-학습 방법 측면에서 보면 강의 위주의 환경 교육이 주를 이룬다. 2020년 전후로 환경교육에 대한 관심이 고조되면서 학교로 찾아가 이루어지는 교육이 증가하였지만 일회성 교육으로 인해 실천과 행동 중심의 문제해결식 프로젝트 학습, 지역연계 사회참여 활동 등 다양한 교육이 이루어지지 못하는 한계를 가진다. 또한 내용 측면에서는 인간을 중심으로 자연을 이용하고 활용하는데 익숙한 '인간 중심적 환경' 관점이 갖는 한계를 드러내기도 한다. 그러다 보니 발생한 현상만을 볼 뿐 현상의 발생 원인과 그 원인 제공자인 국가와 기업이 누구인지 그리고 어떤 책임을 져야 하는지, 어떻게 문제를 해결해야 하는지 등을 구체적으로 다루고 있지 못하다. 이러한 한계를 극복하는 방법으로 '생태' 중심의 생태 전환교육이 대안으로 제시되기 시작했다.

2020년 서울시교육청은 '전환적 삶을 실천하는 생태 시민 육성'을 목표로 하는 생태 전환교육 중장기 계획을 발표하였다. 여기서 생태 전환교육은 "심각해지는 기후 위기에 대응해 인간과 자연의 공존과 지속가능한 생태 문명을 위해 생각과 행동양식의 총체적 변화를 추구하는 교육"으로 정의하였다. 같은 해 7월 전국시도교육감협의회는 '기후 위기·환경재난 시대 학교 환경교육 비상선언'을 만장일치로 채택하면서 기후 위기·환경재난 시대에 대응하고 다음 세대의 미래를 위해 교육의 대변화를 이끄는 지속 가능한 학교 환경교육을 실천할 것을 선언했다. 이러한 흐름은 2021년 발표된 2022 개정 교육과정 총론으로 이어졌다. 총론 시안의 주요 내용으로 "기후변화나 환경재난 등에 대응하고 환경과 인간의 공존을 추구하며, 지속가능한 삶을 위한 생태적 전환을 위한 교육"을 제시함에 따라 향후 학교교육에서 체계적으로 생태교육이 이루어질 수 있는 제도적 기반이 마련되었다.

"기후 위기·환경재난 시대 학교 환경교육 비상선언" 중 일부

1. 기후 위기 대응 교육을 통해 우리 아이들의 행복한 미래를 위한 환경학습권을 보장하고, 미래 세대가 함께 살아가는 관계를 배우는 「생태 문명의 핵심 학교」를 만들어가겠습니다. 1. 자연과 더불어 살아가는 공존의 지혜를, 학교를 넘어 마을과 지역에서 함께 찾아 미래 세대의 건강권과 안전권을 확보하기 위해 노력하겠습니다. 2. '지속가능한 미래를 위한 교육'으로 전환하기 위한 노력으로 학교와 교육청에서 시작할 수 있는 온실가스 감축 방안을 모색하겠습니다. 3. 기후 위기·환경재난 시대를 극복하기 위한 실천을 통해 다가치(민주, 인권, 평화, 다문화, 환경 등)를 내면화하면서 지구 공동체의 생태 시민으로서 성장하도록 공동의 노력을 기울이겠습니다.

- 전국시도교육감협의회(2020.7.)

새로운 교육을 위해 선을 넘는 교사들

"자연을 지배의 대상으로 여기고 무한 착취를 일삼는 현대 문명의 자연관으로 인하여 현재와 같은 자연 착취 구조가 계속된다면 우리의 삶의 터전인 한반도는 물론이고 전 인류가 살아갈 지구 생태계는 더 이상 온전할 수 없는 생태 위기에 직면해 있다."

1995년 1월 전국의 유·초·중등 교사들이 자발적으로 '환경과 생명을 지키는 전국교사모임(이하 환생교)'을 만들었다. 위 문장은 환생교 강령의 일부분이다. 이들은 인간 중심의 개발과 자연을 착취의 대상으로 보는 것에 반대한다. 이들은 우포늪, 낙동강 하구, 새만금, 천성산, 4대강 등 경제 성장과 개발주의에 따른 대규모 공사로 훼손된 하천, 습지 보전 운동에 힘써 왔다. 또한 계간지인 '녹색교육'을 펴내는 등 환경교육을 위한 지속적인 노력을 기울여 왔다.[9] 특히 교실 안에 국한되었던 기존의 환경교육을 마을과 국가, 세계로 확장시키며 공존을 위한 연대의 끈을 이어주는 중요한 역할을 담당해 왔다.

환생교는 생태주의를 학교 생태교육의 중요한 교육철학으로 다뤄야 한다고 본다. 여기서 생태주의는 생태 위기를 극복하고 지속가능한 미래를 만들어 미래 세대에게 물려줘야 한다는 관점을 취한다. 이는 기후 위기 대응, 생물 다양성 보존의 가치와 맞닿아 있으며 기존 환경교육의 선을 넘어 공존의 교육을 지향하는 것이다.

한편 인천 지역의 교사들은 민주시민교육 관점에서 생태교육을 위한 가치와 태도, 실천과 참여 중심의 교과서를 개발하였다. 중학교 '시민과 사회참여(2021)', 고등학교 '학생자치와 사회참여(2022)' 교과서가 대표적이다. 이 교과서의 대표적인 특징은 사회적 공감과 이해를 바탕으로 학생 스스로 판단할 수 있도록 논쟁성을 유지한다는 점과 판단 후에 문제점을 해결하기 위해 행동할 수 있도록 구체적인 프로젝트 학습으로 제시했다는 점을 들 수 있다. 또한, 초연결된 지구를 다루는 생태의 특성을 고려하여 지구촌의 문제를 해결하기 위한 세계시민으로서의 국제적 연대와 생태 전환교육의 방법을 소개하고 있다.

9) 김경환(2013), 자연과 인간이 공존하는 녹색세상- 생태와 환경을 생각하는 '환경과 생명을 지키는 전국교사 모임', 우리교육(2013.겨울호)

기후정의로 시작하는 학교 생태교육

탄소중립기본법에서 '기후정의[Climate Justice]'를 "기후변화를 이야기하는 온실가스 배출에 대한 사회 계층별 책임이 다름을 인정하고 기후 위기를 극복하는 과정에서 모든 이해관계자가 의사결정과정에 동등하고 실질적으로 참여하며 기후변화의 책임에 따라 탄소중립 사회로의 이행 부담과 녹색성장의 이익을 공정하게 나누어 사회적·경제적 및 세대 간의 평등을 보장하는 것."이라고 설명한다. 정의는 본질적으로 평등과 공정의 문제와 연결되어 있다. 그래서 기후정의는 기후 위기의 문제를 야기한 원인을 찾고 그에 따라 필요한 책임을 지며, 지속가능한 세상을 만들어가는 것을 골자로 한다.

기후정의를 학교 생태교육에서 어떻게 다룰 수 있을까?

첫째, 기후 위기의 원인을 찾아야 한다. 현재 기후 위기를 일으키는 가장 큰 요인은 온실가스다. 그러므로 온실가스를 많이 배출하는 국가와 기업 등 그 주체를 찾아야 한다. 그리고 피해를 확인하고 문제를 해결하기 위해 책임져야 할 부분은 무엇이며 어떻게 해결해야 하는지 방법을 찾는 것이다. 그리고 침묵하는 그들에게 행동을 요구해야 한다. 유럽의 시민단체인 '스톱 에코사이드[Stop Ecocide]'는 생물 다양성을 훼손하는 생태파괴를 에코사이드라고 규정하고 이에 책임 있는 인물, 기업, 국가를 국제사법재판소에서 처벌해야 한다고 주장하고 있다. 그래서 기후정의를 실현하는 것은 곧 사회정의를 실현하는 것이라고 할 수 있다.

둘째, 정의로운 전환에 대해 함께 이야기해야 한다. 석탄발전소가 탄소 배출의 원인으로 지목되면서 세계의 많은 석탄발전소는 운영이 중단되고 있다. 그렇다면 여기에서 일하는 노동자는 어디에서 일하고 있을까? 이 문제에 대한 해답으로 '정의로운 전환'이 제시되었다. 탄소중립기본법에 따르면 '정의로운 전환'은 "탄소중립 사회로 이행하는 과정에서 직·간접적 피해를 입을 수 있는 지역이나 산업의 노동자, 농민, 중소상공인 등을 보호하여 이행 과정에서 발생하는 부담을 사회적으로 분담하고 취약계층의 피해를 최소화하는 정책 방향"을 말한다. 여기서 중요한 것은 탄소중립으로 인해 발생할 수 있는 노동자와 지역을 대상으로 불평등의 문제를 극복하고 공존의 방법을 찾는 것이다. 탄소중립을 위해 전기자동차를 늘릴 경우, 기존의 내연기관을 중심으로 연결된 자동차 기계 부품 업체와 정비업체는 도산과 노동자의 실업, 지역 경제의 침체로 연결될 수 있다. 그래서 생태 전환은 노동 전환, 그리고 노동자의 삶과 지역 균형 발전 등을 종합적으로 다뤄야 한다.

학교 생태교육에서 기후정의를 중심 내용으로 다룬다는 것은 생태교육을 쟁점으로 다루는 것을 의미한다. 이는 인간 중심의 환경교육을 생태 중심의 생태교육으로 전환하기 위한 기초가 된다. 그리고 인간과 자연의 공존을 위해 행동할 수 있는 주춧돌이 된다. 이것이 기후정의의 관점에서 학교 생태교육을 해야 하는 이유다.

○○○

학교 평화교육의 흐름

폭력과 평화교육

폭력에 대해 이야기를 할 때 빠지지 않는 사람이 평화학의 창시자로 불리는 요한 갈퉁Johan Galtung이다. 갈퉁은 폭력을 신체적 피해를 주는 물리적 폭력에 한정시키는 기존 폭력관을 넘어 "인간의 능력 발현의 잠재적 가능성과 실제적 실현 간의 간격을 증가시키든가 혹은 그 간격을 감소시키려는 노력을 저지하려는 데서 발생하는 것"이라고 규정하면서 새로운 폭력관을 제시하였다. 그리고 폭력을 직접적 폭력, 구조적 폭력, 문화적 폭력으로 구분하였다. 직접적인 폭력은 가해자가 명확하여 상대를 해치거나 다치게 한다. 하지만 구조적 폭력은 정치나 경제 제도를 통해 억압과 착취가 이루어지기에 불평등의 구조로 연결된다. 문화적 폭력은 종교와 사상, 언어와 예술, 과학과 법, 대중 매체와 교육의 내부에 존재하는 상징적인 것으로 보았다. 그래서 문화적 폭력은 구조적 폭력을 정당화하고 나아가 직접적 폭력의 정당성을 부여한다고 봤다.[10)]

한편 그는 평화를 적극적 평화와 소극적 평화로 구분한다. 소극적 평화는 직접적 폭력이 없는 상태로 물리적인 폭력이 없는 상태다. 우크라이나 전쟁을 보며 평화를 이야기하는 사람들이 바라는 전쟁 종식이 곧 소극적 평화다. 이에 반해 적극적 평화는 구조적 폭력, 문화적 폭력이 없는 상태다. 결국 평화의 문제는 인간의 생명과 존엄, 빈곤과 삶의 질 등 인권의 문제와 맞물리게 되며 권력과 자원 배분에 있어서 국가, 지역, 경제, 계층 등과 관련한 불평등 문제를 다룰 수밖에 없다.

학교 안을 들여다보면 학교폭력, 교권 침해, 아동학대, 장애인 차별, 체벌 등 수없이 많은 직접적 폭력과 구조적·문화적 폭력이 존재한다. 기성세대는 단순히 강한 처벌과 인성교육을 통해 청소년의 일탈 문제를 해결하고자 한다. 그러나 학교에서 벌어지는 다양한 폭력은 사회의 축소판이라고 할 수 있다. 우리 사회에서 직장 내 괴롭힘과 같은 문제로 발생한 자살이 산재로 인정된 수를 보면 2019년 47건, 2020년 61건, 2021년 88건으로 지속적으로 증가하고 있다. 이는 공무원, 군인 등이 제외된 수치다. 직장갑질119에 따르면 공무원과 군인을 포함하면 2021년에만 118명에 이른다.[11)] 이는 괴롭힘과 같은

10) 요한 갈퉁(2000), 강종일 외 역, '평하적 수단에 의한 평화', 들녘

11) 직장갑질119는 2017년 11월에 갑질을 당한 직장인을 돕기 위해 만들어진 민간 공익단체이다. 정기적인 갑질 관련 설문 조사를 시행하고 있다.

폭력적 구조와 문화가 학교와 사회, 또는 학생과 성인을 구분하지 않고 누구나 구조적 폭력에 놓여 있음을 단적으로 보여준다.

학교 안에서도 다양한 폭력을 끊기 위한 노력은 주로 사법적 정의와 응보적 정의 수준에 머무른다. 이는 학교에서 적극적 평화교육이 이루어지지 않기 때문이기도 하다. 또한 인권과 평화에 대한 감수성 부족, 학교 교육과정상 논쟁적인 내용을 안전하게 다룰 수 있는 제도적 장치의 부재에서도 원인을 찾을 수 있다. 이것이 학교에서 적극적인 평화교육이 지지부진한 이유이다. 또한 분단체제에서 갖는 특수성으로 전쟁 없는 평화에 머물고 있는 소극적 평화교육과 군사 문화가 내재된 문화적 특성, 그리고 상대평가를 통해 경쟁자를 이겨야 하는 입시 체제는 인간의 잠재성을 발현하고 인간 존엄을 다루는 적극적 평화교육이 이뤄지기 어려운 구조를 만들고 있다.

교육과정을 통해 본 평화교육의 흐름

국가교육과정에서 평화교육은 정규과목으로 별도 편성되어 있지 않다. 주로 통일교육의 방법적인 측면에서 평화교육을 다루는 경우가 많았다. 그럴 수밖에 없는 이유는 한국전쟁과 분단의 역사에서 찾을 수 있다. 우리 사회에서 한국전쟁과 분단의 문제는 단순히 과거의 문제가 아니라 현재의 사회 구조를 만드는 중요한 시작점이다.

한국전쟁은 주로 도덕과와 사회과(역사 포함)에서 다뤄졌는데 내용은 자유민주주의의 우월성과 반공교육이 중심을 이뤘다. 체육과에서는 제식훈련을 위한 기초교육이 진행됐고 지금은 폐지된 교련에서는 학생들이 기초군사 훈련을 받아야 했다. 이처럼 1987년 민주화운동 이전 학교 평화교육은 통일교육으로써 반공주의에 기반한 국가 안보 교육을 중심으로 이루어졌으며 국방력 강화로 북한의 무력 도발과 제2의 한국전쟁을 막는 것이 중요한 과제였다.

하지만 탈냉전으로 소련이 붕괴되면서 자유민주주의 체제의 우월성이 강조된 1990년대 이후부터는 통일을 접하는 방식도 정권교체에 따른 정부에 따라 다르게 나타났다. 김대중 정부와 노무현 정부는 '햇볕정책'으로 대북 포용책을, 이명박 정부와 박근혜 정부는 '비핵·개방·3000'으로 대북 강경책을 추진했다. 그리고 최근 문재인 정부와 윤석열 정부 간에도 통일과 평화에 대한 인식의 차이를 드러내고 있다. 한쪽은 "나쁜 평화가 전쟁보다 낫다."는 인식 아래 전쟁을 막기 위한 포용 정책에 기반한 평화에 초점을 두고, 다른 한쪽은 "강한 군사력이 평화를 지킨다."며 상호주의와 강한 군사력 우위의 평화를 강조한다.

정권이 바뀌면 정권이 추구하는 통일관에 따라 통일교육 자료가 발간되고 학교에 보급된다. 기존의 교과서가 있음에도 불구하고 정권에 따라 통일교육자의 내용이 바뀐다. 이런 정책은 통일(평화)은 정치적인 판단이자 결단이라는 걸 보여 준다. 그렇다면 해당 자료로 교육하는 학교교육은 정치적 산물이 아닐까? 만약 어떤 교사가 정권의 통일(대북) 정책과 다른 교육을 하면 정치적 중립성 위반을 이유로 징계 사유가 된다. 결국 5년마다 정치적 중립성의 기준이 달라지는 것이다.

도덕과에서 '평화'라는 용어를 직접 사용하기 시작한 국가교육과정은 '2007 개정교육과정'시기이다. 고등학교 과목인 '생활과 윤리'를 중심으로 평화의 내용을 살펴보면 다음과 같다.

국가교육과정을 중심으로 본 고등학교 생활과 윤리 중 평화 단원[12]

교육과정	영역(대단원)	주제(중단원)	평화 관련 성취기준(일반화된 지식)
2007 개정 교육과정	평화와 윤리	· 민족 통합의 윤리적 과제 · 국가 생활과 윤리 · 지구촌의 윤리적 상황과 과제 · 전쟁과 평화	국제 관계 속에서 발생하는 다양한 문제를 극복하기 위해 국제 관계의 윤리성 회복이 중요함을 인식한다. 이를 위해 현재의 분쟁 지역, 세계 각국이 평화를 위해 펼치고 있는 활동과 평화를 유지하기 위한 노력, 국제 관계에서 윤리성이 중요한 이유에 대해 조사·분석한다.
2009 개정 교육과정	평화와 윤리	· 민족 통합의 윤리적 과제 · 지구촌의 윤리적 상황과 과제	민족 통합의 윤리적 과제를 올바르게 인식하고, 바람직한 민족관 및 통일관을 형성한다. 지구촌 시대의 윤리적 과제를 이해하고, 국제 정의와 평화를 실현하고자 하는 의지와 태도를 지닌다.
2015 개정 교육과정	평화와 공존의 윤리	· 갈등 해결과 소통의 윤리 · 민족 통합의 윤리 · 지구촌 평화의 윤리	지구촌 시대의 국제 정의는 국제 분쟁, 반인도적 범죄, 국가 간 빈부 격차, 절대 빈곤 문제 등이 해결될 때 실현될 수 있으며 지구촌 구성원 모두의 인간다운 삶을 위한 제도 보완, 해외 원조 등의 윤리적 책임과 기여가 필요하다.

'2007 개정교육과정'은 노무현 정부에서 개정한 내용이나 이명박 정부의 등장과 함께 '2009 개정교육과정'으로 대체되면서 2년 만에 '전쟁과 평화' 단원이 사라졌다. 박근혜 정부에서 시행하고 현재 적용되고 있는 '2015 개정교육과정'에서는 요한 갈퉁의 평화 이론과 칸트의 영구평화론을 내용 요소로 다루고 있으나 입시와 맞물려 수능을 준비하기 위한 지식 교과 중심으로 흐르는 한계를 보인다.

이처럼 국가교육과정의 평화 단원은 통일을 중심으로 민족 정체성, 민족 통합, 호국정신 등을 다루고 이를 확장하여 지구촌 문제와 국제 평화를 다룬다. 그러다 보니 전쟁 없는 상태의 소극적 평화를 중심으로 다룰 뿐 불평등의 문제를 극복하기 위한 적극적 평화는 상대적으로 소홀히 하는 경향이 있다. 우리 학교와 사회에서 벌어지는 다양한 폭력 문제인 학교폭력, 가정폭력, 갑

12) 국가교육과정 정보센터(www.ncic.go.kr) 자료 재구성

질, 노동문제 등을 해결하기 위해서라도 국가교육과정 차원에서 다양한 사회 문제와 갈등, 착취와 억압 등 불평등 상황을 논쟁적으로 다루고 그 문제를 해결하기 위해 실천하는 적극적 평화교육을 체계적으로 제시해야 한다.

교과서로 본 전쟁과 평화

역사 과목은 전쟁을 가장 많이 다루는 과목이다. 고대부터 현대를 다루는 역사 교육의 주요 내용을 한마디로 말한다면 어쩌면 '전쟁의 역사'로 국가의 흥망성쇠를 다룬다고 말할 수 있을 것이다. 한반도에 있던 고대 국가들은 철기 무기를 바탕으로 중앙집권 국가로 발전하였는데, 이는 현재 우리 역사의 원형으로 다뤄지고 있다. 이러한 중앙집권 국가의 발전 과정은 반드시 전쟁을 수반하게 된다.

고진아(2020)는 2015 개정 교육과정이 적용된 한국사 교과서를 분석하였는데, 교과서가 전쟁을 영토 확장을 통한 국가 성장과 발전으로 연결시키는 서사를 가지고 있고 이민족을 비인간화하는 기술을 하고 있으며 엘리트 남성이 두드러지는 지배층을 중심으로 서술하면서 전쟁의 참혹한 삶을 살아야 하는 민중들의 삶은 뭉뚱그려 설명한다고 지적한다.[13]

우리가 우크라이나 전쟁에서 볼 수 있듯이 전쟁은 승자와 패자를 나누기에 앞서 전쟁으로 강제 징집된 사람과 그 가족의 이야기이자, 전쟁에서 벌어진 약탈과 범죄에 고스란히 놓여진 사람들의 이야기이다. 하지만 역사 교과서에서 백성들의 삶은 거의 찾아보기 어렵다. 교과서는 왕조를 중심으로 흥망성쇠를 다루고 있기에 그 과정에서 벌어지는 전쟁은 영토의 확장과 이민족을 막아내는 민족주의의 성과로 다뤄지기 때문이다. 그러다 보니 우리는

13) 고진아(2020). 평화의 관점에서 역사 교과서를 보다 -2015 개정교육과정 역사 교과서 전근대 전쟁 관련 서술을 중심으로-. 중원문화연구,28(),121-141.

역사교육에서 전쟁에 대해 깊이 있게 숙고하지 못했다.

한편 같은 전쟁이라도 독립을 지키기 위한 전쟁이나 저항이 있다. 임진왜란이나 병자호란과 같은 외세의 침략에 대한 민중의 항쟁과 '반봉건, 반외세'의 기치 아래 이뤄진 동학 농민혁명 등이 그러하다. 여기서는 민중의 피폐한 삶과 무능한 정치권력에 대한 항쟁을 다루며 저항 폭력에 대해 정당성을 부여하고 있다. 이러한 저항권은 폭력을 사용한다는 점에서 비폭력 저항과는 차이가 있다. 이를 현대사에 적용하면 국가폭력에 저항한 4.3 제주 항쟁과 5.18 광주민주화운동으로도 연결 지어 생각해 볼 수 있다. 이들은 거대한 국가폭력에 저항하기 위해 폭력을 사용하지만 부당한 폭력에 대한 정당한 저항 폭력으로 다뤄진다.

2021년 2월 미얀마 군부는 쿠데타를 통해 정권을 탈취하였다. 이에 미얀마 시민들은 시민 불복종 운동을 전개하며 부당한 군부세력에 저항하기 시작했다. 그해 3월 우리나라의 '문화 다양성교육-다문화교육-세계시민교육 네트워크(이하 문다세)'는 국내·외 교육자 2,457명의 의견을 모아 긴급 성명을 발표했다. "미얀마 교사, 학생의 죽음 앞에서 우리는 무얼 가르쳐야 하나"의 제목의 성명서에서 미얀마 내 학살 사태를 비판하였다. 미얀마와 비슷한 역사를 가진 우리나라의 시민들은 미얀마 시민들과 연대하며 미얀마가 민주주의를 쟁취하기를 응원했다. 학교교육에서도 광주민주화운동과 유사한 미얀마의 민주화운동을 바탕으로 민주주의, 인권, 평화의 교육이 함께 이루어지기 시작했다.

이 시대의 역사교육 방법으로 요구되는 것은 전쟁을 둘러싼 역동적인 관계를 살펴보는 것이다. 그리고 그 전쟁을 막을 수 있는 방법은 없었는지, 전쟁의 폭력 앞에 가장 큰 피해자인 여성, 노인, 어린이의 삶은 어떠한지 등 여러 각도에서 종합적으로 판단할 수 있어야 한다. 그러한 노력이 있을 때 학습자는 비판적이고 주체적인 판단을 통해 분단국가인 우리나라에서 비극적인 전쟁을 막고 인간 안보로서 적극적 평화를 만들어 낼 수 있는 평화교육이 가능해질 것이다. 또한 연대의 과정은 지구적 평화를 실천하는 세계시민으로 발돋움하는 디딤돌이 될 수 있다.

교실에 평화의 바람이 분다

10대 학생들이 '참교육'이라는 단어를 자연스럽게 사용하는 것을 보면서 의아했던 적이 있다. 참교육은 1980년대 촌지와 체벌, 입시 경쟁으로 인한 학생 자살 문제가 심각했던 시기에 등장한 용어이다. 당시 문제의식을 가진 교사들은 전교조를 창립하고 민족, 민주, 인간화 교육 운동을 시작했다. 이 과정에서 촌지와 체벌을 거부하고 입시 중심 교육을 극복하기 위해 부단히 노력하였다. 하지만, 10대들에게 참교육은 전교조의 참교육과 다르게 웹툰 '참교육'에서 영향을 받았다. 웹툰은 학교에서 학생 체벌이 금지된 2011년을 배경으로 한다. 일진과 왕따, 촉법소년, 교권 침해 등 학교에서 벌어진 다양한 일상의 폭력 문제를 제대로 해결하지 못하는 학교와 사회를 대신해 주인공이 사적 폭력을 통해 가해자를 응징하는 내용이다. 웹툰은 폭력을 휘두른 가해자가 제대로 처벌받지 않는 현실을 비판하고 가해자를 응징하는 장면을 통해 많은 청소년에게 공감을 받았다. 그 이후 '참교육'은 10대에게 잘못된 행동에 대한 응징의 의미로 사용된다.

웹툰 '참교육'에서 다루는 대부분의 이야기는 누구나 알 수 있는 일상의 문제들을 다룬다. 하지만 무기력하게 피해자를 보호하지 못하고 가해자가 제대로 책임지지 않는 현실에서 주인공의 응징은 보는 이에게 카타르시스를 제공하며 현실에서 이루어지지 않는 사법적 정의를 비틀어 비판한다.

그런데 과연 사적 폭력을 사용한 응징이 피해자의 피해를 회복하고 학교

폭력을 줄일 수 있을까?

학교에서 생활지도는 주로 가해자의 행위에 따라 징계 수위가 결정되고 그 징계를 집행한다. 그러다 보니 피해자의 피해 회복과는 상관없이 징계를 받은 가해자는 그 징계를 통해 책임을 다했다고 생각하는 한계가 있다. 결국 피해자는 여전히 피해 안에서 살 수밖에 없고 "이게 정의인가?"라고 물을 수밖에 없다.

이에 대한 대안으로 비폭력 대화와 회복적 생활교육이 본격적으로 학교 교육에 적용되기 시작했다. 이는 학교 교육의 패러다임을 전환시킨 혁신교육 차원에서 더욱 강조되었다. 이러한 운동은 학교생활에서 벌어지는 일상의 갈등을 조정하고, 피해를 온전히 회복함으로써 교실을 평화교육의 실천 공간으로 만드는 씨앗이라고 할 수 있다.

회복적 생활교육은 학교 문화를 바꾸려는 평화교육이다. 이런 뜻을 같이 한 교사들은 회복적 정의를 바탕으로 기존의 교사 우위의 교정적 학생 지도와 응보적 정의를 피해자의 피해 회복에 중심을 둔 회복적 정의로 전환하여 학생들이 교실과 학교를 안전하고 평화로운 공간으로 느낄 수 있도록 노력했다. 이들은 학교폭력의 문제를 문화에서 찾고 문제를 근본적으로 해결하기 위해 학교를 안전한 문화로 바꾸려고 노력한다. 이 과정에서 가해 학생은 본인의 행위가 어떤 피해를 주고 있는지 상대 입장에서 이해하고 피해자의 피해를 회복시키기 위한 방법을 스스로 찾는다. 그리고 피해자에게는 자신이 느끼는 감정을 제대로 느끼고 그를 극복하기 위해 필요한 욕구를 스스로 찾아 표현할 수 있게 함으로써 일상으로의 회복을 지원한다. 이러한 과정을 통해 당사자의 갈등을 조정하고 서로의 존엄을 보장하기 위한 공존의 방안을 모색한다.

그래서 회복적 생활교육은 직접적 폭력의 문제를 넘어 학교 구성원 사이에 나타나는 구조적, 문화적 폭력을 극복하고 서로의 존엄을 보장하게 하는 민주주의의 정원이자, 평화교육을 실천하는 디딤돌이 되고 있다. 이 디딤돌은 그동안 우리가 소홀히 했던 적극적 평화교육을 통해 학교와 마을, 국가와 세계에서 공존의 평화교육을 할 수 있는 기초가 될 수 있다.

○○○

다시 시작하는 학교 생태교육과 평화교육

어느 방송에서 먹요원이라 불리는 사람들이 한 가게에 들어가 촬영하는 먹방을 본 적이 있다. 다른 먹방 프로그램과 같이 누가 많이 먹는가를 다루는 줄 알았으나, 이 프로그램은 출연자가 많이 먹음으로써 해당 가게의 매상을 올려주는 것이 핵심이다. 제목을 확인해 보니 '돈쭐내러 왔습니다'다. 돈쭐은 돈으로 혼쭐을 내준다는 의미로, 선행을 한 가게 등에 주문을 많이 해서 매상을 올려 주는, 즉 돈을 셀 때 그 양이 많아 힘들게 해 혼쭐을 낸다는 의미로 사용된다. 이때 내게 불편하게 다가온 단어가 있다. 바로 '돈쭐'이다. '돈쭐'이 매우 폭력적으로 느껴졌기 때문이다. 혼쭐은 "몹시 호되게 꾸지람을 듣거나 벌을 받다.", "매우 놀라거나 무서워서 정신이 빠질 지경이 되다."라는 의미로 혼쭐을 내는 사람과 받는 사람이 존재하는 위계를 전제한 문화적 폭력성이 담긴 용어다. 어떤 이들은 이런 생각에 대해 반골 기질이 강하다고 말하지만, 거꾸로 이를 감수성이라 부르고 싶다.

감수성 교육과 세상 읽기

감수성은 민감하게 느낄 수 있는 태도로 지금까지 당연하게 생각하던 것을 불편한 것으로 마주하는 것이다. 어느 순간 무심코 사용하던 용어들을 차별, 혐오, 폭력적으로 느낄 수 있는 건 상대방 입장에서 생각해 보는 것으로 시작해 볼 수 있다. 그리고 용어가 갖고 있는 사회·문화적 의미를 역지사지의 마음으로 마주하고 몸으로 느껴 보는 것이다. 그러나 불편함과 마주하고 낯설게 만난다는 건 지금까지 아무렇지 않게 살았던 내 삶의 과거가 부정당하는 것 같아 회피하고 싶은 마음이 들기 마련이다. 그러다 보니 어느 순간 나에게 감수성 교육은 가장 어려운 과제다.

우리 일상에 사용되는 많은 용어가 점점 차별과 혐오, 조롱을 넘어 갈등을 조장하고 증오로 옮아가는 상황을 종종 보게 된다. 하지만 이런 용어들은 나도 모르는 사이에 사용하는 경우가 많다. 이를 '먼지 차별microaggression'이라고 부른다. '먼지 차별'은 먼지처럼 우리 눈에 잘 보이지 않지만, 편견이나 선입견으로 만들어진 사회 속 만연한 차별을 말한다. 주로 행동과 표정, 언어로 표현되는데 자신도 모르게 습성으로 배어들어 간다. 스스로 먼지 차별을 인지한다는 것은 그 사회에 숨겨진 구조적·문화적 폭력을 살필 수 있는 힘을 갖춘 것이다. 이러한 인권감수성을 갖춘다는 것은 상대 입장에서 생각해 보고 나를 둘러싼 세상의 권력관계를 살펴보는 것이다. 또한 불평등한 사회·구조에 대해 이야기하며 인권침해 상황에서 그 문제를 해결할 수 있는 힘이기도 하다. 만약 이러한 감수성이 없다면 우린 선량한 차별주의자로 계속 살게 될 것이다.

인권교육에서 인권감수성을 갖는 것처럼 생태교육과 평화교육은 생태와 평화에 대한 감수성을 갖는 것은 중요하다. 생태·평화 감수성을 함양하는 생태·평화교육은 지구적 문제인 생태와 평화 문제에 대해 민감하게 느끼고 그 문제로 인한 불편함을 직접 마주할 수 있는 힘이다. 그래야 공감하고, 이해하고, 판단하고, 행동하는 교육이 가능하고, 비판적 성찰을 통해 세상 읽기가 가능해진다.

세상을 읽는 교육은 어떤 현상을 이해함에 있어 사회·문화·정치·경제적 관계를 살펴보는 교육으로 넓은 의미의 정치교육으로 볼 수 있다. 정치교육에서 놓치지 말하야 할 것은 도덕적 정당성을 갖추는 것이다. 인권에서 권리를 뜻하는 'Rights'는 도덕적으로 정당하다는 의미를 갖는다. 그래서 인권정책연구소 김형완 소장은 "인권은 권리 중에서 도덕적으로 정당성을 부여받은 권리"라고 말한다. 이런 맥락에서 민주시민교육으로의 생태교육과 평화교육은 내용이나 방법과 행동에 있어 도덕성 정당성을 갖추는 것이 중요하다.

불평등을 넘는 방법,
연대하는 교육

근대 산업혁명 이후 급격한 산업의 발달은 생태의 파괴와 불평등을 낳았다. 특히 생태파괴의 경우 코로나19 바이러스와 같이 인간이 동물 서식지를 파괴하면서 신종 바이러스가 확산되곤 했다. 또한 자본주의의 전 지구적 확산으로 발생한 깊어진 불평등의 문제는 '능력주의'라는 이름으로 불평등을 당연시하고 있다. 조건의 평등 없는 기회의 평등은 승자독식을 만들고, 불평등을 심화시킨다. 그리고 불평등의 심화는 새로운 문화적·구조적 폭력을 낳게 되고 모든 대상을 물화物化시키는 결과를 낳는다. 이런 체제에서 자연도 착취의 대상이 된다.

자유민주주의를 강조하는 우리 사회에서 자본주의와 불평등의 문제를 다루는 것은 어려운 일이다. 자유주의에 의하면 개인의 능력에 따른 불평등은 자연스러운 것이며 이를 해결하기 위한 국가의 개입은 개인의 자유에 대한 간섭으로 이해되기 때문이다. 이런 인식은 자본주의와 민주주의를 같은 개념으로 받아들이고 불평등을 개인의 문제와 역량으로 이해하고 받아들이게 한다. 이런 세상에서 사람들의 삶은 각자도생이다.

이제 우린 불평등의 문제를 공존의 입장에서 풀어가야 한다. 승자독식을 통해 경쟁만능주의로는 공존의 삶을 이끌어 낼 수 없다. 감염병 확산에 따른 건강의 문제, 기후 위기로 대표되는 생태의 문제, 우크라이나 전쟁이나 미얀마의 시민 불복종 운동과 같은 평화의 문제는 더 이상 개인 문제도 아니며 개인적으로 해결할 수 없다. 초연결 사회에서 우리는 연대를 통해 구조적 변화를 이끌어내야 문제 해결이 가능해진다. 연대가 인류와 자연이 공존할 수 있는 토대를 만들어 줄 수 있기 때문이다.

연대하는 교육은 불평등한 제도를 바꾸고 우리 삶을 바꾼다. 그렇게 만든 삶은 인간과 인간, 인간과 자연이 함께 공존할 수 있는 토대가 되며 인간 존엄을 보장하는 길이 된다. 이러한 삶은 인간이 태어남과 동시에 만들어지는 것은 아니다. 사회적으로 함께 공감하고 연대하고 행동하는 사람들을 통해 가능하다. 그래서 학교는 이러한 사람들이 함께 공존하며 살아가는 민주주의의 정원이 돼야 한다. 그럴 때 학교는 학생이 민주주의자로, 교사가 민주주의자로, 학부모가 민주주의자로 함께 살아가는 '민주주의자들의 교실'이 될 것이다.

- 2부 -

생태

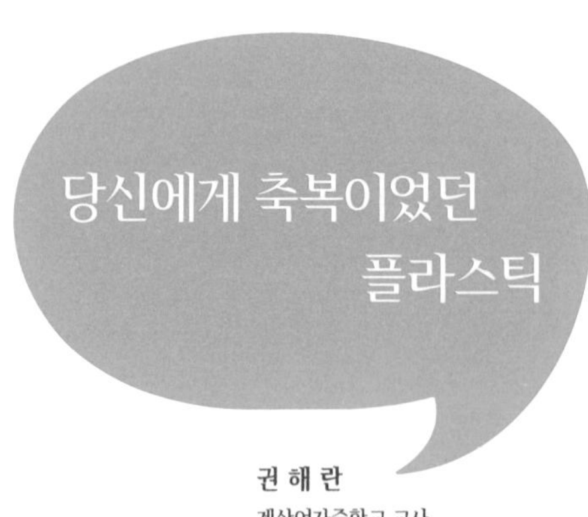

권해란
계산여자중학교 교사

자연의 일부가 된 플라스틱과 그것을 먹는 인간

기후 위기를 넘어 기후 재앙이라는 말까지 나오고 있는 지금의 지구는 풀기 어려운 문제에 봉착해있다. 산업의 발전이 온전한 축복이라고 말할 수 있는 사람은 없을 것이다. 산업혁명 이후 인류는 경제적 풍요를 좇느라 많은 탄소를 배출했는데, 대기 중으로 배출된 탄소 중 절반 이상은 불과 지난 30년 사이에 배출되었다고 한다.

독일을 비롯해 유럽에 쏟아졌던 갑작스러운 폭우, 미국 캘리포니아 등 서부 지역의 꺼지지 않던 산불, 호주의 대규모 화재, 북극 지방의 해빙 등 감당하기 어려운 자연재해가 지구 곳곳에서 발생하고 있다. 많은 사람들은 이러한 재해가 발생할 때 그 원인으로 기후변화를 말한다. 지구온난화로 비롯된 여러 기후 재앙은 자연이 인류에게 보내는 경고일 것이다. 이러한 기후 문제와 함께 인류가 안고 있는 또 하나의 커다란 생태 문제는 바로 썩지 않는 쓰레기 ‘플라스틱’ 문제이다. 그러나 알고 보면 지구온난화와 플라스틱 문제는 서로 다른 두 개의 문제가 아니다. 플라스틱을 만드는 석유는 땅속에 있던 탄소를 밖으로 꺼내서 쓰는 것이며, 플라스틱을 만드는 동안 탄소가 산소와 만나서 많은 양의 이산화탄소가 발생한다. 그리하여 지구온난화를 가속화시키는 것이다.

인간의 삶이 편리해지는 동안 엄청나게 발생하고 있는 쓰레기 문제, 특히 플라스틱 쓰레기 문제는 전 인류가 함께 풀어야 할 숙제가 되었다. 플라스틱은 여러 재료를 섞어 다양한 크기와 모양으로 만들 수 있어 우리 생활을 편리하게 해주었다. 플라스틱이 없는 삶은 상상할 수 없는 정도가 되었으며, 값싼 화석연료를 이용하기 때문에 많은 기업들은 지금도 여러 가지 모양의 플라스틱을 생산하고 있다.

플라스틱은 석유화학산업의 발달로 저렴하게 생산되어 포장재, 건축자재, 섬유로 대량 소비되면서 거대한 산업을 이루었다. 우리 삶 곳곳에 사용되는 이 플라스틱은 자연 분해되지 않아 썩는 데 500년이 걸려 매립해도 그대로 남아있으며, 소각할 때는 유독가스를 발생시키고 소각 후에는 중금속의 잔재가 남는다. 플라스틱은 1907년에 발명되었으므로 인류 최초의 플라스틱부터 지금 이 시간 만들어지고 있는 것까지 어느 하나 500년을 넘기지 못했다. 다시 말해 지금까지 인류가 만든 플라스틱은 어느 것 하나 썩지 않은 채, 대부분 매립지나 자연에 버려져 산, 호수, 바다는 물론 북극과 남극까지 오염시키고 있는 것이다. 지구는 계속해서 플라스틱 쓰레기장이 되고 있다. 사라지지 않고 강과 바다로 흘러 들어간 플라스틱이 태양과 풍랑에 의해 변형되고 굳어져 화석과 모양이 비슷해진 것을 ‘플라스틱 화석[new rock]’이라고 한다. 지금 지구는 뉴락을 넘어 플라스틱 쓰레기로 플라스틱 지층까지 형성될 상태이다. 지구의 표면뿐만 아니라 해저와 대기까지 플라스틱이 존재하게 되었다. 120년 전까지는 플라스틱이 자연 세계에 존재하지 않았다지만 플라스틱은 이제 자연의 일부가 되었다.

그런데 플라스틱 문제는 단순히 쓰레기가 많이 발생하고 그것이 썩지 않아 지구가 커다란 쓰레기통이 되는 것으로 끝나지 않는다. 바닷속에는 눈에 보이는 플라스틱뿐만 아니라 우리 눈에 보이지 않는 미세 플라스틱이 해양 생물들의 먹이가 되고 있기에 먹이사슬로 인해 사람이 먹는 해산물과 바닷소금에서 미세 플라스틱이 검출되었다.[1]

플라스틱은 분해되지 않은 상태로 오래 남아 동식물과 인간의 생존을 위협하고 플라스틱 생산으로 지구온난화 등 각종 환경문제를 유발한다. 이것은 생태의 문제이며 그것을 먹는 우리의 문제, 즉 인권의 문제이다. WWF세계자연기금는 2021년 2월 8일 '플라스틱 오염이 해양 생물종, 생물 다양성 생태계에 미치는 영향' 보고서에서 "지금 당장 전 세계적인 플라스틱 생산과 소비를 줄이지 않으면 플라스틱 오염 심화로 인해 생물 다양성을 지키기 위한 현재의 노력에 심각한 타격을 주며 많은 지역이 생태적 위기를 겪을 것"이라고 말했다. 전 세계 기업들이 플라스틱 배출량을 줄이지 않으면 2040년까지 영국의 1.5배 크기의 플라스틱 폐기물이 버려질 것이라고 한다. 플라스틱 쓰레기가 강의 어딘가에 떠 있고 넓은 공터에 쌓여 있는 수준이 아니라 곧 한 국가보다 커질 것이라니 놀라지 않을 수 없다. 월드 이코노미 포럼은 2050년에는 바다에 있는 쓰레기양과 물고기의 양이 같아질 것으로 전망하였다. 플라스틱의 생산과 소비에 큰 변화가 없다면 매년 쌓이는 것이 당연한데도 이러한 전망은 공포가 아닐 수 없다.

이 글은 지구가 겪고 있는 여러 문제 중 플라스틱 사용의 문제점과 함께

1) 바다로 흘러가는 미세플라스틱…"법적 규제 강화해야", 그린포스트코리아, 2021.12.01.

인류의 어마어마한 플라스틱 사용으로 축복을 누린 이는 과연 누구인지에 대해 살펴보고자 한다.

○○○

플라스틱 없는 세상은 가능할까?

플라스틱과 동행하는 우리

2018년 어느 날, 갑자기 폐비닐은 재활용 쓰레기로 받을 수 없으니 일반 쓰레기봉투에 버리라고 했다. 과자나 라면 봉지, 리필제품의 폐비닐 등을 일반 쓰레기봉투에 넣었더니 쓰레기봉투가 금방 차서 쓰레기가 이렇게 많았었나 하며 놀랐다. 비닐을 받지 않는 것은 우리 아파트만의 문제가 아니었다. 뉴스를 보니 중국이 폐기물 수입 중단을 발표한 이후부터 미국이나 영국 등 재활용 쓰레기 수출국은 문제를 겪고 있다고 했다. 그때까지 나는 우리나라가 쓰레기 수출국인지 관심이 없이 살고 있었다. 그때 들은 '쓰레기 수출국'이라는 말은 굉장히 어색하게 들렸다. '중국은 쓰레기를 왜 수입할까?'라는 궁금증이 생겼다. 중국은 쓰레기를 수입해서 또 다른 무언가를 만들었지만, 저유가 시대가 되면서 직접 석유 부산물로 플라스틱을 만들어 쓰레기 수입을 멈춘 것이었다. 우리나라는 국민들에게 분리수거라는 이름으로 비닐을 수거한 이후 그 처리를 중국에만 의존하다 문제가 발생한 것이었다. 플라스틱을 쓰기만 했지 그 이후 어떻게 처리되는지에 관심이 없던 나는 큰 충격을 받았다. 충격은 여기서 끝이 아니었다. 한국의 플라스틱은 필리핀으로 불법 수출되고 있었고 아름답던 필리핀 해변은 플라스틱 쓰레기가 넘쳐나는 곳이 되었다. 우리의 해변과 비교할 수 없을 만큼 플라스틱이 가득한 그곳에서 한글이 써진 병들이 나오는 영상을 보니 버려진 플라스틱은 돌고 돌아 바다에

간 것을 알 수 있었다. 특히, 일회용 플라스틱의 사용은 정말 심각한 문제가 될 수 있다는 것을 깨닫게 되었다. 그때부터 나는 일상에서 쓰고 있는 플라스틱이 눈에 들어오기 시작했다. 크기와 생김새도 다양한 플라스틱은 우리의 생활을 편리하게 해주면서 우리의 삶 여기저기에 자리하고 있었다. 일회용 플라스틱 컵을 쓰지 않기 위해 텀블러를 가지고 다닌다고 해도 커피를 내리기 위한 도구에는 또 여러 가지의 플라스틱이 사용되고 있을 것이다. 이제 플라스틱이 없는 삶은 상상하기도 힘들게 되었다. 이러한 변화를 무비판적으로 받아들이고 계속해서 플라스틱을 다양하게 사용한다면 그 이후의 플라스틱은 또 어떻게 처리될까?

나 혼자만 플라스틱 문제에 대해 관심을 가지고 관련 책을 찾아보거나 플라스틱을 깨끗이 씻어서 분리수거한다고 해서 해결될 문제가 아니라는 생각이 들었다. 학교에서, 학급에서 분리수거를 잘하라고 얘기하고 있지만 왜 그렇게 해야 하는지를 같이 고민하고 싶었다. 국어 시간은 시험을 대비해 교과 내용을 가르쳐야 하기에 한계가 있었다. 그래서 나는 동아리 학생들을 대상으로 플라스틱 문제를 공부하기로 마음먹었다.

버려도 버려도 버릴 것이 생기는 플라스틱

작년부터 동아리 시간을 이용해서 학생들과 '플라스틱 문제'를 찾아보고 그 심각성을 다른 학생들에게도 전달하자고 얘기하고 있다. 올해 만난 학생들에게도 플라스틱 쓰레기에 대해 아는 것은 미래를 위해 무척 중요하니, 플라스틱 쓰레기에 대해 같이 알아보고 모두에게 알리자고 이야기하였다.

먼저, 우리가 얼마나 플라스틱을 많이 쓰고 있는지 살펴보기 위해 학생들에게 조별로 일주일 동안 각 가정에서 배출되는 플라스틱을 적어보도록 했다. 4명씩 5조로 나누어 오래 사용하지 않고 쉽게 버리고 있는 플라스틱을 포스트잇에 적은 후 4절지에 붙이고, 조원들끼리 플라스틱과 관련된 이야기를 나누도록 했다. 조원의 이야기 중 특이하거나 심각하게 여겨지는 플라스틱에 대해 조장이 앞에 나와 이야기해 보았다.

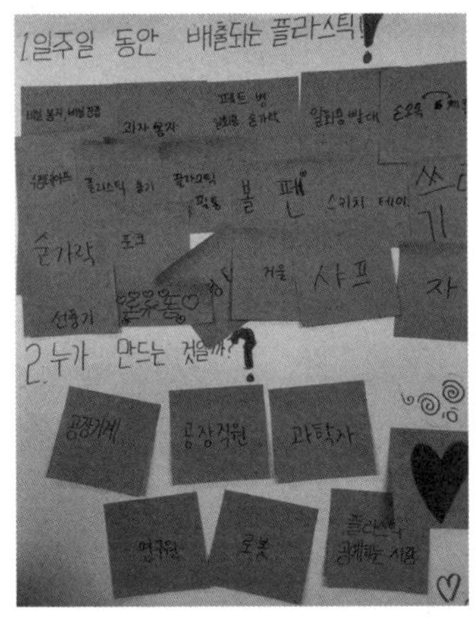

1주일 동안 버리고 있는 플라스틱

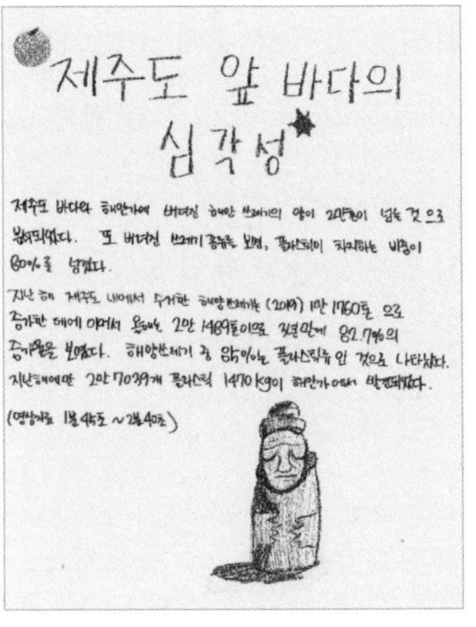

제주도 앞 바닷속 쓰레기 문제

A조 지인에게 받은 도시락 쿠폰을 사용해서 도시락을 배달시켰는데 칸칸이 나누어진 커다란 플라스틱에 밥과 반찬이 잘 담겨 왔으며, 국은 따로 동그란 플라스틱 용기에 담겨 왔고 플라스틱 숟가락과 일회용 나무젓가락까지 들어있었습니다. 배달된 도시락은 먹을 때는 부족함 없이 편했지만 먹고 나니 쓰레기가 생각보다 많이 발생했습니다.

B조 가족들이 탄산수를 좋아하다 보니 플라스틱 중에 탄산수병이 많아 버릴 때마다 죄책감도 들고, 여전히 병을 감싼 비닐이 잘 벗겨지지 않아 분리할 때 그냥 버리고 싶은 생각이 자주 듭니다.

C조 일요일마다 분리수거를 하고 있는데, 과일이나 고기 등 마트에서 산 음식 재료들이 플라스틱에 담겨있어서 우리 집은 검은색 플라스틱도 많이 배출하고 있습니다.

D조 매주 버려지는 것은 아니지만 화장실이나 화장대에도 정말 다양한 플라스틱 용기가 있습니다.

이 외에도 코로나19로 마스크와 자가 진단키트를 자신이 사용한 플라스틱에 쓴 학생도 있었다. 2020년 이후로 마스크는 엄청나게 버려지고 있는 플라스틱이어서 심각성을 알고 있었는데, 이제 자가 진단키트까지 새로운 항목에 추가되어 씁쓸했다. 사회의 변화에 따라 가장 쉽게 만들어지는 것이 플라스틱이고 그만큼 쉽게 버려지는 것도 플라스틱이라는 것을 알 수 있었다. '00이의 똥'이라고 말한 학생에게 그 이유를 물어보니 놀랍게도 친구인 00이가 먹은 해산물에 미세 플라스틱이 들어있으니 그 친구의 배설물에도 플라스틱이 들어있다고 대답했다. 우리는 모두 한바탕 웃었지만, 바다에 버려지는 플라스틱 때문에 우리의 밥상에도 미세 플라스틱이 올라오는 슬픈 현실이 안타까웠다.

플라스틱 없이 살 수 있을까?

이 질문에 다가가기 위해 과제를 내주었다. '영화 속 한 장면처럼 우리 주변에서 플라스틱으로 만들어진 사물들이 하나씩 사라진다면 어떨까?', '그중 가장 늦게 사라져야 하는 것은 무엇일까?'라는 질문을 통해 우리의 삶이 플라스틱과 떼려야 뗄 수 없는 상태이고 우리가 정말 많은 플라스틱을 쓰고 있음을 느끼게 해주고 싶었다.

학생 1

플라스틱으로 된 물건을 생각해 보니, 거의 다예요. 플라스틱으로 만들지 않은 물건을 찾는 것이 더 빠를 것 같아요.

학생 2

반드시 남기고 싶은 것을 정하려고 빗, 냉장고를 없애봤는데 제가 냉장고 없이 살아간다는 것이 상상이 안 돼요. 제 삶에 너무 중요한 것 같은데요.

그래도 우리는 끝까지 남기고 싶은 것을 한 번 생각해 보기로 했다. 많은 플라스틱 중, 학생들이 반드시 남기고 싶어 하는 플라스틱 3가지는 스마트폰, 볼펜, 선풍기였다. 스마트폰과 볼펜은 쉽게 요즘 학생들이 늘 가지고 다니는 것이라 이해가 쉬웠는데 선풍기는 사실 의외였다. 요즘 우리나라의 여름이 길어지고 있다더니 혹시 그 영향은 아닌지 모르겠다. 강아지 사료통이 꼭 있어야 한다고 말하는 학생도 있었는데 그건 반려견이 그 학생의 삶에 그만큼 중요하다는 뜻일 것이다. 이 활동으로 '스마트폰, 볼펜, 선풍기' 세 개의 플라스틱이 남은 것은 별로 중요한 결과가 아니었다. 우리 모두는 이 활동을 통해 플라스틱 없는 삶은 상상하기도 어렵다는 것을 새삼 느끼게 되었다. 플라스틱이 없이는 살기 힘들 것 같다는 학생 2의 말을 되새기며 계속해서 증가하고 있는 플라스틱 쓰레기가 결국 어디로 갈 것인가 묻지 않을 수 없었다.

끝없이 만들어지는 플라스틱

학생들은 플라스틱 용기를 안 쓰기 위해 텀블러를 들고 다니는 등의 행동 변화, 즉 플라스틱 사용을 줄여야 한다는 의견에 동의하였다. 플라스틱을 줄여야 한다는 사실을 모두가 알고 있음에도 플라스틱 사용이 줄지 않는 이유는 무엇일까? 우리의 이런 행동은 환경을 위하는 것이 아니라 위하는 척하는 것이 아닐지 심각하게 고민해 보아야 한다. 에코백과 텀블러 등을 구입하는 소비 행동이 우리 양심의 가책을 덜어주기 때문이다.

우리는 플라스틱 문제를 심각하게 생각하면서 분리수거를 위해 노력하거나 에코백을 구입하지만 사실 계속 플라스틱을 사용하고 있다. 우리가 끝없이 사용하고 있는 플라스틱은 도대체 어디에서 끊임없이 나오는 것일까? 소비자는 '삼겹살'을 사고 싶은데 기업은 먹기 좋아 보이도록 고기를 플라스틱에 담아 함께 준다. 과자나 초콜릿의 경우도 마찬가지이다. 플라스틱을 사서 다시 버리고 싶은 소비자는 없을 것이다. 플라스틱을 만든 비용이 비싸다면 지금보다는 상황이 나았을지도 모른다. 하지만 불행하게도 석유의 찌꺼기를 이용해서 싼값에 플라스틱을 만드니 지금 이 순간에도 플라스틱은 계속 만들어지고 있다. 지금 넘쳐나는 플라스틱만큼 기업은 축복을 누린 셈이다.

욕조의 배수구를 닫은 채 물을 계속 틀고 있으면 넘쳐흐르는 물을 아무리 닦아내도 끝이 나지 않는 것처럼, 플라스틱 쓰레기의 배출량을 줄이고 싶어도 기업들이 쉬지 않고 만들어낸다면 플라스틱은 이 지구 위에 넘쳐날 것이다.[2] 지금도 다양한 기업에서 자신들의 이윤을 추구하며 플라스틱을 만들어내고 있다.

○○○

학생들과 함께 활동하기

동아리 학생들과 고민하기

동아리 '학교홍보 신문반' 학생들과 우리가 실제 생활에서 얼마나 많은 플라스틱을 쓰고 있는지 이야기해 본 후, 학생들에게 이 문제와 관련하여 어떤 활동을 하고 싶은지 물어보았다. 학생들의 생각은 정말 다양했다.

- ○ 플라스틱 쓰레기의 심각성을 알리는 영상을 아침 시간을 이용해서 교실에 방영하여 다른 친구들도 알았으면 좋겠다.
- ○ 학교 정문에서 플라스틱 쓰레기의 심각성을 알리는 캠페인 활동을 하고 싶다.
- ○ 주변 아파트를 대상으로 많이 배출되는 플라스틱의 종류를 조사해 보고, 그 기업에 플라스틱을 줄이기 위해 노력해 줄 것을 요구하는 편지를

2) 기후 재앙을 피하는 법. 빌 게이츠. 김영사, 2021

써보자.

○ 학교신문에 플라스틱 관련 특집기사를 작성해서 많은 학생들이 보도록 하자.

○ 동아리실을 이용해서 '플라스틱' 문제를 다루는 체험관을 만들고 싶다.

○ 플라스틱을 주제로 연극을 해서 학생들에게 심각성을 알리자.

먼저 플라스틱 쓰레기의 심각성을 알리는 캠페인 활동을 하자는 의견이 있어 아침 등교 시간을 이용해 정문 앞에서 활동하기로 하였다. 또, 주변 아파트를 대상으로 많이 배출되는 플라스틱의 종류를 조사해 보고, 기업에 플라스틱을 줄이기 위해 노력해 줄 것을 요구하는 편지를 써 보자는 의견이 있었는데 기업에 직접 편지를 쓴다는 것에 학생들이 많은 관심을 드러냈다. 기업이 플라스틱 문제에 관해 변화하지 않으면 플라스틱 사용의 증가를 막는 것은 어렵기 때문이다. 학기마다 학교신문을 만들어야 하니 특집기사를 작성해서 많은 학생들이 플라스틱 쓰레기에 관심을 갖도록 하자는 의견도 있었다. 동아리실을 이용해서 '플라스틱' 문제를 다루는 체험관을 만들고 싶다는 의견과 플라스틱을 주제로 연극을 하자는 의견도 있었는데, 두 가지 활동은 예산도 많이 필요하고 신문반 활동만으로는 시간도 많이 부족하기 때문에 안타깝지만, 학생들에게 다른 활동을 선택해 달라고 말할 수밖에 없었다.

플라스틱 문제를 알리기 위해서는 전 학년을 대상으로 한 연극이어야 하는데 그러기 위해서는 잘 짜인 대본과 무대 등 필요한 것이 너무 많아서 진행하기가 어려웠기 때문이다. 그 대신 나중에 조를 나누어 우리끼리 간단한 연극을 만드는 활동을 하기로 하였다. 등교 시간 캠페인 활동은 얼마 후 기후생태환경교육 동아리 학생들이 같은 주제로 캠페인을 펼쳐 우리는 다른 활동을 열심히 하기로 했다.

학생들에게 다양한 의견을 물은 후, 우리가 최종 선택한 활동은 아파트의 플라스틱 쓰레기 조사하기, 기업에 편지 쓰기, 학교신문에 특집기사 쓰기였다.

① 플라스틱 배출현황 조사와 기업에 편지 쓰기

우리는 인근 아파트에서 버려지는 플라스틱의 양과 종류를 조사해 보았다. 학생들은 먼저 가정에서 많이 버려지는 플라스틱이 무엇인지 알기 위해 학교 인근 아파트에서 쓰레기를 배출하는 날, 모아둔 플라스틱 사진을 찍고 경비원을 통해 어떤 플라스틱이 가장 많이 버려지고 있는지 조사해 보았다. 플라스틱이 발명되기 전에는 인류가 어떻게 살았을지 상상하기 어려울 정도로 각 가정에서 버려지는 플라스틱의 양은 상당했다. 계양구의 8개 아파트를 조사한 결과, 가장 많이 버려지는 플라스틱은 역시 생수병을 포함한 음료수병이었다. 학생들은 플라스틱 쓰레기의 대부분이 재활용되기보다 매립되거나 바다에 버려진다는 것을 배웠기 때문에 버려진 플라스틱이 대부분 우리에게 한 번만 사용되는 일회용 플라스틱이라는 점에 충격을 받았다. 쓰레기의 배출량이 점점 줄어야 하는데도 불구하고 코로나19의 영향으로 도시락 용기가 상당히 많이 버려지고 있어서 마음이 무겁다고 했다. 우리는 그중 몇 개의 기업을 선정해 기업들이 플라스틱을 줄이기 위해 고민해 줄 것을 당부하는 편지를 쓰고 이메일로 보냈다.

안녕하세요. 저는 인천 계양구에 위치한 계산여자중학교 학생입니다.
학교 신문반에서 생태 문제 관련 칼럼을 작성하기 위해, 요즘 생태문제에 관한 영상을 보고 친구들과 토의하는 활동을 하고 있습니다. 특히 플라스틱은 썩지도 않고 100% 재활용이 되는 것도 아니어서 땅과 바다에 쌓이는 양이 엄청나다고 알고 있습니다.
아시다시피 소비자가 무언가를 구입하려고 하면, 그것이 플라스틱이 아니어도 여러 플라스틱 포장재와 함께 구입하게 되는 것이 현실입니다. 여러 기업들이 플라스틱 재활용률을 높이기 위해 라벨을 쉽게 떼도록 바꾸고, 아이스팩을 100% 물로 만드는 등의 변화를 하고 있어서 정말 반갑게 생각하고 있습니다. 저는 기업들이 플라스틱을 덜 생산하거나 재활용률을 높여 주는 것이 전체 플라스틱 문제에서 큰 영향이 있다고 생각합니다.
저는 뉴스를 통해 CJ제일제당에서 스팸의 노란 뚜껑을 없애고, 햇반 [illegible] 일회용 수저가 없는 제품으로 만드는 등의 변화를 꾀하는 모습을 보았습니다.
플라스틱 생산에 대한 책임감을 느끼고 이렇게 노력해 주셔서 감사합니다.
또 다른 연구가 진행되고 있는지, 앞으로도 회사에서 플라스틱을 줄일 계획이 있다면 어느 정도를 목표로 하고 있는지 (플라스틱을 줄이기 위해 연구하는 부서가 있는지) 궁금해서 편지를 쓰게 되었습니다. 더 많은 기업들에게 귀감이 되도록 앞장서서 실천해주시길 부탁드립니다.

- 2022년 6월에 계산여중 학생 신윤주 드림

편지를 보내도 아무 답변 없는 기업도 있었지만, 지금도 환경을 위해 노력하고 있으며 앞으로도 환경을 지키기 위해 더욱 노력하겠다는 기업의 답장을 받을 수 있었다. 학생들은 편지를 쓴 보람이 있다고 말하였다. 기업 입장에서도 자라나는 학생들이 기업의 활동에 관심을 가지고 있다는 것을 알면 앞으로 새 제품을 만들거나 정책을 만들 때 환경문제를 한 번 더 고려하지 않을까 싶어 나 또한 보람을 느낄 수 있었다.

안녕하세요. 소중한 고객님, CJ제일제당입니다.

제일제당에 대한 애정 어린 관심으로 찾아주셔서 감사합니다.
최근 환경에 대해 더욱 엄격해지고 있는 만큼,
플라스틱 사용량을 최소화 하기 위해 여러 방안으로 노력하며,
필두로 스팸 노란 뚜껑 제거부터 햇반 용기수거 캠페인 등
다방면으로 환경을 우선적으로 생각하며 노력하고 있습니다.

추가로 환경을 더욱 지키기 위해 BIO 사업으로
PHACT 브랜드도 운영하고 있습니다.
친환경 재생 소재로 추후 점차 제품에도 직접 적용 확대 예정이며,
해당 소재의 경우, 산업, 가정용 설비 조건에서만이 아닌
토양과 해양 등 자연 환경에서 생분해가 가능한 소재입니다.

관련 내용에 대해 URL 함께 전달드리오니 참고 부탁드립니다.
*URL : https://www.cjbio.net/kr/products/cjPha.do

기업에서 보내온 답장

학생이 찍은 OO아파트 플라스틱

② 플라스틱 칼럼 작성하기

우리는 지금까지의 활동을 바탕으로 플라스틱 관련 캠페인 활동을 기사로 작성하여 1학기 학교신문에 실었다. 마침 기후 생태환경교육 동아리에서도 플라스틱을 줄이자는 '용기 내' 캠페인을 진행했기 때문에 두 부서의 활동을 함께 엮어 '플라스틱과의 이별'이라는 칼럼을 작성하였다. 용기 내 캠페인은 식당이나 카페에 텀블러나 반찬 그릇, 냄비(용기) 등을 들고 가서 일회용 그릇의 사용을 줄이자는 캠페인이었다. 학생과 교사 누구라도 인증샷을 보내면 작은 선물을 주는 캠페인이었는데 제목을 잘 지은 덕분인지 많은 학생들이 관심을 가졌다.

학교신문을 보고 나서 두 부서의 학생들은 동아리 활동에서 계획하고 진행한 활동이 신문에 나오니 반가워했고, 학교의 다른 친구들도 앞으로 플라스틱 문제에 더 관심을 가졌으면 좋겠다고 말했다. 또한 텀블러를 들고 다니는 것이 환경을 위한 큰 노력인 줄 알았는데 더 나아가 기업에 편지를 쓰는 활동을 했다는 것을 알고 놀라는 학생도 있었다. 신문부 학생들은 기업에 편지를 쓰는 활동을 통해 부당한 일을 만났을 때 해결하기 위해 말할 수 있어야 하는 것을 배웠고, 칼럼을 통해 다른 학생들에게 알려 함께 할 수 있어서 뿌듯했다고 소감을 말했다. 학교 행사를 참여한 학생들을 대상으로 한 인터뷰 작성과 달리 칼럼 쓰기는 학생들이 어려워해서 어쩔 수 없이 내가 편집을 많이 했는데, 그래서일까 생태에 관한 칼럼을 2학기에도 연재하자고 했더니 2학기에는 재미있는 내용을 넣고 싶다는 의견이 대부분이었다. 학생들이 생태에 관심은 많으나 가벼운 기사를 작성하는 것을 더 좋아한다는 것을 알 수 있었다.

플라스틱과의 이별

NO PLASTIC

1907년에 처음 발명된 플라스틱은 석유화학산업의 발달로 포장재, 건축자재 섬유로 대량 소비되면서 거대한 산업을 이루었다. 우리 삶 곳곳에 사용되는 이 플라스틱은 자연분해되지 않아, 썩는 데 500년이 걸리기 때문에 매립해도 그대로 남아있으며, 소각할 때는 유독가스가 발생하고 소각 후에는 중금속의 잔재가 남는다. 지금까지 인류가 만든 플라스틱은 이느 것 하나 썩지 않은 채, 대부분 매립장이나 자연에 버려지고 있어서 산, 호수, 바다는 물론 북극과 남극까지 오염시고 우리에게만 떠넘기지 말고 정부와 기업이 변하기를 바라며, 학교신문홍보부에서는 기업에 우리의 생각을 편지로 전달하였다. 곧 기업으로부터 환경을 지키기 위해 계속 노력하겠다는 답장을 받을 수 있었다.

기후생태환경교육 동아리에서는 일회용 플라스틱과 비닐 사용을 줄이기 위해 음식 포장 및 식재료를 구매할 때 다회용기를 사용하자는 '용기내 캠페인'을 실시하였다. 우리가 살아갈 하나 뿐인 지구에서 이제 플라스틱의

기업에 보내는 편지

학교신문 7면 일부

학급에서 함께 고민하기

신문반 학생들과 생태 문제를 고민하면서 우리 반 학생들에게도 생태와 관련해서 하고 싶은 활동이 있는지 물어보았다. 먼저 플라스틱 쓰레기의 심각성을 알리는 영상을 아침 시간을 이용해서 교실에 방영하여 다른 친구들도 알았으면 한다는 의견이 나왔다. 요즘에는 관련 영상이 많고, 영상은 말로 전달하는 것보다 그 심각성을 구체적으로 여실히 보여주기 때문에 학생들이 생태에 관한 문제 상황을 보다 잘 알게 되어 더욱 관심을 가질 것이라고 말하였다.

○ 요즘 걷기를 하며 쓰레기를 줍는 플로깅plogging [3)]을 하는 사람이 많은데 우리도 영종도 바닷가에 가서 해양 플라스틱 쓰레기를 줍자.
○ 플라스틱을 줄이기 위해 노력하는 모습을 사진으로 찍어 교실 뒤에 게시해서 사진전을 열자.
○ 아침 종례 시간에 짧은 영상을 보여줘서 우리가 몰랐던 문제들을 알아보자.

① 플로깅(plogging)

가장 많은 선택을 받은 의견은 영종도 바닷가에 가서 해양 플라스틱 쓰레기를 줍자는 것이었다. 지금 중3 학생들은 입학 전부터 코로나19로 단체 활동을 거의 하지 못했기 때문에 반 친구들과 함께 외부로 나가고 싶어 해서 우리는 주말을 이용해 플로깅을 하기로 했다. 함께 바닷가에 간다면 청소도 즐겁게 할 수 있다고 말하는 학생들의 표정은 기대로 가득 차 있었다. 그렇지만 안타깝게도 코로나19가 재유행을 했고 학교는 외부 활동을 자제하는 분위기

3) '이삭을 줍는다'는 뜻의 스웨덴어. plocka upp과 영어 단어 jogging의 합성어로 조깅하면서 쓰레기를 줍는 행동을 지칭한다.

여서 결국 어디에도 갈 수가 없었다. 플라스틱을 줄이기 위해 노력하는 모습을 사진으로 찍어 사진전처럼 게시하자는 의견도 나왔는데 이 활동은 평소의 모습과 상관없이 사진만 잘 찍어도 그럴듯해 보일 수 있다는 의견이 나왔다. 그래서 학급에서 정한 활동은 아침 조례 시간에 짧은 영상 보기였다. 비록 가장 쉬워 보이지만 모두가 함께 생태 문제에 대해 심각성을 알 수 있어서 가장 중요한 활동이었다.

② 생태 문제 영상 보기

생태에 관한 영상은 수없이 많다. 내가 고르면 주입하려 한다는 인상을 줄 수도 있어서 학생들이 직접 영상을 고르게 하고 싶었다. 반장, 부반장이 직접 고른다면 학생들의 수준도 고려될 것이고 다른 교과 시간에도 보지 않은 영상을 골라 우리 반이 더 집중할 수 있을 것으로 생각했다. 그래서 반장과 부반장에게 영상을 골라 달라고 부탁했다. 그 영상은 다음과 같은데 모두 10분이 안 되는 영상이어서 집중하기도 쉬웠고 강한 인상을 남겼다.

Tip이 되는 유튜브

	제목	주소	시간
1	인간이 지구를 망친 과정을 3분 만에 보기	https://youtu.be/bm-FaiKG3L4	3분 36초
2	입천장 까지도록 와그작이 알려주는 환경 지키는 꿀팁	https://youtu.be/NcSUweIWMTc	6분 4초
3	과학자들이 아무리 말해도 당신이 현실 부정하는 10년 후 팩트	https://youtu.be/H-SJ3eKdhSA	8분 45초
4	우리가 헌 옷 수거함에 버린 옷들이 향하는 곳	https://youtu.be/aopyc8cAFzQ	3분 51초

특히 마지막 영상은 사람들이 헌 옷 수거함에 버린 옷이 아프리카의 수도 아크라에 모여 그들에게 선택되는 모습이 나온다. 문제는 선택이 되지 못한 많은 옷들이다. 남겨진 옷은 쌓이다 못해 강물을 뒤덮고 있었다. 마치 옷으로 만든 강이 흘러가는 것처럼 보인다. 옷이 언덕을 이루어 염소는 옷을 씹고 있었다. 헌 옷 수거함에 옷을 넣는다고 해서 그 옷이 사라지는 것이 아니라 지구의 어딘가에 그대로 옮겨진 것뿐이라는 것을 알려주는 영상이어서 학생들에게 무언가를 소비할 때는 쓰이고 난 이후까지 생각해 보아야 한다는 것을 알게 해주었다.

○○○

더 이상 당신에게도 축복이 아닌 그것

자연에 없는 물질인 플라스틱이 만들어진 후 우리는 매우 편리한 삶을 살고 있다. 제목에 나온 '당신'은 우리 한 명 한 명을 말한다. 우리는 지금도 눈을 돌리면 우리 주변에서 쉽게 플라스틱을 볼 수 있다. 플라스틱은 우리에게 분명히 축복이었다. 하지만 이제 많은 사람들이 편리함 대신 불편함을 택하려 하고 있다. 여기저기에서 개인들이 소비를 줄이고 플라스틱을 버릴 때는 깨끗하게 버려야 재활용이 가능하다는 점을 강조하고 있다. 학교에서도 플라스틱과 관련한 운동이나 교육을 통해 플라스틱을 줄이기 위해 분리배출에 힘쓰고 텀블러를 들고 다니는 등의 노력을 하자고 말하고 있다.

제목의 '당신'의 또 다른 의미는 기업이다. 플라스틱의 문제가 드러나고도 시간이 꽤 흘렀지만, 여전히 새로운 플라스틱이 만들어지고 있는 것을 보면 이것 역시 기업의 이윤추구와 상관이 없다고 말할 수가 없다. 지금까지 많은 플라스틱은 기업들에게 그만큼 축복이었다. 생태계를 위협하고 있는 플라스틱의 양만큼 기업들은 수입을 벌어들였기 때문이다. 그렇지만 기업의 이익만을 좇아 플라스틱을 마구 만들어내기에는 지구가 감당할 수 있는 양을 이미 넘어섰다. 개인의 변화와 함께 생산의 주체인 기업이 변하지 않으면 이 문제는 해결할 수가 없을 것이다. 기업에 생산을 줄이라고 강제로 요구할 수는 없다. 하지만 지금보다 더 친환경 플라스틱, 분해되는 플라스틱을 개발하기 위해 연구하여 기존의 플라스틱을 대체할 다른 방안을 찾아야 할 것이다. 플라스틱을 생산하면서 발생하는 이산화탄소를 줄이고, 폐기된 플라스틱을 어떻게 처리할 것인지 기업이 책임을 질 수 있어야 한다. 지금까지 축복을 누렸다면 이제 책임을 질 때인 것이다. 소비자에게 물건을 팔기만 하고 뒤를 돌아보지 않는 기업들을 찾아내어 책임을 물어야 한다.

얼마 전, 자기 브랜드의 옷을 사지 말라고 홍보하는 파타고니아의 창업자 이본 쉬나드의 기부가 화제였다. '지구가 파타고니아의 유일한 주주'라고 말하는 그는 재고가 쌓여도 유기농 원단을 고집한 것으로 유명하다. 파타고니아가 옷을 수선하는 방법을 알리며 중고 옷을 입으라고 광고했지만 지금 대부분의 옷 광고는 우리에게 새 옷을 사라고 말하고 있다. 앞으로 많은 의류기업들이 탄소 배출을 줄이기 위해 노력하고 있다는 기사를 보고 싶다.

사이토 고헤이는 「지속 불가능 자본주의」[4]에서 방글라데시의 봉제공장이나 인도 농민들의 희생이 늘어날수록 대기업의 수익이 늘어난다고 말한다. 이것이 이익을 추구하는 자본주의 논리라고 말이다. 기업의 수익을 위한 농민들의 보이지 않는 희생이 있었는데, 기업의 수익을 위한 플라스틱은 이제 눈에 보이는 플라스틱 쓰레기와 또 보이지 않는 미세 플라스틱으로 우리 옆에 남아있다.

탄산음료 중 세계 1위인 코카콜라는 플라스틱 배출 세계 1위로도 유명하

4) 나는 풍요로웠고 지구는 달라졌다, 호프 자런, 김영사, 2020.

다. 코카콜라가 장기적으로 콜라 포장에 플라스틱을 쓰지 않기 위해 종이로 만든 콜라병을 개발한다고 발표[5]했는데 이러한 움직임은 사회적 압박에서 시작된 것이었다. 플라스틱 배출 세계 1위라는 불명예가 코카콜라를 압박했을 때 코카콜라는 아무것도 하지 않았다. 탄산은 종이백에 저장하기 어렵고 코카콜라 병처럼 탄산을 분산해 주는 것이 꼭 필요하다는 변명만 내세웠다. 그러나 사회적 압박이 계속되자 코카콜라도 변했다. 새로운 방법을 연구한 것이다. 우리가 계속해서 기업이 만든 상품과 추구하는 방향에 관심을 가져야 할 이유가 여기에 있다고 본다. 코카콜라와 더불어 다른 기업들이 어떻게 변화해 가는지, 겉으로만 친환경 기업이라고 위장하고 있지는 않은지 모두가 계속 주목해서 지켜보아야 할 것이다.

우리는 소 잃기 전에 외양간을 고쳐야 한다. 아직 우리의 노력이 지구에 영향을 미칠 수 있을 때에 빨리 변해야 한다. 심각하게 망가져서 돌이킬 수 없이 손상되기 전에 생태계 파괴를 예방해야 할 것이다. 기업의 변화를 이끌려면 무엇보다도 정부에서도 관련 법규를 적극적으로 검토해야 한다. '고객 중심의 정부 서비스[6]'라는 말에서 고객은 국민 한 사람 한 사람이 아니라 기업이다. 그동안 미국 정부도 그들의 고객인 기업의 이해에 맞아떨어지도록 여러 정책을 실시했다. 감독으로서의 정부의 역할이 무너져 공공의 이익은 뒷전으로 밀려나고 기업 편을 들어주면서 기업은 축복을 누려올 수 있었다. 지금까지 그렇게 해왔고 그건 어쩔 수 없다는 식의 타성을 깨고 좀 더 많은 환경 관련 법령과 규제가 나와야 할 때이다. 이번 활동 후에 00도시락을 먹은 한 학생이 가게 안에 플라스틱을 줄이기 위해 노력하고 있다는 팸플릿이 눈에 들어왔다고 말했다. 아는 만큼 보인다는 것을 경험한 것이다. 앞으로

5) 종이병에 든 코카콜라? … "콜라 포장에 플라스틱 안 쓰겠다". 연합뉴스. 2021.2.25.

6) 슬로우 데스. 릭 스미스·브루스 루리에. 동아일보사. 2011

생태에 관한 법을 학생들과 함께 공부하고 싶다. 법에 대해 알고 정치에 참여한 후에 생길 학생들의 변화가 기대된다.

코카콜라처럼 소비자가 변화를 위한 신호를 보내면 정부와 기업은 더 많은 투자를 할 것이고 변화할 것이다. 우리는 학생들을 이런 변화를 이끌 시민으로 키워야 한다. 정부는 플라스틱 사용 규제 정책을 만들어야 한다. 다시 한번 강조하지만, 개인의 노력과 함께 정부와 기업이 변하지 않으면 플라스틱의 홍수는 멈추지 않고 계속될 것이다. 과거에는 플라스틱을 포함한 여러 쓰레기를 바다에 버려도 넓은 바다는 그것을 보이지 않게 품어 주었었다. 하지만 이제 더 이상 바다도 플라스틱을 품어줄 수 없는 지경이 되었다. 2006년 런던의정서를 채택하면서, 산업폐기물 등의 해양배출은 국제적으로 금지되었다. 늦은 감이 있지만 국제적인 금지는 바다와 해양 생물만을 위한 것이 아니라 전 지구를 위한 것이라는 사실에 모두 동의할 것이다. 런던의정서 채택은 국제적 연대의 중요성과 법의 중요성을 우리에게 알려주고 있다. 기후위기는 날로 심각해지고 있다. 플라스틱 생산으로 인한 탄소 배출의 문제도 심각하고, 버려지는 쓰레기도 문제가 되고 있으니 그것을 해결하기 위해 앞으로 전 세계가 함께 연대하여 움직여야 한다. 그 움직임에 좀 더 관심을 기울이고 공부해서 학생들에게 잘 알리고 싶다.

이번 활동을 하면서 학생들은 플라스틱에 대해 고민하고 함께 행동하였다. 함께 고민하기 이전과는 다른 태도를 지니는 학생들을 보며 보람을 느꼈다. 그러나 나의 개인적인 보람으로 이 큰 문제는 해결되지 않는다. 앞으로도 꾸준히 2050년은 물론, 2070년 이후를 살아갈 우리 청소년들이 지금 발생하고 있는 생태 문제를 넘어 앞으로 발생할 문제들을 막기 위해 고민하고 방법을 실천하도록 교육해야 할 필요성을 절실히 느끼게 되었다.

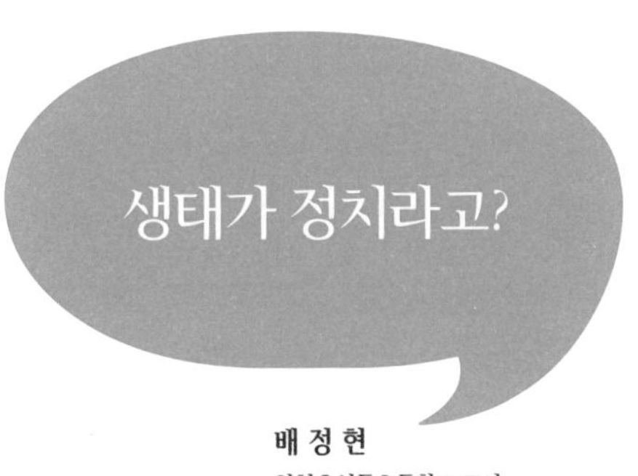

생태가 정치라고?

배 정 현
인천효성동초등학교 교사

생태에 정치를 얹으면?

'생태'와 '정치'라는 두 단어는 얼핏 생각하기에 큰 관련이 없는 듯하다. 그런 두 단어를 연결 짓게 된 계기는 2020년, 세계시민교육에 관심을 갖고 다양한 연수를 듣게 되면서부터였다. 그때 나는 지속 가능한 지구를 위해 학생들 개인이 실천할 수 있는 활동들에는 어떤 것들이 있는지 찾아보고 그것들을 실천에 옮겨보는 활동들(지금도 여느 평범한 환경교육 실천 사례 연수에서 등장하는 '제로 웨이스트 캠페인', '텀블러 사용하기', '플로깅' 등)을 했다. 당시 그러한 정보는 환경교육 연수나 세계시민교육 연수에서 얻게 되었는데, 별다른 생각 없이 받아들였던 것 같다. 하지만 점차 교육 활동을 하면 할수록 '이런 활동들을 한다고 과연 지구가 깨끗해질까?'라는 의문을 갖게 되었고 더 많은 공부의 필요성을 느끼게 되었다.

그래서 '민주시민교육 전문가 과정 아카데미'에 참여했다. 그러면서 이 시대(인류세라고도 불리는)의 위기는 더 많이 가진 자들이 불러왔으며 그 피해는 가지지 못한 사람들이 겪고 있다는 새로운 관점을 접하며 충격을 받았다.

해수면 상승과 관련해서 작은 섬나라들이 처한 문제들. '그것은 과연 그 섬나라 사람들이 잘못해서 생긴 문제일까?'라는 질문에 '그렇다'라고 답하는 사람은 없을 것이다. 그리고 '그 문제는 우리 개개인이 너무 많은 차를 타고 다니고 화석연료를 사용하며 필요 이상의 물질을 소비하기 때문일까?'라는 질문에 대해서는 대부분의 사람들이 그렇다고 생각할 수 있을 것이다. 2019년 영국의 일간 가디언지가 밝힌 자료에 따르면 1965년 이후부터 현재까지 세계 화석연료 기업 20곳이 지구촌 온실가스 배출의 3분의 1을 차지하였으며 그중 12곳이 국영기업이라고 한다.

현재 지구의 위기를 불러온 가장 큰 책임은 정부와 기업에 있다. 하지만 정치권에서는 그들이 얻는 어떤 이익 때문인지 이에 대한 강력한 규제나 변화보다는 개인들에게 책임을 지도록 하려 한다. 그래서 나는 지속 가능한 지구를 위해서는 시민들이 이러한 사실에 더 많은 관심을 갖고 더 큰 책임을 지닌 이들에게 책임을 요구할 수 있어야 한다고 생각했다. 그렇게 나는 교사로서 학생들이 그들이 살아갈 미래를 위해 행동하는 시민이 되길 바랐고 더 큰 책임을 지닌 이들을 움직이게 하는 민주시민이 되길 바라며 정치를 함께 다루게 되었다.

여기서 말하는 정치는 '정당과 정당이 권력을 갖기 위해 이권을 다투는, 국민들에게 행정적 지원을 하는 어떤 일들'이라는 아주 작은 개념이 아닌 '나라를 다스리는 일, 국가의 권력을 획득하고 유지하며 행사하는 활동으로, 국민들이 인간다운 삶을 영위하게 하고 상호 간의 이해를 조정하며, 사회 질서를 바로잡는 따위의 역할을 하는 것' 모두를 의미한다.

그런 의미에서 최근 전 세계적으로 화두가 되고 있는 기후 위기 문제, 생태 문제는 그 무엇보다 정치적인 관심이 필요한 문제라고 할 수 있다. 생태 문제가 해결되지 않는다면 우리가 이제껏 누려왔던 수많은 문명의 이기들을 누릴 수 있는 시간과 공간은 더 이상 영원하지 않을 것이며 이는 인류 전체의 존망과 관련된 매우 중요한 일인 것이다.

적어도 우리나라 국민들은 대부분 그동안 정부와 환경 단체가 실시한 교육과 캠페인 덕에 분리수거도 잘하고 다회용기를 사용하는 습관을 가지려 노력하고 있으며, 봉사활동도 잘하는 편이라고 생각한다. 그럼에도 우리가 겪고 있는 이 위기는 더 나아지지 않고 심해지고 있다. 그렇다면 이미 잘하고 있는 개인들이 더욱 완벽할 수 있도록 가르치는 것이 아닌, 더 큰 책임을 지고 있지만 노력은 개인에 비해 덜 하고 있는 정부와 기업이 변해야 할 때인 것이다. 그들의 변화는 개인들이 생태 문제를 정치적으로 바라볼 때 일어나기 때문이다.

이제 생태 문제는 더 이상 개인의 노력만으로는 해결하기 어려운, 즉 전 세계가 함께 관심을 가져야 하는 문제이다. 그렇기 때문에 학교에서는 학생들이 지구촌 시대에 세계시민(지속가능한 지구를 위해 최근 강조되고 있는)으로서 역량을 갖도록 하기 위해 넓은 의미에서의 사회참여라는 정치 활동을 적극적으로 교육해야 한다.

○○○

민주시민을 키우는 생태교육, 환경교육과 어떻게 달라야 할까?

초보 교사의 좌충우돌 환경교육

환경과 생태, 이 중에서 여러분에게 더 친숙한 단어는 아마도 환경일 것이라고 생각한다. 어떤 독자에게는 생태라는 단어 자체가 매우 생소하게 느껴질 수도 있으며 환경이라는 단어와 의미를 구분하는 것이 어려울 수도 있다. 그렇다면 생태와 환경, 이 두 단어의 사전적 의미를 살펴보자. 우리에게 보다 익숙한 단어인 환경은 '생물에게 직접·간접으로 영향을 주는 자연적 조건이나 사회적 상황'을 의미한다. 이는 말 그대로 주변을 의미하며 그 중심에 생물, 그 중심에 인간이 자리하는 것이다. 따라서 우리가 환경보호를 하는 것은 우리의 이익과 필요에 따른다고 볼 수 있다. 하지만 '생태'는 이와 전혀 다른 의미를 가지고 있다. 사전에서 생태는, '생물이 살아가는 모양이나 상태'를 의미하며 '생태계'는 '어느 환경 안에서 사는 생물군과 그 생물들을 제어하는 제반 요인을 포함한 복합 체계'를 의미한다. 다시 말해 생태에서는 모든 생물들과 그 관계가 대등하며, 인간이 중심일 수 없다.

나는 최근 몇 년 전부터 지속 가능한 발전, 세계시민에 대해 관심을 갖게 되며 학생들과 함께 지속가능한 지구를 위해 여러 가지 프로젝트 수업을 했다. 또, 이를 토대로 인성교육 실천 사례 연구대회에 보고서를 제출하기도 했다. 그러면서 나름 스스로가 지구를 위해 교육 현장에서 선도적으로 노력하고 있는 교사라며 자만하기도 했던 것 같다. 하지만 이 책을 쓰기 위해 아카데미 활동을 하면서 더 깊이 있게 생태 문제를 들여다보고, 그 원인을 찾을수록 그동안 해왔던 활동들이 참으로 부끄럽게 느껴졌다.

그동안 환경 동아리를 운영하면서는 여러 환경보호 활동을 한다며 우리 학교와 그 주변 마을의 환경 정화, 학교 구성원과 마을 주민의 의식 개선을 위한 캠페인 활동을 했다. 하지만 그 활동들은 우리 인간이 생태계의 한 구성원으로서 어떻게 해야 생태계의 조화를 유지할 수 있는지에 대해 학생들이 근본적으로 고민할 기회를 주지 못하는 것들이었다. 또한 지속가능한 지구를 위협하는, 보다 큰 책임을 가진 이들이 누구인지 찾아보고 이들에게 책임을 요구하는 민주시민으로 성장할 기회를 주지 못했다.

지금까지는 자기 주변 깨끗이 하기, 환경 정화 봉사활동, 쓰레기양 줄이기, 쓰레기 분리수거 잘하기, 가까운 거리는 걷기 또는 자전거를 이용하기와 같은 개인의 실천을 강조하는 수업이 대부분이었다. 다만 이에 대해 변명 아닌 변명을 하자면 이 글을 쓰고 있는 나(사회에서는 흔히 MZ 세대로 불리는 세대의)도 학창 시절 이러한 교육을 받았고, 임용 이후 내가 주변에서 본 대부분의 선배들이 하는 활동들이 이러했다. 이러한 활동이 잘못되었다는 것이 아닌 최근 몇 년 전까지는 개인의 실천 중심 환경교육이 이루어졌다는 말이다. 하지만 앞으로 지속가능한 미래를 위해서는 학생들에게 위와 같이 개인의 행동을 바꿔야 한다는 수업 방식이 아니라 생태계를 위기에 빠뜨리는 가장 큰 원인이 무엇인지 의문을 갖고 그 답을 찾아서 원인을 해결할 수 있는 힘을 길러주어야 할 것이다.

왜 나만 갖고 그래?

교사로서가 아닌 한 국민이자 개인으로서 이러한 수업의 방향을 정하게 된 것은 기존에 내가 가지고 있던 어떤 불만 때문이다. '분명 환경(생태)을 더 많이 오염시키고 지속가능한 지구를 위협하는 것은 개인이 아닌 국가와 정부, 기업들임에도 왜 이렇게 공익광고와 캠페인에서는 개인들이 죄를 짓고 있는 듯 말하는가'였다. 예를 들어 여러분은 바다거북의 코에 빨대가 꽂혀 이를 구조하는 사람들의 모습을 본 적이 있을 것이다. 만약 보지 못했다고 하더라도 사회 곳곳에서 바닷속 미세 플라스틱 이야기를 하며 개인의 플라스틱 쓰레기 배출량을 줄여야 한다는 이야기를 들은 적이 있을 것이다. 이와 관련해서 대다수의 환경 단체가 바닷속 플라스틱을 수거하고, 개인의 플라스틱 사용량 감소를 위한 캠페인 활동과 같은 많은 활동을 하며 관련 모금 행사를 진행한다. 하지만 바닷속에 버려지는 미세 플라스틱의 대다수는 어획을 하면서 버려지는 어구로 인한 것이라고 한다. 한 다큐멘터리에서는 그러한 환경 단체들이 어업 회사들에 대한 비판이나 변화를 촉구하는 목소리를 내지 않는다고 비판하였다. 그 이유는 어업 회사가 그러한 단체들에 막대한 기부금을 내고 있기 때문이라고 했다. 관련 단체에서는 이는 사실이 아니라며 해명을 하기도 했다. 나는 우리가 본 환경 단체들이 환경보호를 위해 함께 하기를 요구하는 대상은 개개인들이라는 점에서, 지구에 더 많은 해를 끼치는 국가와 정부, 기업들을 향해 더 큰 소리를 내지 않는다는 점에서 아쉬움을 가지고 있었다.

또한 우리 정부는 늘 미세먼지 배출의 주요 원인을 국민 개개인에게서 찾으며 미세먼지 농도 감축을 위해 개인이 더 많은 노력을 할 것을 요구하고 있다. 그 예로 정부는 가정에서 고등어를 구우며 발생하는 연기, 보일러 사용으로 인한 탄소 배출이 미세먼지 농도를 높인다는 연구 결과를 발표한 적이 있다. 물론 가정에서 생선을 굽지 않고 보일러 사용을 줄인다면 미세먼지 발생이 줄어들 수는 있겠지만, 이것이 뿌연 하늘을 덮을 만큼의 주요한 원인이라고 믿는 국민은 없을 것이다. 우리 정부는 우리나라에 미세먼지 30~80%를 보내고 있는 중국과의 외교, 발전소나 기업의 공장 가동 제한과 같은 어려운 방법보다는 개인의 자가용 이용 제한, 폐기물 배출 줄이기, 가정에서의 전기 사용 줄이기와 같은 방법을 권유하고 있다. 물론 이러한 개인의 노력이 중요한 것은 사실이다. 하지만 그보다도 더 많은 노력을 하고 책임을 져야 하는 주체들이 개인에게 더 많은 책임을 떠넘기고 여전히 생태를 오염시키고 있는 현실은 비참하다. 나는 우리가 그 사실을 깨닫고 그들의 변화를 요구해야 한다고 생각했다. 그렇기 때문에 다음과 같은 수업을 계획하게 되었다.

민주시민으로 성장하는 생태교육 프로그램

문제 인식	세계에서 일어나는 다양한 생태 문제 알아보기
문제 확인	우리 주변(가정, 학교. 마을, 고장)의 생태 문제 알아보기
문제 해결 방법 찾기	우리 주변의 생태 문제를 해결하기 위한 방법 찾아보기 (개인, 정부, 기업의 세 가지 측면에서)
문제 해결하기	개인의 실천뿐만 아니라 정부, 기업의 변화를 요구하기 위한 학급 또는 학교 차원의 활동 기획 및 실천
돌아보기	활동을 돌아보며 개선이 필요한 부분과 추후 활동을 위한 계획 세우기

위의 방식을 적용한 교육 사례는 이후 다루어질 것이며 이것이 꼭 정석은 아니므로 더 나은 아이디어가 있다면 얼마든지 개량하여 적용하길 바란다.

아직은 '생태교육'보다 '환경교육'이 더 익숙하고, 많이 사용되는 교육 현장이지만 다행히 최근에는 여러 선생님들이 새로운 관점에서 자연을 바라보고, 지속가능한 미래를 위한 생태교육을 보급하는 데 앞장서고 있다. 머지않아 진정한 '생태교육'이 널리 이루어지지 않을까 기대한다.

○○○

민주시민으로 성장하는 생태교육으로 나아가기

나의 경험을 통해 살펴본 과거에서 현재까지의 생태교육

과거에서 현재까지 이루어지는 생태교육의 모습을 살펴보기 전에 나의 경험을 한 번 떠올려본다. 우선 나는 생태교육이라는 말이 아직도 어색하다. 성장하는 과정에서 환경교육이라는 말을 더 많이 들었으며, 학교 현장에서 학생들을 가르치면서도 여전히 교육과정에는 생태교육이라는 말보다 환경교육이라는 말을 더 많이 쓰고 있기 때문이다. 또한 환경부에서 운영하는 환경교육포털의 이름에서도 알 수 있듯이 여전히 환경이라는 용어가 널리 쓰이고 있어 생태라는 말이 익숙하지 않다.

그렇다면 그동안의 환경교육 내용은 어떠했는가. 학창 시절, 봉사활동을 하면서 환경보호를 한다고 하면 아침 시간에 쇠로 길게 만들어진 집게를 들고 나가 학교 화단, 학교 주변을 어슬렁어슬렁 돌아다니며 땅에 떨어진 쓰레기를 줍던 것이 가장 먼저 떠오른다. 그리고 이는 부끄럽게도 내가 최근 세계시민교육에 관심을 갖고 더 나은 생태교육을 위한 고민을 하기 전까지도 우리 학급 학생들을 대상으로 똑같이 실시했던 것이다.

물론 봉사 시간을 채우기 위한 환경교육만을 한 것은 아니다. 개인적으로 더 알찬 환경교육을 위해 환경교육포털을 이용해 환경교육 교구를 대여하고 관련 정보를 수집해서 학생들과 함께 환경 오염의 심각성을 알아보기도 했다. 하지만 인간의 터전이 사라지고 인간이 위기에 처할 수 있기 때문이라는 좁은 시야로써의 '환경교육'에는 한계가 있었다. '개인의 실천'만을 강조하는 활동들이 대부분이었기 때문이다.

학생들에게 보다 체계적인 '환경교육'을 실시하기 위해 다양한 연구 자료들을 살펴보았지만 나름 다양한 연구대회에서 수상한 연구 결과물에서도 일반적인 '환경교육'과 큰 차이가 없다는 점이 매우 아쉬웠다.

하지만 최근 학생들과 각 가정은 학교에서의 교육과 국가의 홍보 덕에 환경과 생태에 대한 의식 수준이 이미 상당히 높아져 있다. 또 개인적인 실천도 아주 잘하고 있는 편이다. 이런 상황에서 과거의 방식대로 학생 개인의 의식 변화와 실천만을 요구하는 교육은 학생들과 각 가정이 필요로 하는 교육 수준에 어울리지 않으며 지속가능한 지구를 위한 생태계 문제 개선에 큰 도움이 되지 않을 것이다.

앞으로의 생태교육
:지속가능한 미래를 위한 민주시민 양성을 목표로

여전히 우리가 지향해야 할 생태교육에 대한 인식과 실천이 이루어지기에는 갈 길이 멀다. 하지만 교육 현장에서는 여러 선생님들이 다양한 방식으로 새로운 생태교육을 실천하고 있어 희망을 가질 수 있다. 그중 한 가지 예를 들고 싶은데, 이는 내가 세계시민교육에 관심을 갖게 만든 한 선생님과 아이들의 이야기이다.

한 강원도의 선생님은 수업 중 아이들과 쓰레기 문제에 대해 이야기를 나누었고, 아이들은 이에 대해 고민하던 중 분리수거에 관심을 갖게 되었다. 어떤 것이 분리수거를 하는 데 어려움이 있는지 찾아보던 아이들은 평소 즐겨 먹는 탄산음료의 페트병을 분리수거하기 어렵다는 것을 발견했다. 이에 분리수거가 어려운 이유가 무엇인지 이야기한 결과 라벨지가 페트병에 접착된 것이 잘 뜯어지지 않기 때문이라고 했다. 선생님은 이 문제를 어떻게 해결할지 학생들과 고민한 끝에 우리나라에서 가장 많이 팔리는 탄산음료 제조회사 두 곳에 라벨을 없애거나 제거하기 편하도록 상품 포장을 개선할 것을 요구하는 편지를 써서 보내기로 했고 실제로 학생들이 쓴 편지를 제조회사에 보냈다고 한다. 그 결과 두 회사에서 모두 이에 대해 이미 검토 중이었거나 의견을 받아들여 앞으로 반영하겠다고 회신을 보냈다고 한다. 그 뒤 우리는 탄산음료를 마시고 이전보다 쉽게 라벨지를 분리할 수 있게 되었다.

나는 이 사례를 아침 출근길 뉴스를 통해 듣게 되었는데 너무나도 큰 충격을 받았다. 자기 주변의 문제를 찾고 이를 해결하기 위해 직접 실천하며 그 결과를 긍정적 방향으로 얻어낸 학생들에게 얼마나 좋은 경험이었겠는가. 교사에게도 본인이 할 수 있는 최고의 교육이고 경험이지 않겠는가. 그와 동시에 나는 이전에 내가 실천했던 생태(환경)교육을 돌아보며 앞으로의 교육 방향에 대해 고민하게 되었다. 그렇게 나는 세계시민과 민주시민 관련 다양한 연수에 참여하고, 아카데미 활동을 하면서 새로운 생태교육을 실천하기 위해 계획을 세웠다. 큰 결과를 얻어내지는 못했지만, 학생들과 함께 지자체에 편지를 쓰는 활동도 해보았다.

내용을 정리하자면 지구의 위기는 이제 개인의 노력만으로는 더 이상 막기 어려운 현실에 이르렀다. 따라서 더 큰 책임을 가지고 있는 정부와 기업이 지금의 위기를 극복하기 위해 보다 적극적으로 나서야 한다. 하지만 정부나 기업은 여전히 개인이 더 노력할 것을 바라며 겉으로는 ESG를 내세우지만 보이지 않는 곳에서 이익을 얻기 위해 지구의 위기를 더욱 가속화하고 있다. 한 예로 국내 굴지의 건설사는 겉으로는 ESG 경영을 표방하지만, 해외의 대규모 석유화학 단지 플랜트 사업(환경을 파괴하는)을 수주했으며 이를 자랑스럽게 그들의 기업 홈페이지에서 알리고 있다.

따라서 학교에서는 학생들에게 교육을 통해 정부나 기업이 지구의 위기를 초래하는 행동들을 비판적으로 찾아내게끔 해야 한다. 학생들이 민주시민으로 성장하도록 돕는 것이 앞으로 나아가야 할 생태교육의 방향일 것이다.

○○○

사회참여 활동으로 풀어가는 생태교육

생태교육을 위한 준비

우리 학급 학생들과 생태교육을 실시하기에 앞서 '우리 학급 아이들은 생태에 대해 얼마나 이해하고 있는가'라는 궁금증이 생겼다. 그래서 아이들에게 '생태'의 의미를 물어보았다. 사실 이 질문에는 아이들이 생태의 의미를 잘 모르고 있을 테니 앞으로의 교육 방향과 연계하여 설명을 잘해주어야겠다는 의도가 들어있었다. 그런데 아이들은 생태에 관심을 갖기 전의 나보다도 더 많은 것을 이미 알고 있었다.

"생태는 함께 어우러져 사는 것이 아닐까요?"
"생태는 자연과 인간이 함께 하는 거예요."

이 이상 생태에 대해 잘 설명할 수 있는 말들이 있을까? 이에 나는 잠시 멍해 있다가 이런 생각이 들었다.

'이 아이들과 함께라면 무언가 재미있는 생태교육을 할 수 있지 않을까?'

이후 생태에 대한 부연 설명을 하면서 우리가 앞으로 해나갈 생태교육의 방향과 강원도의 학생, 선생님이 사회를 바꾼 이야기들을 할 때는 우리 학급 아이들의 눈이 그 어느때보다도 반짝반짝 빛이 났다.

그렇게 우리 학급은 사회를 바꾸기 위한 기초체력을 쌓았다. 여기서 말하는 기초체력이란 지금 우리 지구가 얼마나 아프고 앞으로 얼마나 더 아프게 될 것인지 이해하는 것을 바탕으로 생태계의 문제를 민감하게 찾아내고 바꾸려는 인식을 갖추는 것이다.

이를 위해서 먼저 학급 문고에 생태 도서를 학생 수에 맞추어 준비하고, 아침 시간을 활용해 우리 지구에서 일어나는 다양한 생태 문제를 알아보도록 했다. 이를 위해 구입한 도서들은 환경교육포털에서 추천하는 학생 대상 우수환경도서였다. 최근 3년 이내 선정된 도서 중에서 동물권, 기후 위기, 쓰레기 문제, 해양 오염 등 여러 분야와 관련된 책을 구입했다. 그중에는 지구 온난화의 주범인 화석 에너지에 대한 이해와 새로운 에너지를 앞으로 어떻게 얻고 활용할 것인지 생각해 보는 '궁금했어, 에너지(정창훈, 나무생각)', 기후 위기를 해결하기 위해 앞장서서 행동하는 것을 살펴보는 '그레타 툰베리, 세상을 바꾸다(가브리엘라 친퀘, 보물창고)', 어린이가 잘 알지 못하지만 알아야 할 동물권과 관련된 '동물도 행복할 권리가 있을까?(올라 볼다인스카-프워친스카, 우리학교)' 등이 있다.

그리고 교육과정 중에는 창의적 체험활동 시간뿐만 아니라 국어, 사회 등 교과에서 생태 문제와 관련된 이야기들을 지속적으로 다루며 학생들이 생태 문제에 대한 민감성을 갖도록 했다. 우리 학급이 진행한 창의적 체험활동 시간의 교육 방식은 환경 관련 전문 강사를 초빙하여 강의를 진행하는 것이었는데 수도권대기환경청에서 2월에 온 공문을 보고 미세먼지와 기후 위기에 대한 전반적인 교육을 신청하여 실시했다. 실제 교육은 3월 중순에 이루어졌다. 지금의 기후 위기로 인해 고통받는 동식물과 사람들의 모습들을 보여주면서 이러한 기후 위기는 인류가 사용하는 화석 에너지에서 배출되는 탄소 때문이라는 내용이었다. 그리고 학생들 개인이 이러한 화석 에너지 배출량을 줄이고 주변의 자원을 절약하기 위한 방법, 환경미화와 관련된 내용이 주를 이루었으며 학생들이 앞으로 친환경 생활을 하도록 다짐하는 정도로 교육은 끝났다.

이후 나는 본격적인 생태교육을 실천하기 위해 학생들에게 우리 주변의 생태 문제를 찾아보고 이를 해결하기 위한 방법을 찾아보는 보고서 작성을 과제로 주었다. 보고서 작성 전 하나의 영상을 보여주었다. 그 영상은 '그레타 툰베리'의 활동에 대한 것으로, 이를 보여주면서 이렇게 설명했다.

"이미 너희들은 일상생활에서 분리수거도 잘하고 있고, 대중교통을 이용하고 있으며, 지구를 위해 할 수 있는 것들을 잘 실천하고 있어. 그런데 대체 지구는 왜 계속 오염되고 위기에 처하고 있다고 생각하니?"

이에 학생들은 "어른들 때문일까요?"라고 되물었다. 그래서 나는 "그러면 모든 어른들이 다 이렇게 지구를 위험에 빠지게 했을까? 그중 지구를 더 위험하게 만든 집단이 있지 않을까?"라고 다시 질문했다.

그러자 다시 학생들은 한참을 생각하다가 "대기업이나 나라에서 특히 더 오염시키는 것 같아요."라고 답했다. 이렇게 대답을 주고받은 뒤 나는 학생들에게 보고서 양식을 주며 "그래, 사실 지구를 이렇게 위기에 처하게 만들고 앞으로도 위기에 빠뜨리는 것은 그런 기업과 사회, 국가란다. 그래서 우리가 앞으로 해 나갈 생태교육 활동은 그런 기업과 사회, 국가에 어떻게 하면 책임을 지울 수 있을지 함께 고민하는 시간이 될 거야."라고 앞으로의 우리 학급 생태교육의 방향을 설명하였다.

① 자신이 관심 있는 생태계 문제 조사하고 발표하기

학생들과 함께한 본격적인 생태교육의 시작은 바로 자신이 관심 있는 생태계 문제를 조사하고 발표하는 활동이었다. 학년 초부터 학생들은 학급 문고에 있는 생태 도서를 읽으며 다양한 배경지식을 쌓았고, 기후 위기와 관련된 다양한 수업을 들으며 현재 우리가 맞이한 다양한 문제를 알아보았다. 그렇기 때문에 자신이 더욱 관심을 갖게 된 생태계 문제를 보다 깊이 있게 알아보는 활동이었다. 여기서 내가 중점을 둔 것은 학생들이 생태계 문제를 조사하면서 그 문제의 원인을 개인, 기업, 정부(사회)의 차원에서 생각해 보도록 한 것이었다. 이는 학생들이 막연하게 생태계에서 일어나는 문제를 찾는 것으로 그치지 않고 왜 이런 일들이 일어나는지 의문을 갖고 그 원인을 생각하는 힘을 기르며, 문제의 책임이 과연 어떤 집단에게 더 있는지 생각해 보도록 하기 위한 과정이었다.

인천효성동초등학교 6학년 2반 (9)번 이름: (박정민)

우리 지구 생태계를 위협하는 것에는 어떤 것들이 있을까?

1. 여러분이 관심을 갖고 있는 생태계 문제는 어떤 것들이 있나요?

내가 관심을 갖고 있는 생태계 문제	내가 관심을 갖게 된 까닭 또는 내가 이 문제를 중요하다고 생각하는 이유
예) 대기오염 문제, 수질오염 문제, 플라스틱 쓰레기 문제 플라스틱 쓰레기 문제에 관심을 갖고 있는 것 같다.	예) 미세먼지와 기후 위기에 대한 강의를 듣고 관심이 생겼다. 우리가 앞으로 살아갈 지구를 안전하게 지키기 위해서 플라스틱 섬이라는 책을 읽고 관심을 좀 갖게 된 것 같다.

2. 여러분이 관심있는 생태계 문제와 관련된 뉴스 또는 신문기사를 찾아보고 그 내용을 요약해서 적어 봅시다.

예)
출처: OO신문(인터넷 뉴스) O월 O일
제목:
기사문 내용:

출처: YTN 사이언스 12월 21일
제목: (날씨학 개론) 코로나 19 만큼 무서운 플라스틱의 저주
기사문 내용: 코로나 19가 시작된 후 급격히 늘어난 택배와 배달음식 때문에 일회용품 중 플라스틱 사용이 대폭 증가하였다. 2019년 하루 평균 1,757톤이던 플라스틱 쓰레기 배출이 1년 만에 1,998톤으로 13.7% 증가했다.

3. 여러분이 찾은 뉴스와 신문기사의 문제에 개인과 기업, 정부가 미치는 영향은 어떤 것들이 있을까요?

개인	예) 일회용품 사용 비닐봉지 사용, 물티슈 사용,
기업	과자봉지, 과대 상품 포장,
정부	식량 생산 때문에 배출되는 온실가스

인천효성동초등학교 6학년 2반 (20)번 이름: (장영찬)

우리 지구 생태계를 위협하는 것에는 어떤 것들이 있을까?

1. 여러분이 관심을 갖고 있는 생태계 문제는 어떤 것들이 있나요?

내가 관심을 갖고 있는 생태계 문제	내가 관심을 갖게 된 까닭 또는 내가 이 문제를 중요하다고 생각하는 이유
예) 대기오염 문제, 수질오염 문제, 플라스틱 쓰레기 문제 플라스틱 쓰레기 문제	예) 미세먼지와 기후 위기에 대한 강의를 듣고 관심이 생겼다. 우리가 앞으로 살아갈 지구를 안전하게 지키기 위해서 플라스틱 쓰레기가 많이 나오면 지구가 오염될 것 같아서

지구가 오염되면 우리가 살기 힘들기 때문에 지구를 지켜야 겠다고 생각한다

2. 여러분이 관심있는 생태계 문제와 관련된 뉴스 또는 신문기사를 찾아보고 그 내용을 요약해서 적어 봅시다.

예)
출처: OO신문(인터넷 뉴스) O월 O일
제목:
기사문 내용:

출처: 매일경제 (인터넷뉴스) 3월 1일
제목: 코로나 영향으로 배달, 택배가 늘자... 플라스틱 폐기물 22% 급증
기사문 내용: 코로나 19 영향으로 배달, 택배 물량이 증가하면 폐기물 발생량도 크게 나타났다 2020년 1억 9546만t, 2019년 1억 8149만t에 비하면 약 7.7% 늘어났다

3. 여러분이 찾은 뉴스와 신문기사의 문제에 개인과 기업, 정부가 미치는 영향은 어떤 것들이 있을까요?

개인	예) 일회용품 사용 일회용품 사용, 비닐봉투 쓰기,
기업	건설 폐기물이 늘어났다
정부	의료 폐기물이 늘어 났다

② 관심사가 같은 학생들끼리 생태계 문제 심화 조사하고 문제 해결책 발표하기

나는 학생들에게 기초적인 생태계 문제를 조사하면서 새롭게 관심이 생겼거나 이전에 관심을 갖고 있던 문제에 대해 더 알아보고 싶은 것들을 씽킹보드에 적어 칠판에 붙이게 했다. 같은 범주의 문제를 적은 친구들끼리 한 모둠이 되어 생태계 문제를 심화 조사하고, 이 문제를 해결하기 위해 개인이 할 수 있는 일, 기업이 할 수 있는 일, 정부(사회)가 할 수 있는 일들을 생각해서 발표하는 활동이었다.

이 활동은 학생들이 찾은 문제의 원인뿐만 아니라 그 문제를 해결하기 위해서 각 집단이 어떤 노력을 할 수 있는지 찾아보기 위한 과정이었다. 현재 우리가 처한 위기를 극복하기 위해서는 개인과 기업, 정부가 함께 노력을 해야 함을 알아보기 위한 과정이기도 하다.

이 활동에서 학생들이 주로 관심을 가진 생태계 문제는 멸종 위기 동물, 플라스틱 쓰레기, 대기 오염, 쓰레기 매립지, 수질오염, 토양오염 등이 있었으며 이 중 쓰레기 매립지 문제에 관심을 가진 학생이 가장 많았다. 아마도 첫 번째 보고서 작성 활동에서 학생들이 우리 주변의 생태계 문제를 조사할 때 쓰레기 매립지에 관한 기사문이나 뉴스를 많이 보게 되면서 본인들과 가장 밀접한 문제라고 인식하고 있었던 것 같다.

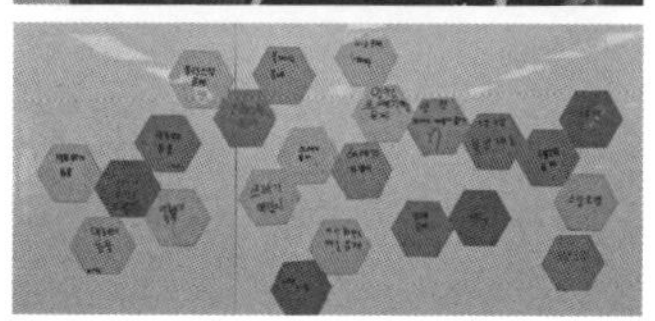

씽킹보드를 활용한 생태계 문제 범주화하기

생태계 문제의 심각성과 해결 방안 발표 활동

③ 우리 주변 생태계 문제 해결 방법 토의·실천하기-사회참여 활동을 바탕으로

이번 활동에서는 학생들이 생태계 문제 중에서 가장 중요한 문제라고 여기는 쓰레기 문제와 관련해 우리 지역 사회는 어떤 어려움을 겪고 있는지 살펴보았다. 또, 사회 교과의 민주정치 단원과 연계하여 우리가 찾은 우리 지역 생태계 문제를 해결하기 위해 민주시민으로서 할 수 있는 일들을 함께 고민하고 실천해보았다.

우선 학생들이 찾은 우리 지역의 쓰레기 문제는 인천의 수도권 매립지 연장 문제였다. 우리 학생들은 서울과 경기도에서 발생한 쓰레기를 인천이 계속해서 처리하는 것은 옳지 않다고 여겼으며(지역자치단체 간의 합의를 통해 혐오 시설을 받는 조건으로 다른 이익을 얻는 것에 대한 충분한 이해를 마친 뒤임) 각 지역에서 발생한 쓰레기는 각자 책임져야 한다는 것에 의견이 도달했다. 또한 쓰레기 매립은 지속가능한 미래의 관점에서도 좋은 방법이 아니므로 매립이 아닌 다른 대책을 마련해야 한다는 의견들이 나왔다.

이 문제를 해결하기 위해 민주시민으로서 할 수 있는 일들을 찾다 보니 다양한 사회참여 활동들이 이야기되었다. 그중 많이 언급된 활동들로는 시청 앞 피켓시위, 지역 주민에게 이를 알리는 캠페인 활동, 서명 운동 등이 있었다. 하지만 코로나19가 급격하게 퍼지면서 학교 내에서도 확진자가 계속해서 발생하는 등 대인 간 접촉이 많은 방법을 실천할 수는 없었다. 이런 사회참여 활동이 학생들을 좁은 의미에서의 정치 활동에 참여시키는 게 아니냐는 고민도 있었기에 쉽게 행동으로 옮길 수 없었다. 이에 넓은 의미로서 정치에 참여하며 학생들의 의견을 표현할 수 있는 활동에는 무엇이 있을지 고민하다가 우리 지역 주민을 대표하는 국회의원과 기초자치단체 의원에게 위의 문제를 해결하기 위한 법률 제안서 작성해서 보내기, 편지 쓰기 등의 방법을 실천해보게 되었다.

학생들은 이러한 활동을 하면서 과연 국회의원과 기초자치단체 의원이 우리가 하는 말에 관심을 가져줄까라는 의문을 갖고 불평하였지만, 그동안 자신들이 성실히 활동해온 것을 담아 정성스럽게 법률 제안서를 작성하고 편지를 썼다.

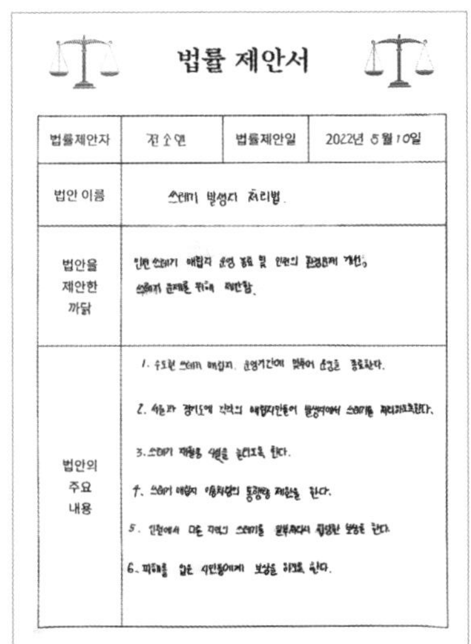

법률 제안서

법률제안자	전소연	법률제안일	2022년 5월 10일
법안 이름	쓰레기 발생지 처리법.		
법안을 제안한 까닭	인천 쓰레기 매립지 운영 종료 및 인천의 환경문제 개선, 쓰레기 문제를 위해 제안함.		
법안의 주요 내용	1. 수도권 쓰레기 매립지, 운영기간에 맞추어 운영을 종료한다. 2. 서울과 경기도에 각각의 매립지만들어 발생지에서 쓰레기를 처리하도록한다. 3. 쓰레기 재활용 시설을 늘리도록 한다. 4. 쓰레기 매립지 이용차량의 통행량 제한을 한다. 5. 인천에서 다른 지역의 쓰레기를 [illegible] 합당한 보상을 한다. 6. 피해를 입은 시민들에게 보상을 하도록 한다.		

법률 제안서

법률제안자	길서은	법률제안일	2022년 5월 10일
법안 이름	쓰레기 발생지 처리법		
법안을 제안한 까닭	현재 서울, 경기도는 인천 쓰레기 매립지에 쓰레기를 처리하고 있어 제안함.		
법안의 주요 내용	1. 다른 지역에서 나오는 쓰레기는 그 지역에서 처리. ex. (서울에서 나온 쓰레기는 서울에서 처리) 2. 쓰레기 매립지 운영시간에 맞추어 쓰레기 처리 ex. 오후3까지면 그 이후 매립지 폐쇄 3. 재활용 시설 수 늘리기. ex. 재활용을 활용해 쓰레기 매립지 수 줄이기 4. 지역마다 쓰레기 매립지 만들기 ex 지역에 1개씩 만들기.		

학생들이 보낸 법률 제안서

사실 나도 '우리 아이들이 이렇게 열심히 했는데 아무런 답도 얻어내지 못하고 어떤 변화도 일어나지 않으면 어떡하지'라는 걱정이 컸다. 하지만 다행히도 우리 학생들의 법률 제안서를 받아본 우리 지역의 국회의원이 법률 제안서를 모두 꼼꼼히 살펴보았으며 이를 해결하기 위해 많은 노력을 하겠으니 앞으로도 이렇게 지역의 문제에 많은 관심을 갖는 민주시민이 되어 달라는 답을 보내주었다. 또한 기초자치단체 의원 역시 우리 학생들이 쓴 편지를 모두 읽고 의정에 적극적으로 반영하겠다는 답을 주었다.

아직 직접적으로 지역의 문제가 해결되지는 않았지만, 학생들은 '우리가 목소리를 내면 사회가 바뀔 수도 있겠구나'라는 희망을 갖게 되었다.

○○○

생태교육을 하며 느낀 점

코로나19로 인한 아쉬움

코로나19로 인해 학생들이 그 시기에 충분히 익혀야 할 것을 다 익히지 못한 것은 이번 프로젝트를 하면서 큰 아쉬움이 되었다. 또, 학생들이 이러한 유형의 생태교육을 처음 해보기 때문일 수도 있지만 코로나19로 인해 학생들이 4학년 사회 학습을 하며 우리 고장에 대해 이해하는 과정에서 자신이 알고 싶은 것을 조사하고 발표하는 활동들을 제대로 해보지 못하고 올라와 활동 수준의 편차가 심했다.

보고서를 잘 정리해온 학생들도 있는 반면에 보고서 작성을 많이 어려워하는 학생도 있어 사전에 학생별 수준을 고려한 수준별 활동(예를 들면, 보고서 작성이 어려운 학생들에게는 몇몇 생태계 문제를 보기에 주고 이 중에 선택을 한 다음 그와 관련된 기사나 뉴스, 책 등의 자료를 함께 제공하는 방법)으로 진행했으면 어땠을까 하는 아쉬움이 있었다.

또, 이전 7년간(현재 6학년을 8년째 지도 중) 학생들을 가르치며 기대한 어느 정도의 과제 수행 능력을 머릿속에서 지운 채 그동안의 교육과정에는 있었지만, 실제 해보지 못한 경험들을 다시 충족시켜주고 하나하나 가르치다 보니 나 스스로가 지쳐서 힘들었던 것 같다.

이 글을 쓰기 위해 환경과 생태에 대해 찾아보고 공부하는 과정에서 나는 이전에 실천해왔던 나의 '환경교육'이 참 부끄러웠다. 그 이유는 교사로서 아이들에게 보다 많은 것을 알려주고 새로운 교육을 함으로써 사회에 많은 이바지를 하고 있다는 나름의 자부심이 있었는데 이 생각이 무너졌기 때문이다. 아이들에게 필요한 진짜 교육은 교과서 속 지식들, 아직은 먼 미래지만 입시를 위한 문제 해결 능력이 아니라 아이들이 앞으로 살아갈 지구가 지속될 수 있도록 하는 힘을 길러주는 것임을 세계시민교육에 관심을 갖기 전까지는 몰랐다. 이제껏 가르치지 못했다는 것이 이전의 제자들에게 참 미안했던 것이다.

그럼에도 뒤늦게 세계시민교육에 관심을 갖고 시행착오를 겪었던 나와 함께 성장해나간 제자들이 활동 하나하나에 기뻐하고 일상생활에서 개인의 실천, 사회 변화를 위한 노력에 동참하는 모습을 보며 교직 생활 중 가장 큰 보람을 느꼈다.

생태 문제는 분명 지구의 존망과 관련된 매우 중요한 문제임에도, 또 다른 문제인 경제적 문제와 관련해서 많은 사람들이 대척되는 것으로 여겨 애써 외면하거나 그 심각성을 왜곡하여 받아들이기도 한다. 그러다 보니 경제 문제가 발생했을 때 더 큰 책임을 지고 또 피해를 보게 되는 정부나 기업들은 그들이 더 많은 생태 문제를 일으킴에도 불구하고 한발 물러서서 개인들에게 더 큰 책임이 있는 것처럼 말하고 변화를 요구하고 있다.

나는 이전까지는 교사로서 정치적 중립을 지키기 위해 늘 정치권에서 일어나는 일들에 대해 학생들이 물어보더라도 '너의 생각은 어떻니?'라고 다시 되물으며 애써 나의 관점이나 정치적 판단을 드러내지 않기 위해 노력을 해왔다. 하지만 생태 문제에 대한 진실을 감추고 시민들에게만 책임을 돌리며 그 피해는 다시 시민들이 겪게 되는 이 상황에서는 더 넓은 의미에서의 사회참여를 통한 적극적 정치 참여 활동을 가르쳐야겠다는 생각을 갖게 되었다.

그래서 앞으로는 학생들이 정치에 대한 이야기를 물어오고 함께 이야기하고 싶어 할 때 중립을 지킨다는 이유로 무조건 피하거나 얼버무리기보다는 학생들 한 명 한 명이 자신의 입장을 이야기하고, 같은 생각을 가지게끔 해야겠다고 생각했다. 나는 앞으로도 학생들이 민주시민으로서 사회참여 활동을 실천할 수 있도록 기회를 주고 옆에서 적극적으로 지원해 나가고자 한다.

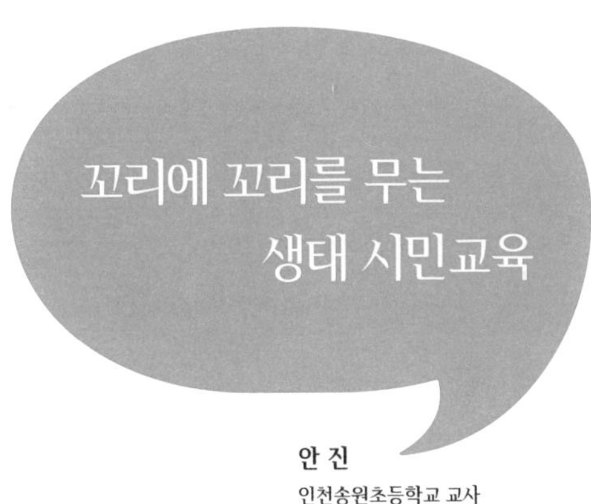

꼬리에 꼬리를 무는 생태 시민교육

안 진
인천송원초등학교 교사

초등학교 4학년 사회 교과 '우리 지역의 문제'에 대해 수업하던 시간이었다. 학생들은 과제로 각자 조사해 온 지역의 문제에 대해 발표하고 있었다. 지역의 문제점에 대해 이야기를 나눌 때 환경 오염, 쓰레기, 지구온난화는 항상 빠지지 않는 주제이다. 이번 시간에도 여지없이 아이들은 이 문제에 대해 이야기했다. 그러던 중 한 학생이 질문했다.

"선생님, 그런데 우리가 그런 게 아니잖아요. 어른들이 잘못한 건데…."

이 말을 듣고 2가지 생각이 떠올랐다. 첫 번째 생각은 나도 어릴 때 저런 생각을 했다는 것이다. '내가 환경을 오염시켜봤자 얼마나 오염을 시키겠어?'라는 생각과 함께, 어른들이 나쁘다고 생각했다. 어차피 내가 바뀐다고 그 상황이 바뀌지 않을 것 같았던 것이다. 그래서 '나 하나쯤이야….'라는 마음과 태도가 고착되었다. 아마 그 당시의 나와 비슷한 생각을 한 아이들이 많았을 것이다. 그리고 그 아이들은 이제 모두 왕성한 사회생활을 하는 성인이 되었다. 이와 연결 지어 두 번째 든 생각은 '생태교육'의 중요성이다. 자연과 인간의 공존에 대한 중요성은 수십, 수백 년 전부터 이미 알고 있었다. 하지만 대부분 사람들은 환경파괴의 심각성과 그 결과가 우리의 삶에 어떤 치명적인 위협을 줄지에 대해 예측하지 못했다. 더 정확히는 다가올 위기 상황을 간과한 것이라고 생각한다. 1, 2차 산업혁명에서 성장 중심 발전 계획은 일부 국가를 선진국의 반열에 올려놓았으나, 자연과 생태계는 무분별하게 파괴되었다. 산업혁명을 주도한 집단이 그 시대의 생태교육이 제대로 이루어졌다면 지금의 위기 상황은 없었을 것이다. 왜 우리는 항상 소 잃고 외양간 고치기식으로 밖에 대처하지 못할까? 제대로 된 생태교육의 부재는 개선 없는 악순환만 만들어 낼 것이다.

교통수단의 발달로 지구가 일일생활권이 되며 '지구촌'이라 일컬어 온 것은 이제 다른 의미로 우리가 하나이며 연결되어 있음을 생각해 보게 만든다. 북극의 빙하가 녹으면 다른 어느 나라의 땅이 물에 잠기고 살 곳을 잃게 된다. 새로운 삶의 터전을 찾아 이동해야만 하는 난민들은 우리나라는 물론 여기저기 살 곳을 찾아 문을 두드릴 수밖에 없다. 세계는 이보다 훨씬 복잡하고 긴밀하게 연결되어 있다. 환경문제는 이렇게 과거와 현재 그리고 미래라는 시간적 차원에서는 물론, 지구의 구석구석 모든 공간이 공동체로서 운명을 함께하고 있다. 따라서 문제의 원인을 찾고 해결하는 것 또한 우리 모두가 함께 고민하고 해결해야 할 것이다.

학교에서의 생태 시민교육은 현실의 문제를 직시하는 것에서 시작되어야 한다. 학생들이 주변에서 보고 듣고 경험한 실제 사례를 함께 나누고 그 원인을 찾는 것은 물론, 근본적인 문제의 원인과 해결 방법에 대해서도 이야기를 나누고 실천해보도록 하는 등 생태 시민교육은 다양한 관점과 시각에서 이루어져야 할 것이다. 그 과정에서 자연스럽게 우리가 대면하게 된 위기가 명확한 한 가지의 원인이 있는 것은 아니다. 따라서 해결을 위한 노력도 꼬리에 꼬리를 물고 이어져 있음을 학생들이 인식하고 변화하도록 해야 한다. 그리하여 학생들이 성인이 되었을 때, 지금의 어른들처럼 후회하지 않도록 해야 한다.

○○○

꼬꼬생 시작하기

문제 인식
:보이지 않는 물에서의 보이는 불평등

물을 가장 많이 소비하는 곳은 어디일까? 전 세계 식수의 70%는 경작지와 목초지, 대규모 농장 등 농·축산업 활동에 사용되고 있으며 공장 같은 산업 시설에서 22%, 가정에서는 8%가량을 쓰고 있다. 우리가 직접 마시고 생활하는 데 쓰는 물보다, 음식이나 물건을 생산하는 데 쓰이는 물이 훨씬 많다.

조금 더 구체적으로 살펴보면 곡식을 재배하고 수확하여 빵 1kg을 구워내기까지는 1,000L의 물이 필요하다. 쌀 1kg은 3,000~5,000L, 쇠고기 1kg은 1만 3,000L, 커피 한 잔에는 140L의 물이 사용된다. 이렇게 따져 보았을 때 우리가 하루 동안 식사할 때 쓰는 물의 양은 무려 욕조 15개 분량에 이른다고 한다.

물론 물은 지구 전체 표면의 74%를 차지할 정도로 매우 많다. 하지만 그 중 97%는 바닷물이고 나머지 3%의 물도 빙하, 만년설 형태로 얼어 있어서 사람이 실제로 마시고 쓸 수 있는 물은 지구 전체 물의 0.3%에 지나지 않는다. 이러한 양적인 것뿐 아니라 환경 오염으로 수질오염이 심각해지고 있는 것이 큰 문제이다. 하지만 이보다 더 큰 문제는 '물 사용의 불평등'이다. 한 사람이 하루에 사용하는 물 양의 평균을 보면, 미국이 600L, 우리나라가 330L 정도인 데 반해 세계에서 가장 가난한 아프리카 사하라 사막 이남 지역은 10~20L에 지나지 않는다고 한다. 그들은 날마다 수천 명이 더러운 물 때문에 쉽게 예방할 수 있는 질병에 걸려 목숨을 잃게 된다.

물은 마음대로 소유할 수 없는 모든 생명체의 공동 자산이다. 따라서 물을 공평하게 분배하고 아껴 써야 한다. 우리의 식탁에 올라와 있는 '보이지 않는 물'에서 우리는 불평등을 보아야 한다. 흙탕물을 마시고 오염된 물로 고통받고 있는 이들이 수없이 많음을 잊지 말아야 한다.

○○○

꼬꼬생 이어가기

꼬꼬생1. 함께 가는 인간과 자연과 사회

지구촌 환경 위기 중 단연 화두로 언급되는 것은 기후 위기일 것이다. 기후변화도 환경 정의의 관점에서 보면 문제점이 무엇인지 보다 명확하게 이해할 수 있다.

기후변화를 일으킨 주범은 산업혁명으로 눈부신 발전을 이루어낸 선진 산업국들이다. 세계 인구의 20%에 불과한 선진국 사람들이 지구 전체 에너지와 자원 소비의 80%를 차지한다. 기후변화를 일으키는 주범인 온실가스, 이산화탄소 배출량은 상위 10개 나라가 전체 배출량의 67%를 차지하는데 반해 나머지 200개가 넘는 나라들의 배출량은 모두 합쳐도 33% 정도에 지나지 않는다.

후진국이나 개발 도상국들은 이제 막 경제 성장을 이루기 위해 노력하고 있다. 하지만 이미 너무도 심각해진 지구온난화로 더 이상의 이산화탄소 배출과 개발은 어려워졌다. 이러한 환경 불공평은 크게 5가지 영역에서 이야기할 수 있다.

첫째는 나라들 사이의 불공평이다. 지구온난화를 일으킨 건 잘 사는 선진국들인데, 그 피해는 가난한 나라가 받게 되는 것이 그 예이다.

둘째는 지리적, 공간적 불공평이다. 선진국은 주로 북아메리카와 유럽 등지에 몰려있다. 반면에 가뭄, 홍수, 태풍을 비롯해 기후변화에 따른 기상 이변과 자연재해 피해가 가장 큰 곳은 동남아시아, 남아시아, 아프리카, 라틴아메리카 등에 집중되어 있다.

셋째는 의사 결정 과정에서 나타나는 불공평이다. 선진국들은 기후변화를 다루는 국제회의나 세계적인 정책 결정에서 개발도상국이나 후진국에 비해 훨씬 큰 영향력과 권한을 행사하고 있다. 이러한 과정의 불평등은 결과의 불공평함으로 이어질 수밖에 없다.

넷째는 인간과 인간 외의 생물 사이의 불공평이다. 사람은 기술, 경제적인 능력 등을 이용해 기후변화를 더 잘 이겨낼 수 있다. 하지만 무방비로 노출된 동식물은 그 영향을 직접적으로 받게 된다. 기후변화를 일으킨 것은 인간인데 그 피해는 다른 동식물에게 더 크게 돌아가는 것이다.

마지막으로 현재를 살아가는 세대와 미래 세대 간의 불공평이 있다. 현세대는 환경을 이용하고 개발하며 풍요를 누렸다. 하지만 그로 인한 환경 오염, 기후변화의 피해, 이를 해결하기 위한 노력과 경제적 비용 부담은 미래 세대의 몫이 되었다.

이처럼 지금 우리가 무언가를 생산하고 소비하는 방식은 누군가의 커다란 희생을 바탕으로 유지되고 있다. 우리는 나 자신의 삶과 환경문제가 어떻게 연결되는지를 깊이 생각해 보아야 한다. 그리고 환경문제를 해결하는 데 정의, 평등, 윤리, 인권, 민주주의 같은 가치들이 핵심이 됨을 기억해야 한다. 그리하여 환경 오염의 피해와 환경보전의 혜택이 공정하고 평등하게 나누어

지도록 해야 한다. 환경문제와 관련된 일을 처리하는 과정은 가난한 사람과 약자를 소중히 여기며 민주적이고 투명하게 펼쳐져야 한다. 또, 인간과 자연과 사회가 함께 살아갈 수 있는 환경 정의 운동이 실천되어야 한다.

꼬꼬생2. 지속가능한 지구 만들기

2015년 9월 유엔에서는 지속가능발전정상회의Sustainable Development Summit라는 행사를 개최하고 '2030 의제'를 채택했다. 여기에서 선정된 17가지 목표를 지속가능발전목표Sustainable Development Goals라 부르고, 이를 다시 169개의 세부 목표로 나누어 제시하였다. SDG는 기존 빈곤 극복과 개발도상국의 사회경제적 발전에 집중된 밀레니엄 개발 목표MDG를 청산하고 ①빈곤 극복 ②성평등 ③기후 변화 대응 ④생태계 보호 ⑤극단주의와 조직범죄, 부패 등 목표 달성을 저해하는 문제의 해소 등을 추가 목표로 제시했다.

지속 가능한 발전에서는 선진국과 개발 도상국, 현세대와 미래 세대, 인간과 다른 생물 사이의 형평성을 강조한다. 또한 환경보전은 물론 사회정의와 경제정의를 통해 생태적, 사회적, 경제적 지속 가능성을 실현하고자 한다. 인류 삶의 터전이 훼손되는 것을 막고 현세대와 미래 세대 모두 가난이나 굶주림이 없는 세상에서 평화롭고 행복하게 살자는 것이다.

이러한 노력은 사실 1992년 6월 '리우 회의'에서 시작되어 근 20년 가까이 되었지만 지구 환경은 그다지 나아지지 않고 있을 뿐 아니라 그 심각성이 더 이상 간과할 수 없는 지경에 이르렀다. 왜 그런 것일까? 바로 세계 자본주의 경제를 움직이는 가장 강력한 원동력인 돈, 돈을 많이 버는 것이 최고라는 이윤 극대화의 논리 때문이다. 사람들은 아직도 성장과 개발, 더 많은 소유와 소비를 행복이라고 생각한다. '지속 가능한 발전'도 환경보전, 환경과 함께하는 지속 가능성이 아니라 경제 발전과 성장에만 비중을 두고 있다. 코로나19

는 지금의 경제 시스템은 물론 국제 시스템이 얼마나 불평등하고 균열이 있는지를 여실히 드러나게 하였다. 이제는 돈과 공동의 문제 해결을 위한 국제 협력과, 사회 경제 시스템 마련이 필요하다.

꼬꼬생3. 생태 시민으로 자라는 수업

환경재난, 기후 위기, 지구온난화, 생물 멸종 등 환경에 대한 우려가 가득한 말을 모두 한 번쯤은 들어 봤을 것이다. 1980~90년대에 단순히 '환경을 보호합시다!', '자연을 지킵시다!'와 같은 캠페인으로 해결될 수 있는 수준을 넘어서 환경의 건강은 매우 위태로운 상황인 것이다. 환경 위기는 왜 걱정해야 하는 것인가? 이는 크게 두 가지 측면에서 생각해 볼 수 있다.

첫째, 환경은 그 자체로 소중하다. 우리가 소유하고 마음대로 할 수 있는 것이 아니다. 과거 우리의 조상들은 자연으로부터 그리고 자연을 통해 삶을 살아갈 자원과 곡물 에너지를 얻고 자연에 감사하는 마음으로 살아왔다. 하지만 어느 순간 자연을 우리의 소유물로 생각하고 무자비한 개발, 파괴를 하면서도 일말의 죄책감을 느끼지 않고 있다. 우리 사회는 더 빨리 더 많이 자연을 훼손하고 이용하는 사람이 부자가 되고 선진국이 되어 버렸다. 생명의 가치, 환경의 가치는 무시당하고 돈의 가치가 세상을 지배하면서 자연은 힘없이 파괴되고 있는 것이다.

현재 지구에서 알려진 가장 오랜 암석의 나이는 40억 300만 살이라고 한다. 기록으로 남아 있지 않은 이전 5억 년을 포함하여 원시 지구를 거쳐 분화 과정을 통해 현재의 지구로 형성되기까지 약 45억 년이 걸린 것이다. 지구에 바다가 존재하기 시작하였을 때는 언제일까? 이는 약 44억 년 전 무렵으로 추정된다고 한다. 그렇다면 현재 알려진 가장 오랜 화석기록, 생명의 시작은 얼마나 오래된 것일까? 지구상에서 알려진 가장 오랜 암석은 캐나다의 아카스타 편마암이다. 그러나 이 편마암은 원래 화성암으로 그 암석에서는 화석을 기대하기 어렵고 그다음으로 발견된 그린란드의 잇사크Itsaq 편마암 복합체와 캐나다의 누부악잇턱Nuvvuagittuq 습곡대의 암석이 38억 살 전후로 생명체가 출현한 흔적을 남겼을 가능성이 있다고 한다. 중요한 것은 45억 년 전, 38억 년 전이라는 숫자가 아니다. 우리가 반드시 기억해야 할 것은 불과 300만~500만 년 전 시작된 인류가 불과 100년 만에 우리보다 수십억 년 전 시작된 지구와 자연을 함부로 파괴했다는 것이다. 지구를 괴롭힐 권리는 누구에게 받은 것인가? 이것이 과연 우리가 당연히 누릴 수 있는 혜택인지 아무도 의심하지 않았다.

환경은 말하지 못하지만, 그것이 환경이 중요하지 않음과 같은 의미는 아니다. 환경은 인류와 동등하게 소중하다. 더더군다나 고통과 억울함을 말과 글로 표현하지 못하기에 자연은 우리가 먼저 알아서 경외로이 여기고 보호해야 하는 것이다.

둘째로 우리가 환경 위기에 대해 심각하게 받아들여야 하는 이유는 환경이 우리와 공동운명체이기 때문이다. 지구라는 대자연의 위기가 실감이 안 난다면 몇 가지 사례를 알아보자.

우리 지구에는 엄청 커다란 쓰레기장이 있다. 바로 태평양의 '쓰레기 섬'이다. 이는 미국 하와이와 캘리포니아 사이에 있는 북태평양 바다 위의 거대한 쓰레기 더미를 일컫는 것으로 '태평양 거대 쓰레기 지대GPGP, Great Pacific Garbage Patch'라고 불리는데, 바닷속에 버려진 쓰레기들이 바람과 해류의 순환으로 한곳에 모이면서 형성되었다고 한다. 2018년 비영리 연구단체인 오션 클린업 파운데이션OCF, Ocean Cleanup Foundation은 3년간 GPGP를 연구하고 그 결과를 발표하였다. 이에 따르면 쓰레기 섬의 플라스틱 쓰레기는 약 1조 8,000억 개이며 무게는 약 8만 톤으로 50cm 이상의 초대형 쓰레기가 가장 많았지만, 문제가 되는 것은 5mm 미만의 미세 플라스틱이라고 한다. 미세 플라스틱은 걷어 내기가 쉽지 않을 뿐만 아니라 해양 생물들의 먹이가 되어 동물들의 성장과 번식에 장애를 일으키거나 여러 가지 질병에 시달리게 하기 때문이다. 그리고 물고기에 축적되어 있던 미세 플라스틱은 인간의 식탁을 통해 다시 우리에게 옮겨오게 된다. 사람이 버린 쓰레기는 땅과 물을 오염시킨다. 우리가 먹는 음식은 이런 오염된 땅과 물에서 난 것들이다. 우리가 버린 쓰레기가 눈에 안 보이는 먼 곳으로 치워진 것이 아니라 인간에게 그대로 돌아오게 되는 것이다.

인수공통감염병이라고 들어보았는가? 인수공통감염병人獸共通感染病, zoonosis은 동물과 사람 사이에 상호 전파되는 병원체에 의하여 발생되는 전염병을 말한다. 1918년 스페인 독감, 2009년 돼지 독감과 같은 전염병은 조류독감, 돼지 독감 같은 동물성 바이러스가 인간 독감균과 재결합하여 발생한 것이다. 인수공통감염병은 여러 경로로 전파가 되는데 직접 감염의 경우는 감염병이 공기(인플루엔자) 또는 물기와 타액(광견병)과 같은 매체를 통해 다른 동물과 인간 사이에 직접 전염된다고 한다. 그렇다면 인수공통감염병이 환경과 무슨 관련이 있다는 것일까?

2013년 미국 콜로라도주립대 콜린 웹 교수팀의 연구논문에 따르면 박쥐 몸에는 137종의 바이러스가 살고 있다고 한다. 이 가운데 일부가 사람에게 전파될 수 있어 WHO는 각종 감염병을 옮기는 동물 중 하나로 박쥐를 지목하고 있다. 2019년 발생한 신종 코로나바이러스의 숙주로 유력하게 거론되는 것도 박쥐이다. 가오푸 중국 질병예방통제센터장은 "우한시의 한 수산물 시장에서 팔린 박쥐로부터 확산된 것으로 보인다"고 발표한 바 있다. 데이비드 후이 홍콩 중문대 교수는 현지 언론에 "바이러스가 박쥐에서 발원한 뒤 우한시 화난 수산물 시장에서 다른 동물과 사람에게 감염됐을 가능성이 있다"

고 말했다. 질병관리본부도 중국 당국이 공개한 유전자 염기서열을 입수해 분석한 결과 신종 코로나바이러스와 박쥐 유래 사스 바이러스의 유전자 및 단백질 유사성(상동성)이 89.1%라고 발표했다. 신종 코로나바이러스는 박쥐에서 나온 사스 바이러스와 사촌쯤 된다는 얘기다. 하지만 사람은 박쥐는 물론이고 감염 사태의 중간 매개체인 사향고양이나 뱀과 접촉할 일도 거의 없다. 그러나 이러한 야생동물과 사람이 한자리에 모일만한 장소가 있다면 어떨까? 중국 우한시에 있는 화난 수산물 시장은 겉으로는 수산물 시장이라는 간판을 내걸지만 가금류, 당나귀, 양, 돼지, 낙타, 여우, 오소리, 대나무쥐, 고슴도치, 파충류 등 살아 있는 동물도 판매한다. 이 시장에서 야생동물을 파는 상점의 메뉴판이 인터넷에 공개되기도 했다. 이 메뉴판에는 100여 종에 달하는 각종 야생동물의 가격이 표시돼 있으며 약용이든 식용이든 야생동물을 잡거나 조리하는 과정에서 바이러스에 감염될 수 있는 것이다.

현대 사회는 동물에서 인간으로 바이러스가 전파하는 인수공통감염병이 확산되기 좋은 환경이다. 인구 증가로 인구 밀집 지역이 늘어나고 수명이 길어지면서 만성 질환자나 면역 저하가 발생한다. 식량 문제를 해결하기 위한 대규모 가축 사육도 바이러스가 출몰하기 좋은 환경이다. 산업화로 이산화탄소 배출이 늘면서 기온이 올라 모기와 진드기 등 병원균 매개체의 서식 범위도 넓어진다. 게다가 이번 신종 코로나바이러스 사태처럼 어떤 목적으로든 야생동물과 접촉하는 경우도 있다. 한마디로 신종 코로나바이러스를 포함한 인수공통감염병은 인간의 탐욕이 부른 결과라고 할 수 있다.

자연이 아프면 사람도 아프다. 오염된 강물 위로 떠 오르는 물고기, 벌목된 숲에서 터전을 잃은 오랑우탄, 바닥을 드러낸 말라버린 호수 등 병든 자연은 우리에게 똑같은 고통을 준다. 사람과 자연은 하나인 것이다.

꼬꼬생4. 녹색 미래를 위한 실천

2008년 「환경교육진흥법」이 제정되면서 환경교육 활성화를 위한 계획, 인력, 프로그램, 시설(장소)을 갖추어 나가기 시작했다. '2022 개정교육과정'에서는 이를 적극 반영하여 생태 시민교육이 중요하게 다루어지고 있다고 한다. 심각해지는 환경문제의 근본적 해결을 위해 학교 생태교육의 필요성이 더욱 커진 것이다. 미래 사회의 성장과 안정, 환경을 책임지게 될 세대의 환경역량 함양을 위해 실천할 수 있는 환경교육의 다양한 사례를 공유하고 지속적으로 경각심을 갖도록 해야 한다.

○○○

꼬.꼬.생 실천 사례

사례 1. Bottle-up 업사이클링 실천하기

교육과정에 반영하여 운영한 생태 시민교육 사례

배움 목표	작은 생명의 소중함과 새 활용의 필요성을 알고, 폐유리병을 활용하여 생활용품 만들기를 할 수 있다.	활동 시간	120분
준비물	라벨을 제거한 유리병 1개, 와인병 1개, 학습지 2장 마 끈, 가위, 레이스 끈, 마스킹 테이프, 코르크 LED, 드라이플라워, 아크릴 물감	관련 교과	5학년 과학, 미술
흐름	**활동 내용**	**시간**	**유의점**
배움 열기	• **동기유발** - 작은 생명의 소중함 영상 시청하기 - 오염된 환경에서 사라지는 생물에 대한 영상 시청하기 - 유리병과 관련된 퀴즈 풀기 - 오늘 공부할 내용에 관한 이야기 나누기 • **활동 주제 확인하기** - 작은 생명의 소중함과 새 활용의 필요성을 알고, 폐유리병을 활용하여 생활용품 만들기	20분	영상을 보고 작은 생명의 소중함, 사라지는 생물 문제의 심각성을 알고 문제 해결의 필요성을 느끼도록 한다.

배움 활동	• [환경 감수성 UP] 유리병으로 오염되고 위협받는 환경과 생태계 알기 - 재사용 되는 유리병 알아보기 - 재사용 되지 않는 유리병에는 무엇이 있는지 찾아보고, 어떻게 재활용할 수 있는지 탐색하기 • [공작 활동 1] 자원재활용 나만의 꽃병 만들기 - 라벨을 제거한 빈 병 준비하기 (재활용품은 스스로 준비하기) - 각자 준비한 빈 병의 모양과 크기 비교하며 다양한 병 디자인 감상하기 - 병을 꾸밀 준비물 확인하기 (마끈, 마스킹 테이프, 레이스, 아크릴 물감 등) - 병을 어떻게 꾸밀지 학습지에 스케치하기 - 자신이 디자인한 대로 병 꾸미고 드라이플라워 꽂기 • [공작 활동 2] 나만의 LED 조명 만들기 - 다양한 조명 감상하기 - 유리병을 통해 빛이 나갈 때 달라지는 점 알아보기 - 와인병(또는 입구가 1.5cm 정도 되는 빈 병) 준비하기 - 병을 꾸밀 준비물 확인하기 (마 끈, 마스킹 테이프, 레이스, 아크릴 물감 등) - 병을 어떻게 꾸밀지 학습지에 스케치하기 - 자신이 디자인한 대로 병 꾸미고 코르크 LED 꽂기	20분 30분 35분	• 생활 속에서 발견할 수 있는 디자인 요소를 찾고 유리병 꾸미기에 적용하도록 지도 • 나만의 꽃병 만들기는 드라이플라워 대신 물을 담고, 생화를 꽂거나, 입구 크기에 따라 연필꽂이로도 활용 가능 • 나만의 LED 조명을 만들 때는 조명이 모두 가려지지 않도록 병 꾸미기를 조절하도록 지도 • 서로의 디자인을 감상하며 잘된 점을 찾는 활동 실시
배움 정리 및 공유	• 활동 소감 나누기 - 빈 병을 재활용하여 꽃병과 나만의 조명 만들기를 하고 느낀점 발표하기 - 이번 수업과 활동을 통해 새로 알게된 점 이야기 나누기	15분	• 환경을 보호하는 생활 습관 형성의 중요성을 알고 실천 의지를 갖도록 한다.

사례 2. 지속 가능 행복 봉사단 활동하기

환경과 생태를 주제로 계획하고 운영된 학생 봉사단

월	날짜	활동내용	교내 봉사활동 (최대 20)	지역사회 봉사활동 (최대 60)	교외 자연환경 보호활동 (최대 20)	캠페인 활동 (최대 20)	소계	월계
5	17	환경보호 캠페인 자료 제작				2		8
	18	환경보호 캠페인 활동				2		
	24	교내 환경 정화 활동			2			
	25	우리 마을 환경 정화 활동			2			
	8	교내 환경 정화 활동	2					
	15	우리 마을 환경 정화 활동	2					

사례 3. 마을과 함께하는 업싸이클링 활동

인천광역시 연수구 청소년수련관에서는 학생들이 직접 축제에 참가하여 꿈과 끼를 펼치는 2021 마을축제가 있었다. 방과 후에 학생 자율 동아리를 운영하던 '눈.손.즐.공' 팀은 마을축제에서 자신들이 평소 활동했던 '자원 새 활용으로 생활용품 만들기'를 소개하고 체험활동을 운영했다. 이 외에도 플로깅 활동을 통해 마을을 돌며 쓰레기를 줍고 환경보호 캠페인을 하기도 했다.

○○○

꼬꼬생으로 아름다운 세상, 이 시대의 진정한 영웅! 너-나-우리

우리는 '영웅'하면 슈퍼맨, 아이언맨 같은 영화 속 히어로를 떠올린다. 하지만 현실에서 지구를 지키는 진정한 영웅은 누구일까? 1990년대 TV에서 방영한 만화 '출동! 지구특공대: 캡틴 플래닛'을 알고 있는 사람들도 있을 것이다. 이 만화의 오프닝 주제가 가사를 잠시 소개하자면 아래와 같다.

태양이 눈부신 지구는 하나 우리가 지킨다 출동! 지구특공대
공해와 파괴를 즐기는 악당들 초능력 반지로 없애 줄 거야
땅 불 바람 물 마음 다섯가지 힘을 하나로 모으면 캡틴 플래닛 캡틴 플래닛
공해와 싸우는 우리의 영웅 지구를 위해 뭉쳤다 지구특공대
자연을 살리자 지구를 지키자

노래 가사를 보면 '공해와 파괴를 즐기는 악당들'이라는 말이 나온다. 만화 속에서 이들은 자신의 이익을 위해 자연을 파괴하는 에코 빌런Eco-villains들이다. 노래 속 우리의 영웅은 이런 악당들로부터 지구를 지켜내는 5명의 아이

들과 '캡틴 플래닛'이다. 오세아니아를 제외한 다섯 대륙에서 모인 아이들이 땅, 불, 바람, 물, 마음 능력을 하나씩 얻게 되고, 이 능력으로 악당을 물리치며 오염된 지구를 깨끗하게 만드는 이야기이다. 이 만화를 보면 공해와 파괴를 일삼는 악당도, 지구를 지키는 영웅도 모두 우리 '인간들'이다. 우리는 악당인가? 아니면 영웅인가?

이 시대의 진정한 영웅은 우리 주변에서 많이 볼 수 있다. 나는 Eco-STEAM 교사 연구회[1)]에서 수십 명의 선생님들과 함께 환경수업 연구 활동을 하며 연구회 선생님들은 물론, 배움을 실천하고 참여하는 학생들과 그 가족들 모두가 '영웅'이라는 생각을 했다. 장바구니와 텀블러를 들고 다니며 주로 대중교통을 이용하고, 짧은 거리는 걷거나 자전거를 타고 다니는 BMW[Bicycle Metro Walk]를 실천하는 사람들은 물론 ESG[2)] 경영을 선포한 기업 등 영웅은 바로 너이고 나이며 우리인 것이다.

사람은 당장의 끼니를 걱정할 만큼 가난해서는 행복할 수 없다. 생존에 필요한 기본적인 의식주가 갖추어져 있지 않은 가난한 사람들에게 성장의 한계나 환경보호, 지구온난화와 기후 위기의 책임을 운운하는 것은 현실적이지도 않거니와 부당한 요구인 것이다.

세상의 부는 물의 불평등처럼 승자독식의 모양으로 나타난다. 지구 어딘가에서는 물을 펑펑 써도 모자라지 않고 그 반대편 어딘가에서는 마실 물조차 없어서 병들어 가고 있다. 식량 문제도 마찬가지이다. 지금 전 세계에서 생산되는 식량의 양은 세계 전체 인구의 두 배를 먹여 살릴 수 있을 정도이

1) 환경과 STEAM 교육의 융합을 기본으로 기후위기 문제 해결 역량을 키우기 위한 교육과정을 연구, 실천하는 전문적 학급 공동체. 2020년 인천에서 근무하는 초등교사들 중심으로 만들어져 현재까지 100여 명의 회원이 함께 활동하고 있으며, 2022년 4월, 그동안의 환경 수업, 놀이, 실천 사례를 담은 '지구를 살리는 업사이클링 환경놀이' 책을 발간함.

2) 'Environment', 'Social', 'Governance'의 머리글자를 딴 단어로 기업 활동에 친환경, 사회적 책임 경영, 지배구조 개선 등 투명 경영을 고려해야 지속 가능한 발전을 할 수 있다는 철학을 담고 있음.

다. 그런데도 세계 곳곳에 굶주리는 사람이 넘쳐나는 것은 식량의 분배가 공평하게 이루어지지 않기 때문인 것이다.

진정으로 부족한 것은 민주주의와 정의이다. 소수의 선진국과 강자가 대다수 약자를 가난과 고통으로 몰아넣으면서 이 세상에서 생산된 부의 대부분을 빼앗아 간다. 그리고 본인들의 부와 성장의 원동력으로 이용했던 환경이 피폐해진 책임을 이제 막 성장하려는 나라와 미래 세대에게 전가하려고 한다.

우리는 얼마나 많이 소유하고 소비해야 충분하다고 생각할까? 얼마나 더 편해지고 누리게 되어야 만족할까? 많이 갖고 많이 쓰는 물질의 풍요를 우상숭배하는 세상은 이제 끝내야 한다. 경제 성장이나 물질 풍요는 그 자체가 목적이 아니라 자연과 인간이 함께 더불어 살아가고 어울림 속에서 행복과 더 나은 삶을 하게 하기 위한 수단이 되어야 한다.

이제 우리가 할 일은 크게 두 가지이다. 하나는 환경을 고려하지 않는 반환경적 경제 시스템과 사회·정치 체제의 변화 즉, 사회구조의 변화이다. 다른 하나는 지나친 소비와 욕구를 줄이고, 자연과 조화를 이루며 더불어 살아가는 개인의 생활 방식의 변화이다. 이러한 사회구조의 변화와 개인의 변화가 동시에 맞물려 이루어질 때 지구의 지속 가능한 미래가 열릴 수 있다. 꼬리에 꼬리는 무는 생태 시민교육과 실천을 학생은 물론 사회 구성원 모두가 함께할 때, 아름다운 세상은 앞으로의 수백 년을 기약할 수 있을 것이다.

생태방정식, 일차방정식에서 함께하는 고차방정식으로

이 진 영
연수여자고등학교 교사

생태학을 처음 만났을 때

어느 무더운 여름, 무엇인가를 배우겠다는 마음으로 책상에 앉아 줌에 접속하여 열심히 공부하려 했으나 강의 내용은 어려웠고 선뜻 이해되지 않았다. 내가 그동안 살고 있던 환경은 무엇인가? 하는 의문이 지워지지 않았다.

강의는 조효제 교수님의 '인권으로 읽는 기후 위기와 생태', 김기봉 교수님의 '빅 히스토리 문명사 관점으로 생각하는 생태학적 실천'이었다. 두 강의는 생태학을 다양한 관점에서 해석했다. 하지만 아직 생태학이 낯설고, 환경과 생태도 구분하지 못하는 나에게 강의 내용은 '어렵다'를 넘어 생각에 혼란을 일으켰다.

조효제 교수님의 강의에서는 인권, 기후 위기와 생태. 세 단어의 연관성을 찾기 어려웠지만, 호기심이 생겼다. 기후 위기를 단순히 환경문제로 접근하여 해결했다고 생각할 때 다른 곳에서 다른 문제가 발생하기 때문에 전체를 바라보며 인류가 함께 참여하고 연대할 수 있도록 확장해야 한다는 것이다. 일부 국가의 환경, 전염병, 생존권으로 접근하면 해결이 아닌 악순환으로 확대될 수 있다. 우리가 코로나19에서 보았듯이 세계는 연결되어 있었다.

이러한 기후 위기의 원인으로는 탄소 배출을 꼽고 있다. 많은 에너지의 소비와 공장식 축산으로 탄소의 배출은 날로 증가하고 이러한 탄소를 줄이는 산림은 발전이라는 이름 아래 점점 줄어가고 있다. 산림이 있던 자리는 평지가 되고 항생제 남용으로 인해 인수공통전염병까지 발생하였다. 이러한 일련의 과정은 단지 어느 하나의 원인으로 이루어지는 것이 아니라 서로 연결되고 다른 것의 원인이 되어 계속하여 발생하고 있다. 또한 기후위기와 생태계에 대해 대비하고 대책을 마련하는 곳이 있는가 하면 그렇지 못하고 기후난민이 되어 세계를 떠도는 사람도 있다. 과연 누구의 책임일까? 기후난민이 된 사람들은 생태계를 파괴한 사람일까? 투발루는 생태계를 파괴할 만큼의 탄소를 배출했을까?

기술을 이용하여 부를 축적한 사람들은 오히려 축적된 부를 이용하여 기후 위기에 대비하고 있다. 이러한 과정에서 불평등과 차별이 만들어져서 인간이 인간답게 살 수 없게 되며 인권침해가 일어난다는 것이다. 기후 위기, 생태는 인권과 관련이 깊다.

이처럼 기후 위기의 누적된 문제는 지리적으로는 개발도상국에게 위험의 외주화, 시간상으로는 미래 세대 외주화를 하고 있기 때문에 탄소중립뿐만 아니라 삶의 방식도 전환해야 한다. 뉴스에서 본 "위험의 외주화"라는 단어는 나와 상관이 없는 단어라고 생각했는데, 쓰레기 수출로 국제 망신을 당한 우리나라에 대한 기사가 나와 연결될 수 있다는 생각이 들었다.

생태방정식이 무엇인가요?

기후 위기로 인해 녹는 북극의 얼음, 폭우, 가뭄 등의 기상 이변, 플라스틱 섬, 쓰레기를 수입하는 국가 이야기를 모르는 것은 아니었으나 그동안 나와는 별개의 일이고 다른 사람의 불행 정도로 생각했다. 왜 그랬을까?

나는 이제껏 인간 중심으로 살아왔고 인간에게 유익한 것이 좋은 것이라 배웠다. 어린 시절 혼·분식을 장려하고 새마을운동을 하며 열심히 노력하면 잘 산다는 교육을 받으며 자라 대량생산으로 먹거리가 풍족해지고 삶이 편리해지면 좋은 것이라고 생각했다. 그러나 어린 시절 동생과 함께 용돈을 모아 500원짜리 자장면 한 그릇을 나눠 먹던 행복이 지금, 우리 동네 자장면 한 그릇 5,500원으로 가능할까?

우리는 예전보다 풍족하고 편리하게 살고 있다. 과연 그 대가는 무엇일까?

'손이 시려워 꽁. 발이 시려워 꽁' 하는 동요의 구절처럼 어린 시절 겨울은 추웠다. 아파트보다는 주택이 많았던 그 시절 처마 밑에는 고드름이 얼어있었다. 그런데 언제부터인가 겨울은 포근해지고 고드름, 눈사람 등은 찾아볼 수 없었다. 어느 해는 폭염 또는 폭우로 피해가 발생하고 사람들은 대책을 마련하느라 바빴다. 에어컨과 건조기는 필수 가전이 되고 정부는 상하수도를 정비하며 저수조를 준비하나 폭우는 우리가 준비한 한계치를 넘어서고 있다.

연수 이후 생각이 복잡해졌다. 앞으로 이런 기상 이변, 기후변화, 기후 위기가 점점 더 심화한다면 어떻게 해야 하는 것일까? 나의 삶은 어떻게 변화할까? 나보다 미래를 더 살아갈 아이들은? 그 미래를 준비하는 과정에 함께하는 나는 어떻게 그들에게 세상을 바라보고 준비하라고 해야 하는 것일까?

삶은 녹녹하지 않다. 힘들고 어려운 일이 있다. 하지만 삶은 준비하는 자에게 기회를 준다. 나는 아이들과 함께 삶을 준비하며 그들이 미래에 기회를 갖게 되길 바란다. 그래서 아이들과 함께 생태계의 균형을 찾기 위해 당면한 문제를 인식하고 해결 방법을 찾아 함께 실천하려고 한다. 이러한 일련의 생각을 실천하기 위해 교과와 연계한 활동 중 기후 위기, 생태계의 문제를 생태방정식이라 하고 아이들과 함께 해결 방법을 찾고 실천하는 과정을 생태방정식의 해를 구하는 과정, 즉 생태방정식의 해법이라 명명한다. 이 과정에서 대기 및 수질오염, 생물 다양성 감소, 지구의 온도 상승, 인수공통전염병 등에 대해 아이들과 함께 생각하고 문제를 찾아 해결하고 실천하려 한다. 그렇게 나는 자연, 인간, 동물이 함께 공존하고 평화롭게 살 수 있는 지속가능한 방법을 찾을 수 있을 것이라는 희망을 가져본다.

아이들의 미래는 지금보다 조금은 나아질 것이고 그들의 삶도 행복해질 것이다.

○○○

내가 풀어본 생태방정식은 일차방정식

텀블러 들고 지하철 타기

기술의 발달로 편의를 추구하는 것이 당연하게 여겨지고 있다. 처음 해외여행을 갔을 때는 여행에 필요한 물건을 바리바리 챙겼다. 그러나 코로나19 이전의 마지막 해외여행의 짐은 많이 줄어있었다. 물론 여행의 노하우로 짐을 줄인 것도 있지만 대부분 일회용품으로 대체되거나 현지에서 손쉽게 구입할 수 있었기 때문이다. 이러한 일회용품은 짐을 줄여줘서 편했지만, 그만큼의 쓰레기를 만들었다.

올해 3월 근무지가 변경되어 그동안 생각만 하고 미뤄왔던 생태계와 공존하는 방법에 대해 실천하기로 결심했다. 그 첫 번째가 다회용기 사용과 대중교통 이용이다.

일회용품의 사용량은 계속 증가했고 특히 코로나19로 더욱 가속화되었다. 우리 집 쓰레기만 보아도 그러하다. 일회용품을 줄이기 위한 대체 물품이 개발되고 있는 것은 다행이지만, 경제적이지 못하다는 이유로 외면당하기 일쑤이다.

내연기관은 산업혁명과 더불어 발전되어 왔다. 그중 자동차의 발명은 획기적이었다. 생활권의 범위가 확대되어 하루에 갈 수 없는 곳이 거의 없을 정도이다. 그러나 온실가스를 많이 배출하여 현재 기후 위기를 초래한 주요 원인이 되고 있다. 기후 위기에 대한 인식이 높아지면서 전기·수소 자동차의 수요가 많아지고 친환경차 보급에 관한 법도 생겼다. 그러나 사람들 사이의 갈등도 발생했다. 전기차의 완속 충전은 10시간 이상 걸리다 보니 충전이 주차와 비슷해졌고 부족한 주차 공간에 충전소를 설치하다 보니 내연기관 차주와 전기차 차주 사이의 갈등이 발생되고 있으며[1] 이를 시행하는 지자체도 법을 적용하거나 유예하는 등 제각각이다.

나는 가방에 텀블러를 넣고 운동화를 신고 열심히 걸어서 지하철을 타고 출퇴근한다. 처음 한 달 동안은 내 생각을 실천한다는 뿌듯함에 열심히 걷고 대중교통을 이용했다. 하지만 점점 텀블러를 들고 다니는 것이 불편했고 비가 오거나 야근 후 지하철을 타고 걸어서 퇴근하는 것이 힘들었다. 출장으로 인해 자동차를 사용하게 되면서 명분을 찾아 대중교통에서 자동차로 출퇴근하는 횟수가 늘고 있다. 가방이 무거워 텀블러는 들고 다니지 않는다.

나이가 들면서 걷지 않는 것이 만병의 근원이라 생각하여 일부러 걷기 위해 환경을 바꾼 것인데 결국 나는 편의와 시간을 줄이기 위해 자동차를 다시 사용한다. 지금도 출장이 없는 날이면 아침에 지하철을 탈까 말까를 고민한

1) '전기차 충전 방해' 관악구 0원, 영등포구 10만 원. 주간경향. 2022.5.9.

다. 이런 고민을 하다가도 시간이 부족해 다시 자동차에 오른다.

특별한 사람만 비건이 되나요?

가족이 냄새에 민감하고 나는 요리를 못 한다. 그래서 재료에 신경을 많이 쓴다. 요리는 못하지만 신선한 재료로, 가능하면 재료의 맛을 살리는 쪽으로 조리한다. 특히 육류의 경우 보관을 잘못하면 누린내가 나서 냄새를 제거하기 위해 손질에 특히 신경을 쓴다. 냉동된 육류는 김치냉장고에서 하루 이상 해동한 후 사용한다. 급한 마음에 상온 또는 냉장고에서 해동하면 어김없이 냄새가 난다. 그래서 되도록 냉장육을 사는데 먹을 만큼 사려 해도 판매하는 기본 단위가 있어 늘 남아 냉동시킨다. 그러다 고기를 원하는 양만큼 팔고 도축 후 3~4일 만에 배송하는 곳이 있어 앱을 설치하고 편리하게 육류를 구매하게 되었다. 쿠폰의 유혹과 새벽 배송의 이점으로 육류 구매율이 높아졌으며 요리를 못하는 나에게 육류는 기술이 없어도 어느 정도 맛을 낼 수 있는 음식 재료가 되었다.

어느 날 학교급식 식단에서 육류 요리가 매일매일 식단에 있다는 사실을 알았다. 거기에 더해 우리 집도 육류가 자주 등장한다. 매 끼니 육류를 먹을 때도 있다.

한 번은 학교급식으로 소고기뭇국, 돼지고기볶음, 닭튀김이 한꺼번에 나온 날이 있었다. 학생들은 고기반찬이 없으면 먹을 게 없다고 하여 항상 넣는다는 영양 교사의 말에 고충이 느껴졌지만, 우리는 너무 많은 육류를 섭취하고 있지 않은가? 건강한 식단은 어떤 것인가? 하는 의문이 생겼다.

우연한 기회에 평생학습관에서 '사랑에 빠진 채식'이라는 강의를 수강하였다. 채식은 사랑할 수 있는 대상인가? 라는 호기심으로 강의를 들었다.

육류 소비문화와 공장식 축산으로 인해 식품을 생산, 유통, 조리하는 과정에서 온실가스가 배출되고 자연이 훼손되며 인간과 동물이 만나는 접점에서 인수공통전염병이 발생한다는 내용이었다. 그 예가 코로나19 감염병이라는 것이다. 이러한 문제점의 해결 방안으로 채식을 제시하였다. 나는 채식은 건강상의 이유로 육류를 섭취하지 못하는 사람들의 식습관이라고 생각했는데 기후 위기를 해결하는 방법이 채식이라니 놀라웠다.

채식주의를 비건이라 하는데 요즘은 비거니즘까지 확대되었다. 비거니즘은 엄격한 채식주의를 넘어 삶의 전반에 동물에 대한 착취를 거부하는 철학이자 삶의 방식으로 어떤 목적에서든 동물에 대한 모든 형태의 착취와 학대를 배제하려는 철학이다. 채식주의의 유형은 프루테리언, 비건, 락토 베지테리언, 오보 베지테리언, 락토-오보 베지터리언, 페스코 베지터리언, 폴로 베지테리언, 플렉시테리언으로 나뉜다고 한다. 특히 플렉시테리언은 평소에는 채식을 하지만 상황에 따라 육식을 먹는 유형이라 한다.[2] 우리나라에서 직장생활을 하면서 타인의 시선이 의식될 때 사용해 보면 좋을 것 같다. 건강을 위한 채식도 필요하지만, 지구의 건강을 위해 채식을 생각해야 할 때이다. 우리가 함께 살아갈 지구를 위해 인류는 끊임없이 고민해야 한다.

난 아직 육류를 주문하는 앱을 지우지는 못했다. 하지만 쿠폰은 삭제하고 주문 횟수를 줄여가고 있다. 되도록 육류보다는 수산물을 이용하려 노력하고 동물복지 제품을 사려 한다. 하지만 요리의 난이도와 경제적인 면을 고려하지 않을 수 없다.

나의 생태방정식은 왜 일차방정식일까?

주변을 살피고 기후 위기, 생태계 관련 공부를 하면서 지금의 삶의 방식으로는 먼 미래뿐만 아니라 가까운 미래도 예측하기 어렵다는 것을 알게 되

2) 사랑에 빠진 채식(인천광역시평생학습관 강의). 임지현 식생활 교육 전문 강사

었다. 나는 아이들과 함께 생태방정식을 풀기 위해, 스스로 공부하고 실천하기 위해, 나의 삶의 방식을 변화시키기 위해 환경을 바꾸고 실천하려 노력하였다.

나는 기후 위기와 생태계의 문제를 해결하는 여러 가지 실천 방법들을 알고 있다. 탄소중립을 위해 일회용품을 줄이고 다회용기를 사용하며 대중교통을 이용하고, 재생 에너지를 사용하며 생태계를 위해 공장식 축산을 줄이고, 생물의 다양성을 유지하기 위해 숲과 산림, 해양을 보존해야 한다는 것을. 나는 내가 알고 할 수 있는 것을 실천하려 노력했다. 하지만 삶의 방식은 변화하지 않았다.

왜 나의 생태방정식은 해를 구하지 못한 채 일차방정식으로 남았을까? 다회용기를 사용하려 했으나 매번 들고 다닐 수가 없었다. 사람들을 만나 커피나 차를 마시게 되면 그 과정에 일회용기 또는 다회용기를 사용하게 된다. 하지만 아직은 다회용기를 반납하는 과정이 번거롭고 다시 그곳을 찾지 않을 때가 많았다. 또한 다회용기 사용이라는 결심이 또 다른 플라스틱(텀블러)을 구입하게 된다. 대중교통 이용 역시 쉽지 않다. 집 앞의 버스정류장에 오는 버스는 몇 대 되지 않고 배차간격이 길어 출근 시간에 차를 놓치면 걸어서 지하철을 타고 가는 것이 오히려 빠르다. 교통량을 고려하여 배차간격을 배정한 것이어도 이용하기 쉽지 않았다. 더군다나 운수업체는 경제적이지 않다는 이유로 노선을 자꾸 바꾼다. 나의 집은 대도시에 있다. 퇴근길 지하철에서 내려 집까지 30분 정도 걷는 길이 좋을 때도 있지만 피곤할 때가 더 많다. 육류 섭취를 줄이고자 다른 식재료를 구입하는 것 또한 쉽지 않았다. 예전 집 텃밭에서 무성하게 자라던 깻잎은 폭우 피해로 너무 비싸고, 바닷물의 온도 상승으로 명태는 국내산이 없다. 오히려 외래 어종이 점점 식탁에 오르고 있으며 내년부터는 일본이 방사능 오염수를 방류한다고 하니 이 또한 걱정이다.

동물복지 상품이나 친환경 채소 구입은 경제적이지 못하고, 대중교통의 이용은 시간이라는 비용을 지불해야 하며 다회용기는 또 다른 플라스틱을 만드는 문제를 발생시켰다. 우리의 삶은 편리와 편의를 선택하는 구조로 되어 있기에 자본의 힘에 의해 갈등하고 선택해야 한다. 그 선택이 항상 생태적이지는 못하다. 원인 분석 없이 일차원적으로 답만 찾으려 했기 때문에 나의 생태방정식은 일차방정식이었던 것이다.

기후 위기, 생태계의 문제에 대해 인식하는 사람들이 늘면서 제도도 정비되고 있다. 자원의 절약과 재활용촉진에 관한 법률이 그 예이다. 그러나 이 법은 시행이 유보되었거나 일부 지역에서만 시행 중이다. 생태계의 문제는 어느 한 사람, 일부 지역에서 노력한다고 해결되지는 않는다. 코로나19가 그랬던 것처럼 세계가 다 함께 노력해야 한다. 그렇기 때문에 생태방정식은 일차방정식이 아닌 고차방정식으로 모든 사람이 공감하고 연대하여 이를 실천해 나가야 해결된다. 과연 해결이 어떤 모습일지는 모르겠으나 지금보다는 지구가 덜 뜨거워지고 인간, 자연, 동물이 건강하게 살 수 있을 것이다.

고차방정식인 생태방정식의 원인과 해결하는 방법을 찾기 위해 우리의 아이들과 함께 교과 속에서 생태방정식의 해법을 풀어가려 한다. 일방적인 지식의 전달이 아닌 학생들과 함께 문제를 파악하고 원인을 찾아 해결 방법을 고민하여 해법을 찾으려 한다. 나 역시 처음 하는 수업이라 어떤 변수가 있을지 걱정과 우려도 있지만 설렘도 있다. 아이들과 함께 생각을 공유하고 해법을 찾아 실천한다면 멋지지 않을까! 아이들과 나는 행복한 추억을 함께 공유할 것이다.

○○○

학생들과 함께 생각한 생태방정식의 해법

(교과 연계 프로젝트 수업)

기후 위기, 생태계의 문제에 대해 관심을 갖고 공부하면서 학생들에게도 생태교육이 필요하다는 것을 느끼게 되었다. 그러나 아직 생태 교과목은 없는 상태이다. 그렇다고 그냥 모르는 척하기에는 학생들에게 미안하다. 왠지 가르쳐야 하는데 안 가르치는 느낌이라고 할까?

때마침 나의 담당 교과목이 확률과 통계였다. 통계는 자연현상이나 사회현상을 분석하고 해석한다. 또한 함께 수업을 진행하는 동료 교사 역시 새로운 수업 방법에 호의적이고 적극적이었다. 물론 학생들도 열린 마음으로 나의 수업 방법을 이해했다. 삶 속의 다양한 주제에 대해 통계를 활용하는 프로젝트 수업을 진행할 수 있는 여건은 조성되었으나 평가가 고민이었다. 평가는 객관성을 요구한다. 이러한 객관성의 요구로 인해 정량화할 수 있는 것을 측정 도구로 사용하다 보니 수업의 본질이 퇴색될 때가 있다. 하지만 그냥 모르는 척할 수는 없다. 기후 위기, 탄소중립, 공장식 축산 등 생태계의 위기에 대해 학생들은 알고 있었고, 다양한 관심 분야의 주제를 다룬다는 것에 재미있어했다. 교과서의 내용을 넘어선 주제를 다루는 과정에서 생각지 못한 변수가 발생하면 동료 교사와 소통하며 해결해나갔다. 학생들과도 수업에 대해 오리엔테이션을 하고, 연관된 단원 등에서 소통하며 '슬기로운 통계 생활'이라는 프로젝트 수업을 진행하였다.

프로젝트 수업 사례

제목	우린 해석한다, 슬기로운 통계 생활	교과목	확률과 통계(8차시)
주제	삶 속에 궁금하거나 관심 있는 분야를 주제로 정해서 통계적으로 분석·해석하여 결론 또는 제안하기		
성취 기준	[12확통03-01] 확률변수와 확률분포의 뜻을 안다. [12확통03-02] 이산확률변수의 기댓값(평균)과 표준편차를 구할 수 있다.		
프로젝트 순서	1. 모둠 구성 - 모둠 명, 역할 분담 2. 주제 정하기 - 서로의 생각을 공유하며 토론을 통해 주제 정하기 3. 자료조사 방법 및 프로젝트 일정 계획 4. 수집된 데이터의 통계적 분석 및 해석 5. 주제에 대한 새로운 아이디어 또는 제안		
결과	주제에 대한 결과를 영상으로 제작하여 공유 각 모둠의 결과물을 함께 보며 평가 및 의견 제시	단, 평가는 해당 모둠만 실시 결과물은 학년 전체 공유	

통계 단원의 성취기준에 도달하기 위해 모둠별 프로젝트 형식으로 수업을 진행하였다. 프로젝트 수업이란 학생 스스로 문제의식을 가지고 주제를 선정하여 조사나 연구, 발표 및 평가 등의 전 과정에 참여하는 수업모형이다. 이에 관심 분야, 선호, 친분 등을 고려하여 모둠을 구성하고 모둠별 토론을 통해 주제를 정하여 자료를 수집하게 했다. 수집된 자료를 분석·해석하는 과정에 평균, 분산, 표준편차를 적용하고, 분석된 자료를 활용하며 새로운 아이디어를 제시하여 이를 발표하는 수업이다.

수업을 시작할 때는 모둠을 구성하고 주제를 정하여 자료를 수집하는 과정이 쉽지 않았다. 하고자 하는 것이 많아 주제를 정하기 어려웠고 주제를 정해도 이산확률변수라는 제한된 범위에서만 자료를 수집하는 것이 쉽지 않아 학생들과 끊임없이 소통하였다. 학생들도 여러 번 시행착오를 겪었지만 혼자가 아닌 모둠원과 함께 해결해가고 있었다. 서로서로 도움을 주고받는 모습도 볼 수 있어 흐뭇했다.

프로젝트 수업에서 다양한 소재에 대해서 설명했고 그중 기후 위기, 생태계의 문제도 함께 제시했다. 그중 급식과 이메일을 주제로 발표한 모둠의 내용을 소개한다.

바른 급식, 바른 먹거리
(학생이 생각하는 급식)

발표자 : 우리 모둠의 주제는 '학생들의 알레르기 유무 실태와 그에 따른 학교급식의 변화가 필요한가?'입니다. 선정한 이유는 알레르기는 사람에 따라 생사가 걸릴 수도 있는 위험한 질병인데 우리나라에선 경각심이 낮은 것 같아 우리 학교 학생들의 생각을 알아보고 싶었습니다. 또 알레르기가 있는 학생의 비율이 어느 정도이며 급식의 변화가 필요한지 알아보았습니다.

발표자 : 우리 학교 2학년 학생 120명을 대상으로 식품에 대한 알레르기 질환을 앓은 비율과 알레르기 종류, 식품 외의 알레르기 질환을 앓은 비율, 알레르기 교차반응에 대해 알고 있는지, 학교급식이 알레르기를 고려한 체제로 변경되는 것에 대한 동의 정도에 대한 설문을 조사하였습니다.

발표자 : 통계적 분석인 평균, 분산, 표준편차에 의하면 알레르기를 고려한 급식 체제 변경에 대한 동의 정도는 약 69.6%로 긍정적이며 알레르기 교차반응을 알고 있는 정도가 40.3% 정도라 이에 대한 교육이 필요하다고 결론을 내렸습니다. 또한 그래프를 보시면 식품에 대한 알레르기가 있는 경우는 7.9%이고 식품 중에서 갑각류, 견과류, 콩류, 과일류 순이며 이외의 알레르기가 있는 경우는 23.7%로 적지 않았습니다. 학생들에게 알레르기에 대한 홍보와 예방 교육이 필요하다고 생각합니다.

나 : 4모둠 수고했어요. 수고한 4모둠에게 박수 부탁해요. 선생님은 급식이 맛이 있으면 좋겠다고 생각했지, 알레르기와의 연관성은 인식하지 못했어요. 여러분은 어떻게 생각하나요?

학생 1 : 저도 급식이 맛있으면 좋겠어요. 전 해산물을 먹지 않는데 어느 날은 반찬이 모두 해산물로만 나와서 급식을 먹지 못했어요. 다양한 음식 재료를 사용했으면 좋겠어요.

학생 2 : 급식 식단에 알레르기 유발 물질이 표시되어 있기는 하지만 잘 보이지 않아요. 급식실 입구에 잘 보이게 표시되었으면 좋겠어요.

학생 3 : 발표를 보고 교차반응 알레르기에 대해 처음으로 알았어요. 알레르기를 유발하는 물질과 식품이 이렇게 많은지 몰랐어요. 나도 모르게 알레르기가 일어날 수 있으니 이에 대한 홍보가 필요한 것 같아요.

나 : 급식 메뉴를 보면 소, 돼지, 닭이 매일 돌아가면서 나오는 것 같아요. 이렇게 매일 육류를 먹어야 하나요? 여러분이 성장기에 있어서 그런가요?

표정을 보니 나의 의견에 동의하는 학생도 있고 의아해하는 표정도 있고 나의 말이 무슨 뜻인지 어리둥절해하는 표정 등 다양했다.

학생 4 : 식사 때 고기를 먹는 것이 익숙한데 그로 인해 알레르기도 많아진 것 같아요.

학생 5 : 고기가 음식 재료이기는 하지만 닭 입장에서는 생존인 것 같아요. 특히 우리나라 사람들은 영계를 좋아해서 닭이 얼마 못 살아요.

학생 6 : 가축을 키우면서 메탄가스가 발생해서 온실가스의 원인이 되고 있어요.

나 : 여러분의 의견처럼 육류 섭취로 인해 알레르기의 빈도가 증가했고 가축은 수명이 단축되고 온실가스의 축적으로 생태계는 위험해지고 있네요.

학생 7 : 선생님 육류 섭취를 줄여야 하나요? 급식에서 고기반찬이 없어지나요?

나 : 육류 섭취를 줄이는 것이 하나의 방법이기는 하지만 개인적인 차원이 아니라 우리의 식습관이나 문화, 정책 등을 고려해서 방법을 찾

아야 생태계의 균형을 찾을 수 있고 알레르기 유발 물질이 줄어 건강해지지 않을까요? 다 함께 참여할 방법에 대해 좀 더 생각했으면 좋겠어요.

다른 모둠 발표와 평가로 인해 학생들과 짧게 토론했지만, 학생들은 다양한 문제를 지적했고 이에 대해서 고민하고 있었다. 또, 예전보다 많은 육류를 섭취함으로써 알레르기라는 건강 문제뿐만 아니라 동물의 생존이 위협받는다는 것을 인식하고 있었다. 가축을 키우면서 메탄가스의 발생으로 기후 위기를 초래하고 있다는 사실 또한 알고 있었다. 학생들은 기후 위기를 해결하기 위해 육류 섭취에 대해서 고민하고 그 과정에서 식습관에 대한 고민을 할 것이다. '육류는 맛있다'라는 일차적인 생각에서 알레르기를 유발하는 물질이 있다는 것도 알고 그로 인해 아픈 친구가 있고 기후 위기를 발생시켜 생태계가 균형을 잃어가고 있다는 문제를 인식하게 되었으며 이를 해결을 위해 다각적으로 고민하기 시작했다.

학교 구성원의 전자메일 보관 현황 (탄소 배출에 대한 인식)

프로젝트 기간에 코로나19 확진으로 갑작스럽게 원격수업으로 전환되어 나와 학생들은 매우 당황했다. 통계조사를 대면으로 하려 했던 계획의 수정이 불가피했기 때문이다. 그때 한 통의 전화가 왔다. 내용은 학교 구성원의 전자메일 보관현황을 조사해야 하는데 선생님들의 설문 조사를 도와 달라는 것이었다. 생각하지 못한 부분에서 환경 오염과의 연관성을 이야기해서 호기심이 발동했다. 물론 학교 선생님들도 취지가 좋다고 하시면서 도움을 주셔서 설문 조사를 무사히 마치고 결과를 발표하였다.

발표자 : 쌓아둔 전자메일의 양이 많아질수록 복잡해진 서버저장기록 장치에서 탄소를 발생하여 환경을 오염시킨다는 사실에 우리 학교 구성원의 실태와 이를 해결하는 방법을 알아보기 위해 '학교 구성원의 전자메일 보관현황과 환경 오염과의 연관성'을 주제로 정하였습니다.

발표자 : 우리 학교 2학년 학생, 선생님들 대상으로 설문 조사를 하였습니다. 가장 자주 사용하는 이메일 계정을 기준으로 메일 보관함에 있는 메일의 수와 정리 주기 등을 조사하였습니다. 설문에 참여한 학생 40명 중 38명, 선생님 20명 중 20명이 이메일을 사용하며, 이메일을 정리하지 않는다고 응답은 16명, 1년에 한 번씩 정리한다 16명, 1달에 한 번씩 정리한다 19명, 1주일에 한 번씩 정리한다 5명, 4명만이 매일 정리한다고 응답하였습니다. 이메일 정리 주기는 평균 101.55일이고 표준편차가 152.6일입니다. 정기적인 정리는 보관량에 영향을 주고 주기가 짧을수록 비례하여 줄어든다는 것을 추측할 수 있었습니다.

발표자 : 이메일을 보관하기 위해 데이터 센터가 필요하고 저장을 위해 전기가 사용되며 그 과정에서 이메일 한 개에 이산화탄소 4g이 배출됩니다. 이메일을 정리하지 않으면 방대한 양의 이산화탄소가 배출됩니다. 우리가 조사한 결과에 따르면 학교 구성원은 평균 210개 메일을 보관하는데, 이때 이산화탄소 배출량은 '4g×210=840g'입니다. 자연환경 국민신탁에 의하면 1kg의 이산화탄소를 지우는데 100그루의 나무가 필요하다고 합니다. 무심코 정리하지 않는 이메일로 이산화탄소가 배출되어 기후 위기를 초래하는 원인이 되고 있습니다. 이산화탄소 배출량을 줄이기 위해 정기적인 정리를 해야 하며 메일을 운영하는 포털에서 이러한 기능이 활성화될 수 있도록 기술적인 지원을 요구해야 합니다. 이상 발표를 마칩니다.

나 : 이메일이 기후 위기가 초래한다고 생각하니 정기적으로 정리해야겠는데요. 수고한 2모둠에게 박수 부탁해요.

학생 1 : 저도 광고메일이 많아 거의 방치했는데 오늘부터 정리해야겠어요.

학생 2 : 기후 위기의 원인이 대단한 것에 있다고 생각했는데 제가 사용하는 이메일에서 이산화탄소가 배출되고 그것도 상당히 많다는 사실에 놀랐어요.

나 : 기후 위기의 원인이 다양하네요. 그런데 왜 우린 이메일을 방치할까요?

학생 3 : 굳이 정리해야 할 이유가 없었어요. 보관료를 받지 않아요.

학생 4 : 광고나 스팸메일이 많아서 그냥 방치했어요.

나 : 선생님도 그런 이유로 방치한 것 같아요. 거의 무료로 메일을 사용하다 보니 정리의 필요성이 없었고 그로 인해 나도 모르게 탄소를 배출했어요. 그럼 메일을 사용하는 사람은 생태계를 훼손하는 사람이 되나요?

학생 5 : 선생님, 이메일을 사용하지 말아야 하나요?

나 : 앞으로 여러분이 생활하면서 이메일을 사용하는 일은 더욱 많아질 거예요. 사용하지 않을 수는 없을 거예요. 하지만 생각해야 해요. 이메일 사용으로 발생하는 여러 가지 일들을요. 싸니까 마구 사용하는 것이 아니라 왜 쌀까? 그로 인해 이득과 피해를 보는 쪽은 어디일까? 아마 머리가 아플지도 몰라요. 다각적으로 생각하고 심사숙고도 해야 해요. 하지만 같이 고민할 친구들이 있으니 너무 걱정하지는 말아요.

탄소 배출로 인하여 온실효과가 가중되고, 그로 인해 지구의 온도는 점점 상승하고 있다. 폭우, 폭염, 가뭄 등의 기상변화뿐만 아니라 식량부족, 해수면 상승, 생태계 붕괴 등 인류의 위험을 초래하고 있는 기후 위기에 대해 탄소 배출을 줄이는 방법의 하나로 메일함 정리라는 방법을 제시하고 이를 실천할 것을 권유하였다. 특히 개인적인 실천뿐만 아니라 사회적인 실천 방법도 요구한 것이다. 에너지의 사용으로 탄소 배출이 증가하고 있다. 예전의 손 편지가 지금은 이메일로 전환된 것처럼 에너지의 사용은 점점 증가할 것이고 이로 인한 탄소 배출도 증가할 것이다. 이메일을 부담 없이 사용함으로 인해 발생하는 문제에 대해 화두를 던졌다. 학생들은 고민할 것이다. 당장 해답이 나오지 않을지도 모른다. 하지만 살아가면서 언제가 이 문제를 다시 접하게 되지 않을까!

생태방정식 해법 찾기 프로젝트 수업을 마치며

학생들은 주변에 대해 관심을 갖고 있으며 왜 그럴까를 생각한다. 정보의 홍수 속에서 기후 위기 정보를 접하였고 '그렇구나. 미래가 어둡네'하는 부정적인 측면도 있지만 우리가 노력해야 할 부분에 대해서도 말하고 있다. 주기적으로 메일함을 정리해야 한다는 개인적 노력과 메일함 정리 기능의 활성화를 추진해야 한다는 기업의 노력을 주장하는 학생들도 있었다. 그 밖에 학생들은 다회용기를 사용하고 이면지 사용, 절전 등으로 학급 내에서 노력하고 있다. 모두가 동참하는 것은 아니지만 이러한 움직임이 시작되었다. 이러한 움직임은 기후 위기에 대한 관심과 해결 방법의 실천일 것이다. 좀 더 적극적으로 실천할 기회가 적었던 것이 아쉽다.

기후 위기, 생태계 문제에 대한 학생들의 생각은 나보다 유연하다. 알레르기에서 동물의 생존과 기후 위기의 관계를 이해하고, 이메일에서 탄소중립 실천 방법을 제시하는 등 생태계 문제에 대해 유연하게 다각적인 생각을 하고 있다. 또한 혼자 과제를 해결하는 것이 아니라 모둠활동을 통해 그 안에서 서로의 생각을 공유하고 해결 방법을 찾고 이를 지지하는 것을 경험했다. 구체적인 실천 방법을 함께 공유하는 활동을 하지 못해 아쉬웠지만, 학생들은 생태계 문제에 대해 인식하고 있으니 누구와도 소통하고 공감할 것이다.

수학 교과의 한계점 중 하나는 교과서 안의 이야기라는 점이다. 그런데 생태교육 관련 프로젝트 수업은 이런 한계점을 극복할 수 있다. 참여하는 학생들도 강의식 수업보다는 적극적인 참여로 수업의 주인이 된다. 다만 평가 부분이 어렵다. 앞에서도 말했지만, 평가의 객관성이라는 부분에 학생들의 태도, 문제를 바라보는 시각, 창의적인 아이디어, 동료와의 협업 등을 평가하기 쉽지 않다. 이 부분은 수업에 대한 학생들과의 합의도 필요한 부분이다. 이를 위해 시간이 될 때마다 수업에 대한 설명, 모둠수업에 대한 필요성, 장단점을 이해할 수 있도록 소통해야 한다. 프로젝트 수업 기간 동안은 참여하는 학생과도 계속 소통이 필요하고 동료 교사와도 반드시 필요하다. 평가 결과를 발표하고 이의신청을 받는 기간에는 다른 모둠에 대한 동료 평가에 대해 이의신청이 있었고 모둠별로 자세히 설명하는 시간을 가졌다. 평가 기준은 이해하지만 낮은 점수는 받아들이기 쉽지 않은 것 같았다. "선생님이 평가하시면 안 돼요"라는 대답이 돌아오곤 하였다. 평가는 쉬운 일이 아니다. 학생들에게도 마찬가지였던 것 같다. 좀 더 이 부분은 시간과 경험이 필요한 것 같다.

○○○

생태방정식, 함께하는 고차방정식으로 풀어요.

생태계 회복을 위한 여러 가지 변수들

나의 환경을 변화하여 생태계의 문제를 실천하고자 다회용기를 사용하고 대중교통을 이용하며 육식 줄이기를 실천했으나 생태계의 문제가 해결되지는 않았다. 학생들은 알레르기에서 출발하여 식단의 연관성, 동물의 생존권, 기후 위기의 원인 등을 고민하며 탄소중립 실천을 위해 메일함을 정리하겠다고 다짐하였다. 기후 위기에 대한 관심이 높아지면서 실천하는 사람도 많아지고 기관들도 늘어나고 있으나 지구의 온도가 낮아졌다거나 생태계가 안전해지고 있다고 이야기하는 사람은 없다. 생태계 문제를 해결하기 위해 노력하는데 왜 결과는 미진한 것일까?

개인적인 차원에서 접근하여 해결하려다 보니 표면적인 원인만 해결하는 것 같다. 그 원인이 왜 원인이 되었는지에 대한 고민이 없었다. 또한 생태계의 문제는 플라스틱을 줄이고 대중교통을 이용하고 채식을 하는 것으로 해결되지 않는 것처럼 그 이면에 숨겨져 있는 복잡하고 미묘한 원인들을 파악하고 해결해나가야 한다.

해외여행에서 도시세City Tax를 냈다. 관광지 유적을 보수하고, 청소, 교통망 확충과 치안 관리를 위한 세금으로 해당 도시 지자체에서 관광객에게 부과하는 세금이다.[3] 물론 우리나라에는 없는 세금이라 처음은 낯설었지만 차츰 익숙해졌다. 여행을 하면서 플라스틱에 대한 생각은 접어두고 편리하게 사용했다. 아마 내가 버린 쓰레기는 누군가에 의해 위험의 외주화로 버려져 플라스틱 섬이 되었을지도 모른다. 누군가는 관광 사업으로 부를 쌓았고, 누군가는 위험의 외주화 과정에서 수수료를 챙기고 누군가는 쓰레기를 버려 바다에 플라스틱 섬을 만들었다.

모 칼럼니스트의 발언과 양계업계와의 논쟁이 이슈가 된 적이 있다. 한국인은 영계를 좋아한다는 취향 때문인지, 최대의 이윤을 추구하는 경제 논리의 생육기간인지는 모르겠지만 치킨은 생후 30일 안팎에 도축되어 생산된다. 닭은 전염병으로 폐사율이 높아서 30일 이상 키우기 힘들며 사룟값과 사육과정의 유지비가 많이 든다고 한다. 입맛과 경제성 중 어느 쪽이 더 설득력이 있을까?

닭은 평생 A4 크기에서 살다 죽는다고 하는데 그 과정도 입맛의 취향인

3) 도시세는 관광객에게 징수하는 일종의 관광 세금. 테그에이드, 2019, 월급쟁이 자유인

지 경제 논리인지 30일 만에 마치게 된다. 실제 닭의 수명 기간은 5~10년이다. 우리 입맛이 영계를 좋아하는 것인가? 경제 논리에 의해서 만들어진 입맛인가? 단순한 선호의 문제를 넘어 이면의 경제 논리가 숨겨져 있는 것은 아닐까? 개인이 육류의 섭취를 줄여 공장식 축산을 하지 않도록 해서 생태계의 균형을 찾는 것은 거의 불가능해 보인다. 개인적인 차원을 넘어 우리의 문제로 사회적 차원에서 접근해야 한다. 또한 인간 중심적인 사고에서 동물, 자연으로 확장하여 사고해야 한다. 이러한 관점에서 생태방정식은 고차방정식으로 해법을 찾아가야 한다.

함께 풀어가는 생태방정식

피타고라스라는 유명한 수학자가 있다. 우리나라 사람들이 좋아하는 수학자가 아닐까 싶다. 또한 수학의 분야 중 방정식도 잘 알려져 있다. 우리나라의 수학 교육과정에서 대수를 많이 다루다 보니 방정식은 대중적이다. 미지수가 포함된 식이 특별한 값에 대해서만 등식이 성립하는 경우를 방정식이라 한다. 특별한 값을 해라고 하면 이것을 찾아가는 것을 해법이라 한다. 물론 미지수가 한 개이면 일차방정식, 두 개이면 이차방정식, 세 개 이상이면 고차방정식이라 한다. 미지수를 변수라고 하며 이에 반해 고정된 값을 상수라고 한다. 우리가 기후 위기를 해결하고 생태계의 균형을 찾는 과정을 방정식이라 한다면 현재 우리에게 일어나는 기후 위기의 현상들(지구의 온도, 해수면의 온도, 빙하의 양 등)은 상수이다. 나의 생태 실천인 대중교통 이용, 다회용기 사용은 탄소를 줄이기 위한 변수인 것이다. 하지만 이러한 변수는 여러 가지 상황과 연결이 되어 탄소를 줄이면서 또 다른 탄소를 발생시킨다. 생태방정식은 하나의 미지수를 가진 일차방정식이 아닌 여러 미지수를 가지고 있는 고차방정식이다. 그래서 개인적인 차원의 해법도 필요하지만, 사회적인 차원,

더 나아가 전 세계적인 차원에서 해법을 찾아가야 할 것이다.

'맛있다'와 '맛없다'의 개인적인 이분법이 아니라 아이들이 건강하게 성장할 수 있는 생존권으로 채식을 말하며, 생태계의 균형을 위해 인식하고 요구해야 한다. 특히 학교의 급식은 식습관을 형성할 뿐만 아니라 식생활을 통해 다양한 분야를 접할 수 있고 생각과 실천의 계기를 마련함으로써 학생들이 선호에 의한 육류 섭취가 아닌 생존권과 사람, 동물, 자연이 건강할 수 있는 관점의 안목을 키워 실천하도록 해야 한다.

정보통신기술의 발달로 많은 분야에서 이메일을 사용하며 데이터의 이동과 복사가 무한해졌으며 접근성이 편리하여 그 사용량은 증가하고 있다. 하지만 그로 인한 탄소 배출에 대한 인식은 부재하다. 사회적 차원에서는 에너지를 효율적으로 사용하고 탄소 배출을 줄이는 방법에 대한 기술·제도·정책 등을 요구해야 한다. 이러한 요구는 사회적 합의가 필요하기 때문에 서로가 소통하고 공감하며 연대해야 한다. 이러한 과정을 통해 '함께 하는 생태방정식'으로 해법을 찾을 것이다.

유명한 역설 중 '발이 빠른 아킬레스는 영원히 거북이를 따라잡을 수 없다'라는 이야기가 있다. 무한등비급수를 소개하는 과정에서 학생들과 함께 공부했던 내용이다. 현실에서는 사람과 거북이의 달리기란 예능 프로에서나 볼 법한 상황이다. 이것을 수학적으로 증명하는 데 오랜 시간이 걸렸다. 무한의 개념은 19세기에 정립되었기 때문이다. 거리에 대해서 무한히 반복하면서 시간을 생각하지 못했고 무한의 합은 무한이 되지 않을 수도 있다는 경우를 간과하여 생긴 역설이다. 생태계의 문제도 이와 별만 다르지 않다. 자연은 무한히 개발 당하고 인간은 무한히 개발한다. 인간이 무한히 개발해도 자연은 거북이처럼 앞에서 개발 당하기 때문에 무한할 수 있다는 것이다. 그러나 시간이 얼마 남지 않았고, 무한의 합은 무한이 되지 않을 수도 있다는 사실을 간과하고 있다.

대량생산으로 모든 것이 풍요로워졌다. 그러나 풍요 속에서 빈곤은 커지고 있다. 자본과 기술을 앞세워 대량생산을 하고 시장에서 가격에 대한 영향력을 행사하여 그런 과정에서 빈부의 격차는 심해졌다. 가격을 유지하기 위해 생산량을 조정하기 때문에 누군가는 계속해서 빈곤해지고 있다. 경제적인 부를 축적한 이들은 더 많은 부를 축적하기 위해 대량화에 가속도를 내고 있다. 자본의 축적 과정에서 기후 위기와 생태계 문제를 초래한 당사자는 축적한 자본을 이용하여 기후 위기에 대처하고 있는 것이다. 기후 위기의 원인을 제공하지 않은 이들은 오히려 기후난민이 되고 있다. 개인의 문제, 일부 지역, 일부 국가의 문제라고 생각한다면 지금 당장은 아니지만 모든 것이 연결된 생태계는 언제가 우리에게 생태계의 균형을 무너뜨린 대가를 요구할 것이다.

기후 위기를 경험하고 생태계 문제를 보아도 괜찮을 거야! 나중에 누군가 해결하겠지! 하는 안일한 생각은 더 이상 하면 안 된다. 우리에게 시간이 많지 않다. 오늘 다회용기를 덜 사용했으니 조금은 나아졌겠지! 해도 안 된다. 생태계의 문제를 해결하는 생태방정식은 복잡하다. 지속가능하지 않으면 해결되지 않는다. 연결되어 있는 조건과 변수들이 너무 많다. 또한 이들은 서로 영향을 주고받고 있어 원인이 결과를 낳고 그 결과가 또 다른 원인이 되기도 한다. 이를 해결하기 위해서는 원인을 정확히 파악해야 한다. 일차적인 원인이 아니라 원인 속의 원인을 파악하여 왜 이런 악순환이 일어나는지 전체적인 관점에서 파악해야 한다. 이러한 관점에서 출발해야만 복잡한 생태방정식을 풀어 갈 수 있다. 또한 하나의 실천이 다른 분야의 해법이 되어 다른 측면에서의 생태방정식의 해법이 될 수도 있다.

생태계의 현상에 대해서 여러 가지 학설과 주장이 있다. 무엇이 사실인지

조차 확인하기 어려울 때가 있다. 그렇지만 지속적으로 관심과 사실 확인을 해야 한다. 물론 개인적인 차원도 필요하지만, 사회적으로 확대하여 한 사람보다는 지역이, 국가가, 세계가 함께 인식하고 실천하도록 해야 한다.

우리는 생태계에 포함되어 있어 생태계를 떠나서는 존재할 수 없다. 생태계가 건강해야만 그 안에 있는 우리도 건강할 수 있다. 나는 아이들과 함께 건강한 생태계를 꿈꾸며 함께 생태계의 균형을 찾기 위해 실천할 수 있는 방법을 찾고 노력할 것이다.

오늘도 인간과 자연, 동물이 함께 공존하고 평화롭게 살아가는 생태계를 꿈꾼다.

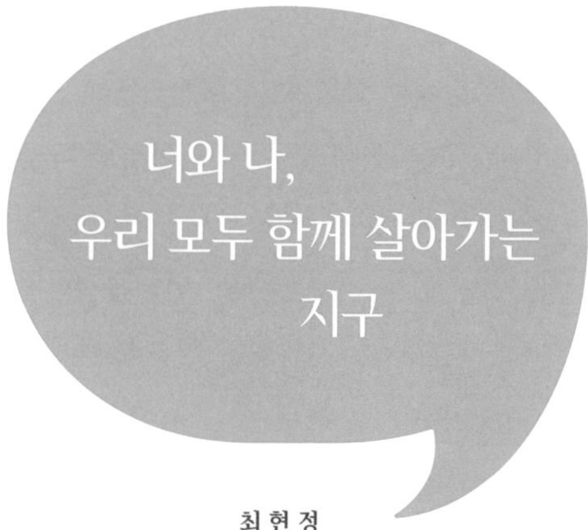

너와 나, 우리 모두 함께 살아가는 지구

최현정
인천건지초등학교 교사

생태교육, 어렵다. 어려워.

선생님, 저는 잘하고 있는데요?

2021년, 2학년 아이들과 첫 생태 수업을 할 때 있었던 일이다. 동기유발 자료로 작은 빙하 위에 북극곰이 위태롭게 서 있는 사진[1]을 보여주자 아이들은 "북극곰이 불쌍해요…." 하고 이야기했다. "북극곰에게 무슨 일이 있었던 걸까?" 하고 질문하자 "먹이를 못 먹었어요.", "얼음이 녹아서 살 곳이 없어졌어요.", "지구온난화 때문이에요!" 하는 대답들이 순차적으로 나왔다. '지구온난화'에

1) https://trinixy.ru/10770-fotografii_dikojj_prirody_30_shtuk.html, 북극곰 사진

대해서 간단하게 공부하고 지구를 위해 우리가 일상생활에서 실천할 수 있는 일들에 대해 물었다. 그러자 아이들이 자신 있게 "전기와 물을 아껴 써요, 대중교통을 이용해요, 길에 쓰레기를 버리지 않아요, 분리수거를 잘해요."와 같은 대답을 했다. 수업을 마무리하며 "오늘 우리가 이야기한 것 중에 내가 실천할 수 있는 것을 골라서 적어봅시다"라고 이야기했더니 한 아이가 손을 들었다. "선생님! 근데 저는 평소에 분리수거도 잘하고 안 쓰는 콘센트는 뽑아놔요! 쓰레기도 함부로 안 버리고요!". 그러자 다른 아이들도 기다렸다는 듯이 "저도요! 저도!"하고 맞장구를 쳤다. 환경을 위해 노력하는 아이들이 기특한 한편, 이런 아이들의 노력에도 불구하고 점점 가속화되어 가는 기후 위기에 착잡한 마음이 들었다.

수업이 끝난 후 아이들이 잘하고 있다고 이야기했음에도 착잡한 마음이 드는 이유는 무엇일까 생각해보았다. 착잡한 마음이 든 이유는 크게 두 가지였다. 첫째, 다음 세대에 이미 손 쓸 수 없는 지구를 물려주어야 할지도 모른다는 생각이 들어서였다. 많은 과학자들이 지구온난화의 심각성을 이야기하며 시간이 많이 남지 않았다고 이야기한다. 기성세대가 발전을 위해 파괴해놓은 지구에 남아서 살아갈 아이들이, 지구온난화의 심각성을 충분히 인지하지 못하고 있는 것 같아 걱정스럽고 안타까웠다. 둘째, 우리 아이들이 학교에서 배운 내용을 토대로 열심히 노력하면 바꿀 수 있을까를 고민했을 때 '아닐 것 같다'라는 생각이 많이 들었기 때문이었다. 지금의 지구온난화 문제를 해결하기 위해서는 가까운 거리는 대중교통 이용하기, 전기 아껴 쓰기, 분리수거 잘하기로 충분할까? 전혀 도움이 되지 않는 것은 아니지만 이미 엎질러진 물을 쓸어 담기에는 너무 소박한 방법들이 아닐까 하는 의심이 들었다.

기후 위기가 심각해지면서 기후 위기를 넘어선 기후 재앙이라는 말까지 등장하였다. 호주 국립기후복원센터 연구팀이 최근 제출한 보고서[2]에는 다음과 같은 내용이 실려 있다고 한다.[3] “기후변화는 핵전쟁에 버금가는 위험 요인이기 때문에 전시 체제에 준하는 자원 및 인원 동원 체제를 갖추어야 한다.” 이러한 문제의 심각성을 인식하고 학교에서는 꾸준히 환경보호와 생태교육을 실시해왔다. 지구온난화를 조금이라도 늦추기 위해 전기를 절약하고 가까운 거리는 걷거나 대중교통을 이용하며, 분리수거를 철저하게 하라고 끊임없이 이야기하여 실천을 강조한다. 우리는 왜 이미 잘하고 있는 아이들에게 계속해서 더 잘하라고 교육하고 있는 걸까? 모두가 알고 있는 내용을 반복해서 이야기하는 것으로 문제를 해결할 수 있을까? 어쩌면 생태교육은 ‘동물들이 불쌍하다….’ 라는 생각에서 끝나버리고 있는 것은 아닐까? 생태교육을 하며 여러 질문들이 꼬리에 꼬리를 물고 이어지면서 불편한 마음이 들었다. 우리 모두 어렴풋이 알고 있을 것이다. 현재 지구의 문제는 개인의 노력만으로 해결할 수 있는 단계를 넘어섰다는 것을.

○○○

2) WHAT LIES BENEATH, 2018

3) 과학자들이 아무리 말해도 당신이 현실 부정하는 10년 후 팩트, 씨리얼(유튜브)

수업 준비부터 차근차근 시작해요

생태교육 관점 정리하기

나는 오랜 고민과 공부 끝에 개인의 노력을 강요하는 기존의 생태교육에서 벗어나 새로운 시각으로 생태교육을 실시해야겠다고 생각했다. 내가 생태교육을 통해 아이들에게 전달하고 싶은 내용은 무엇일까를 계속 생각해본 결과, 다음의 세 가지로 정리되었다.

첫째, 환경·생태 문제의 근본적인 원인을 생각해보자. 우리가 지금까지 실시한 생태교육에서는 이미 일어난 문제에 대한 결과(기후변화로 인한 자연재해, 산더미처럼 쌓인 쓰레기, 고통받는 동물들과 약자 등)를 보여주며 개인의 도덕적인 실천을 강조할 뿐 문제의 원인이 무엇인지 다루고 있지 않았다. 우리는 환경문제 속에 숨은 권력 구조와 기업의 이기적인 이윤추구를 생각해 볼 필요가 있다. 기업의 이익을 위한 열대우림 개발로 인해 힘없는 동물들은 죽거나 삶의 터전을 잃었으며, 심각해진 기후 위기의 피해는 고스란히 가난한 국가들과 사회적 약자의 몫이 되었다. 어떠한 문제든 해결을 위해서는 문제가 일어나는 원인 파악이 선행되어야 적절한 해결 방안을 찾을 수 있다.

둘째, 변화를 위해서는 연대하여 목소리를 내자. 한국기업지배구조원의 2019년 보고[4]에 따르면 상위 10%에 해당하는 업체(100곳)가 전체 온실가스의 87%를 배출하는 반면 2017년 전체 에너지 부문에서 배출된 온실가스 중 가정에서 배출된 양은 5.4%밖에 되지 않았다.[5] 개인의 노력만으로 온실 가스를 줄이고 지구 온난화를 늦추기에는 분명한 한계가 있다. 따라서 우리는 지구온난화를 가속화하는 원인인 온실가스의 대부분은 기업에서 배출하고 있

---

4) KCGS 연구보고서 2019-03, 2020

5) 10대와 통하는 기후정의 이야기, 권희중 글, 철수와영희

음을 알고 같은 생각을 가진 사람들과 연대하여 기업에 환경을 위한 목소리를 내야 한다. 그것은 결국 개인의 노력보다 더 큰 변화를 가져올 것이다.

셋째, 지구에 살고 있는 모든 생물들은 이어져 있음을 알고 공존을 위해 노력하자. 멸종 위기에 처한 동물들, 삶의 터전을 잃어버린 동물들의 이야기를 들은 아이들은 '불쌍하다'라는 생각 뿐이다. 나의 삶과 연결되지 않은 동떨어진 문제라고 느끼고 있는 것이다. 열대우림 파괴는 단순히 숲이 줄었다에서 끝나지 않는다. 숲을 삶의 터전으로 하는 생물종과 개체수가 감소하게 되고 이는 생태계의 불균형을 초래하며 동물들과 사람이 접촉하는 일이 빈번해져 전염병이 발생하기도 한다. 숲을 파괴하면 블랙카본과 같은 온실 가스가 발생하여 지구 온난화가 심각해지며 여러 이상 기후가 발생한다. 환경의 건강, 동물의 건강, 인간의 건강은 각각 분리되어 존재하는 것이 아니라 연결되어 있으며, 우리는 '원헬스'의 개념을 이해하고 공존을 위해 노력해야 한다.

수업 방법 정하기

관점을 정리하면서 생태 교육의 방향을 잡고 난 후 새로운 고민이 생겼다. '어떻게 해야 내가 전달하고 싶은 관점을 아이들과 함께 즐겁고 재미있게 이야기 나누며 생각해볼 수 있을까?'. 지구 온난화, 환경 문제의 심각성을 보여주는 사진을 보고 영상을 시청한 후 환경을 위해 무엇을 해야 할지 발표하고 실천을 다짐하는 뻔한 생태 수업이 아니라 조금 더 활동적이고 아이들이 흥미 있어 하며 참여할 수 있는 수업을 준비하고 싶었다. 영화, 책, 보드게임 등 다양한 선택지를 열어 놓고 고민하던 중 첫 발령을 받고 초임 교사 때 했던 슬로리딩 수업이 생각이 났다. 한 권의 책을 함께 읽다가 중간에 샛길 활동으로 빠져 책의 내용과 관련된 활동을 하는 것이 슬로리딩 수업이다. 이 수업을 할 때 아이들은 "예전에는 책은 지루하기만 했는데 같이 읽고 활동하니까 너무 재미있었어요!", "선생님, 다음 활동이 궁금해요. 빨리 책 읽고 수업했으면 좋겠어요." 하며 수업을 기다리고 활동에도 적극적으로 참여했었다. 또, 책을 읽고 하나의 활동만 하는 것이 아니라 책의 주제와 관련된 여러 활동을 하기 때문에 다양한 관점을 다루기에도 적합하다고 생각했다. 따라서 이번 생태 수업의 방법을 "슬로리딩"으로 정하게 되었다.

책 선정하기

생태교육을 슬로리딩 수업으로 준비하기로 했으니 다음으로 해야 할 일은 책 선정이다. 지구, 환경, 생물 다양성, 동물권, 공존을 키워드로 잡고 여러 도서들을 검색해보았다. 그러다 발견한 것이 환경부에서 추천하는 우수환경 도서 목록이다. 유아, 초등 저학년, 초등 고학년, 중고등학생, 성인을 대상으로 환경과 관련된 다양한 분야의 추천 도서들이 모여 있었다. 2022년, 현재 5학년 담임을 하고 있기 때문에 초등 고학년을 대상으로 하는 책을 선정할까 했지만 한 권의 책을 다 읽기에는 양이 꽤 부담스러웠다. 그래서 유아, 초등 저학년을 대상으로 한 그림책을 선정하기로 했다. 책을 한 권 한 권 검색해보며 최종적으로 〈늑대를 잡으러 간 빨간 모자〉(모래알. 2018)를 선택했다. 이 책은 빨간 모자의 스핀오프 작품으로 소재 자체만으로도 아이들의 흥미를 끌 수 있다고 생각했고, 내용도 세상에서 마지막으로 남은 늑대, 곰, 스라소니가 등장하여 공존, 생물 다양성, 동물권의 키워드를 충족했기 때문이다.

활동 구상하기

수업을 구상하면서 제일 중요하게 생각한 것은 학생들의 흥미와 참여, 관점 전달이다. '어떻게 하면 아이들이 즐겁고 재미있게 수업에 참여하면서 권력 구조, 연대, 공존에 대해서 생각해 볼 수 있을까?' 라는 질문을 바탕으로 책의 내용에서 하나의 주제를 뽑아 관점과 관련된 다양한 샛길 활동을 계획했다.

그림책 슬로리딩 활동 계획

	책 내용	주제	샛길 활동	키워드
1	"적어도 지난 백 년간 이 근처에 늑대라곤 한 마리도 없었으니까"	우리는 모두 연결되어 있어!	1. 멸종의 의미 알아보기 2. 우리나라의 멸종 위기 동물들 3. 멸종 위기 동물을 찾습니다. 포스터 만들기 4. 토끼와 늑대 놀이 - 늑대가 사라진다면? (옐로스톤 국립공원 이야기) 5. 군집 붕괴 현상이 뭘까? (꿀벌이 사라진다면 인류가 멸종한다?!)	멸종생물 다양성 원헬스
2	"좋았던 옛 시절 이야기를 들려주면서요."	사는 게 참 쉽지 않아	1. 동물들의 고민과 돌아가고 싶은 그 시절 2. [책 속의 책] 내 방에 랑탄이 나타났어! 3. 팜유 생산으로 파괴되는 열대우림 4. 삶의 터전을 잃어버린 사람들	기후난민 권력
3	"그런데 요즘은 배불리 먹기가 좀처럼 쉽지 않네"	모두를 위한 식탁	1. 지구를 위한 도시락 싸기 2. 지구가 육식을 싫어하는 이유는? 3. 지구온난화의 범인은 누구?	채식 공장식 축산
4	"잘 가, 얘들아. 너희한테 필요한 게 뭔지 이제 알 것 같아."	모두 함께 살아가는 지구	1. 함께 읽어요 『늑대를 잡으러 간 빨간 모자』 2. 끝까지 읽은 후 느낀 점 나누기 3. 내가 생각한 핵심 단어 1가지는? 4. 한 줄 빙고! 5. 점수 글쓰기	공존

○ ○ ○

나의 첫 그림책 슬로리딩 생태 수업

슬로리딩 수업 1. 우리는 모두 연결되어 있어!

1차시. 우리는 모두 연결되어 있어!

① 주인공 '빨간 모자'의 뒷이야기 상상해보기

- 빨간 모자는 왜 늑대를 잡으려고 하는 걸까요?
- 늑대를 잡으러 간 빨간 모자에게 무슨 일이 생기게 될지 상상하여 허니콤보드에 쓴 후 칠판에 붙이기

② 늑대에 대한 경험 나누기

- 엄마가 "지난 백 년간 이 근처에 늑대라곤 한 마리도 없었으니까"라고 말한 이유는 무엇일까요?
- 늑대를 본 경험이 있나요? 우리나라에도 늑대가 살고 있을까요?

③ 멸종의 의미 이해하고, 멸종위기 야생동물 알아보기

- 멸종의 의미 알아보기

  멸종 : 생물의 한 종류가 아주 없어짐. 또는 생물의 한 종류를 아주 없애 버림.
- 내가 알고 있는 멸종 동물에는 무엇이 있나요?
- 우리나라에는 멸종위기 야생생물을 지정하여 보호하려고 노력하고 있습니다. 환경부에서 만든 카드 뉴스[6]를 함께 봅시다.

④ 토끼와 늑대 게임을 통해 생명 다양성의 소중함 느끼기

- 친구들과 함께 얼음땡 놀이를 변형한 <토끼와 늑대 게임>을 해봅시다.
- 늑대가 있었을 때와 없었을 때 어떤 차이가 있었나요?
- 자연에서 늑대가 사라진다면 무슨 일들이 일어날까요?

  (토끼, 풀, 다른 동물들, 자연환경과 생태계 등 다양한 범위에서 생각해 보기)

- '늑대가 불러온 기적'이라는 영상을 함께 감상해봅시다.
- 옐로스톤 국립공원에 늑대가 돌아오자 어떤 일들이 일어났나요?

④ 토끼와 늑대 게임을 통해 생명 다양성의 소중함 느끼기

- 친구들과 함께 얼음땡 놀이를 변형한 <토끼와 늑대 게임>을 해봅시다.
- 늑대가 있었을 때와 없었을 때 어떤 차이가 있었나요?
- 자연에서 늑대가 사라진다면 무슨 일들이 일어날까요?
  (토끼, 풀, 다른 동물들, 자연환경과 생태계 등 다양한 범위에서 생각해 보기)
- '늑대가 불러온 기적[7]'이라는 영상을 함께 감상해봅시다.
- 옐로스톤 국립공원에 늑대가 돌아오자 어떤 일들이 일어났나요?

⑤ 꿀벌이 인간의 삶에 미치는 영향 생각해 보기

- (벌의 소리를 듣고) 어떤 동물인지 맞혀봅시다.
- 벌에 대해 어떻게 생각하고 있나요?
- '꿀벌이 사라진다면 인류가 멸종한다?![8]' 영상을 함께 감상해봅시다.
- 영상을 보고 기억에 남는 내용을 이야기해 봅시다.

첫 번째 수업의 키워드는 '멸종, 생물 다양성, 원헬스'로, "생태계가 건강하기 위해서는 다양한 동식물이 모두 필요해요. 왜냐하면 우리 모두는 연결되어 있기 때문이에요!"라는 메시지를 아이들에게 전달하고 싶었다. "적어도 지난 백 년간 이 근처에 늑대라곤 한 마리도 없었으니까"라는 대사를 읽고 아

6) 환경교육포털에서 '멸종위기 야생동물'을 검색하면 카드 뉴스를 구할 수 있음. 참고 사이트에 링크 올림.

7) https://www.youtube.com/watch?v=ghRAZnsR_il, 늑대 14마리 공원에 풀어놓자 일어난 놀라운 변화, 포크포크

8) https://www.youtube.com/watch?v=LkVpTD0YwP0, 꿀벌의 멸종 군집 붕괴 현상이 인류에게 미치는 영향, 은근한 잡다한 지식

이들과 멸종에 대해 이야기를 나눠본 결과, 아이들은 이미 충분히 멸종의 의미를 이해하고 있었으며 사람들의 환경파괴와 지나친 사냥 등으로 동물들이 멸종되고 있다는 사실도 알고 있었다. 이러한 동물의 멸종이 생태계에 어떤 영향을 미치는지를 알아보기 위해 얼음땡 놀이를 변형한 〈토끼와 늑대〉 놀이를 구상하게 되었다.

<토끼와 늑대 게임 (얼음땡 변형 놀이)>

1. 늑대, 토끼, 풀 역할 정하고 역할에 따른 활동 방법 안내하기
   - 풀: 토끼에게 잡히면 자리에 앉아서 15초 세기
   - 토끼: 늑대에게 잡히면 미리 정한 토끼장으로 이동 후 2명이 모이면 가위바위보, 이기면 부활! 지면 기다리기
   - 늑대: 최상위 포식자로 2분 동안 자유롭게 사냥하고 1분 쉬고 다시 2분 사냥
2. 게임 1회당 활동 시간은 총 5분
3. 1라운드: 늑대 2마리, 토끼 5마리, 나머지 학생은 풀로 2번의 게임 진행
   2라운드: 늑대 없이 토끼 5마리, 나머지 학생은 풀로 2번의 게임 진행

나 : 1라운드와 2라운드는 어떤 차이가 있었니?

학생 1 : 1라운드는 늑대가 있어서 토끼가 적절히 잘 잡혔어요. 그래서 모두가 재미있게 참여할 수 있었는데 2라운드에서는 토끼가 풀을 다 먹어버려서 놀이가 재미없어졌어요!

학생 2 : 재미있게 게임을 하려면 토끼 수를 줄이거나 늑대가 있어야 해요!

나 : 그래야겠네. 만약 늑대가 없으면 어떤 일들이 나타날까?

학생 1 : 토끼들이 많아져요. 그럼 풀들이 줄어들겠죠.

나 : 풀이 줄어들면 어떤 일들이 생기게 될까?

학생 2 : 토끼가 먹을 것이 없어서 굶어 죽을 것 같아요. 토끼 수도 다시 줄어들고 풀을 먹는 다른 동물들도 줄어들어요.

나 : 그렇지! 늑대가 우리의 생각보다 생태계에서 아주 중요한 역할을 하고 있었어.

늑대가 생태계에 어떤 영향을 미치는지 이야기를 나눈 후 〈늑대 14마리를 공원에 풀어놓자 나타난 기적 같은 변화〉 영상과 〈꿀벌의 멸종, 군집 붕괴 현상이 인류에 미치는 영향〉 영상을 시청했다. 수업을 마무리하며 이번 수업을 통해 느낀 점, 알게 된 점을 정리하는 시간에 다음의 이야기들이 나왔다.

○ 예전에는 초식 동물을 잡아먹는 늑대가 나쁜 동물이라고 생각했는데 지금은 생각이 바뀌었어요. 늑대도 꼭 있어야 하는 동물이네요.
○ 늑대가 자연환경에도 변화를 불러온다는 것이 너무 신기해요.
○ 벌이 없어지게 된다면 우리도 죽을 수 있다는 것을 알게 되었어요.
○ 동물들이 생각했던 것보다 우리에게 도움이 된다는 것을 느꼈어요.
○ 늑대처럼 고작 한 동물이 멸종해도 다른 동물이나 식물, 사람에게 큰 영향을 줄 수도 있다는 것을 알게 되었어요.

놀이와 영상을 통해 아이들은 자연스럽게 동물의 멸종이 생태계의 불균형을 초래한다는 것을 깨달았고, 동물들과 자연환경이 연결되어 있으며, 인간에게도 많은 영향을 미친다는 것에 대해 생각해보게 되었다. 다만 동물, 자연환경, 인간이 연결되었다는 생각을 했어도 아이들의 삶으로까지 연결되지 않은 것 같아 아쉬웠다.

2차시. 사는 게 참 쉽지 않아

① 코로나로 행복했던 동물들의 이야기 들어보기

- 최근 코로나로 인해 행복했던 동물들의 이야기를 들어봅시다. (영상[9] 활용)
- 하지만 고민이 있는 동물들도 있단다! (해양 쓰레기로 고통받는 고래 이야기[10])
- 이야기 속 고래가 돌아가고 싶은 시절은 언제일까요?
- 동물들의 고민 상담소 오픈! 내가 직접 동물의 입장이 되어 사진을 보며 동물들의 고민과 돌아가고 싶은 시절을 생각해 봅시다.
- 동물들이 공통적으로 돌아가고 싶어 하는 그 시절은 언제일까요?

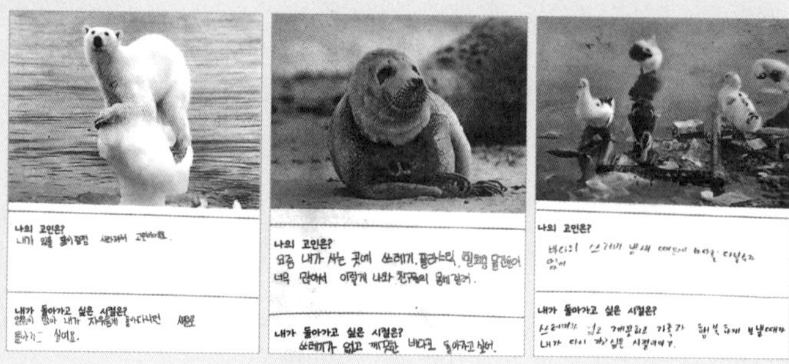

② [책 속의 책] 내 방에 랑탄이 나타났어!

- 책을 소개해주는 다음 영상을 봅시다. [11]
- 오랑우탄 랑탄이의 숲에는 무슨 일이 일어난 걸까요?
- 선생님이 들려주는 뒷이야기를 잘 들어봅시다.
- ㅁㅁ을 얻기 위해 열대우림이 파괴되고 있어요! ㅁㅁ에 들어갈 알맞은 단어를 찾아봅시다.
- 유치원 동생들이 랑탄이의 이야기를 듣고 영상[12]으로 만들었다고 합니다. 함께 시청해봅시다.
- 유치원 동생들은 왜 이 영상을 만들게 되었을까요?

③ 사람들에게도 같은 일이?!

- 삶의 터전을 잃는 일이 동물들에게만 일어나는 것이 아니라는 사실!
- 해수면 상승으로 삶의 터전을 잃은 사람들의 이야기

두 번째 수업에서는 '환경파괴의 진짜 범인은 누구인가?, 누가 피해를 보고 있는가?'라는 질문을 가지고 수업을 준비했다. 수업 자료로는 책 속의 책 활동으로 『내 방에 랑탄이 나타났어!』를 읽어주었다. 이 책의 주인공 꼬마 오랑우탄 랑탄이는 사람들이 야자나무에서 기름을 얻기 위해 숲을 파괴하고 있다고 이야기했고, 이 이야기를 들은 주인공 소녀는 랑탄이의 이야기를 널리 알리기 위해 학교 친구들과 포스터를 만들기도 하고, 강당에서 발표도 하며 초콜릿 회사에 편지를 쓰기도 한다. 책을 다 읽은 후 팜유 생산을 위해 열대우림을 파괴하는 한국 기업의 뉴스 영상[13]을 보며 이야기를 나눴다.

> **나** : 얘들아, 이 뉴스에서 나온 것처럼 우리나라 기업이 열대우림을 파괴하는 이유는 뭘까?
>
> **학생 1** : 팜유를 생산하려고 열대우림을 파괴하고 있어요!
>
> **학생 2** : 돈을 벌기 위해서 그런 거예요. 나쁜 사람들….
>
> **나** : 기업에서 팜유를 얻기 위해 숲을 파괴한다는 이야기를 듣고 책의 주인공은 어떻게 했지?
>
> **학생 3** : 다른 사람들이 알 수 있도록 포스터도 만들고, 강당에서 발표도 했어요.

---

9) 코로나19로 사람 발길 끊기자…. 신난 야생동물들, 채널A 뉴스

10) 죽은 고래 배 속에 쓰레기 더미…. 플라스틱 컵만 115개, KBS News

11) [2020 우수환경도서] 동화 트레일러 "내 방에 랑탄이 나타났어", 환경교육 포털사이트

12) 랑탄이를 구해주세요! (오랑우탄과 팜유 이야기), 남우 김

13) '팜유'는 친환경? "열대우림 파괴하는 주범", MBCNEWS

나 : 왜 다른 사람들에게 알리려고 한 걸까? 편지만 써도 되지 않았을까?

학생 4 : 다른 사람들도 랑탄이의 숲이 파괴되는 것을 알아야 해요.
그래야 함께 도울 수 있으니까요!

학생 5 : 사람들이 힘을 모으면 모을수록 더 좋잖아요!

학생 6 : 맞아요! 회사에서 편지를 읽기만 하고 무시하면 어떻게 해요?
사람들이 많이 알아야 해요!

아이들은 사람들이 함께 뭉칠수록 목소리가 커지고 힘이 생긴다는 것을 자연스럽게 이해하고 있었다. 그동안 우리는 환경문제를 인간의 입장에서만 바라보며 개인의 노력을 강조하는 주입식 생태교육을 해왔다. 『내 방에 랑탄이 나타났어!』라는 그림책을 통해 아이들은 동물의 입장에서 환경문제를 바라보며 더욱 공감하고 환경보호 의지를 다질 수 있었다. 또한 문제를 혼자 해결하는 것이 아닌 연대를 통해 함께 해야 한다는 것을 깨달았다.

다음 활동은 '기후난민'에 대해 알아보는 활동이었다. "삶의 터전을 잃는 것이 동물만이 아닌 사람에게도 일어나고 있다는 것, 알고 있었니?"라고 질문을 했을 때 "정말요?"하고 놀라던 아이들도 있었지만 "어! 작년에 비슷한 내용을 본 것 같아요!"라고 말하는 아이들도 있었다. 4학년 2학기 교과서에 수록된 『투발루에게 가르칠 걸 그랬어!』(미래아이. 2008)라는 그림책을 기억하는 아이들이었다. 덕분에 많은 아이들이 기후난민에 대해 이해하고 있었다. 준비한 사진들을 보여주며 지구온난화로 인한 해수면 상승으로 투발루, 키리바시, 몰디브와 같은 나라의 사람들이 살 곳을 잃고 있다는 설명을 해주었다. 1940년대와 비교해 2016년에 확연히 줄어든 투발루 지도를 보며 아이들은 깜짝 놀라며 안타까워하였다.

마지막으로 산림이 파괴된 사진을 보여주며 "왜 이런 일이 발생하는 것일까?" 하며 이야기를 나누었다. 처음에는 고민하며 망설이던 아이들이 곧 "돈 때문이에요. 회사들이 돈을 벌려고 열대우림을 계속 파괴해요."라며 기업의 잘못된 이윤추구가 문제라고 대답했다. "그치. 회사들이 더 많은 이익을 추구하기 위해서 숲을 파괴하고 지구온난화를 가속화하고 있지. 그럼 피해를 보는 건 누구일까?"라고 말하자 "동물들이요. 랑탄이처럼 살 곳이 없어지고 있어요.", "낮은 곳에 사는 사람들도 피해를 보고 있어요." 하며 약하고 힘없는 동물과 사람들이 피해를 본다고 대답했다. 대화를 통해 아이들이 대답한 내용이 내가 이번 수업에서 전달하고자 하는 것이었다. 기업의 이윤추구로 인한 환경파괴! 피해를 보는 것은 약한 동물들과 힘없는 사람들! 누군가의 이익을 위해 희생을 강요받는 동물들과 사람들을 위해 필요한 것은 우리의 관심이며 함께 목소리를 내야 한다는 것! 개인의 노력이 아닌 공동의 노력과 관심이 변화를 만들 수 있다는 것을 아이들이 꼭 기억하기를 바란다.

슬로리딩 수업 3. 모두를 위한 식탁

3차시. 모두를 위한 식탁

① 지구를 위한 도시락을 만들어 보기

- 마지막 늑대와 마지막 스라소니, 마지막 곰. 그리고 지구를 위한 도시락을 준비해봅시다.
- 여러 음식 스티커 중에서 내가 선택한 음식들과 그 이유를 모둠 친구들과 함께 이야기를 나눠봅시다.
- 지구가 "나는 고기를 싫어해!!"라고 말한 이유는 무엇일지 생각해 봅시다.

② 공장식 축산이 기후변화에 미치는 영향 알아보기

- 같은 그림 퍼즐을 가진 친구들끼리 모인 후 빈칸에 들어갈 말을 생각해 봅시다.
- 영상을 시청하며 공장식 축산이 기후변화에 미치는 영향을 정리해봅시다.

- 깜짝 퀴즈! 지구가 고기를 싫어한 이유는 무엇일까요?

★지구온난화: 장기간에 걸쳐 전 지구 평균 기온이 (상승)하는 것→ 지구가 더워지고 있다!
★지구온난화를 막을 수 있는 방법: 지구온난화는 온실가스 에 의해서 발생
→ 온실가스 를 흡수하는 것: 숲, 토지, 바다

★대표적인 온실가스
이산화탄소 는 석유, 석탄과 같은 화석연료 태울 때 발생. ex) 자동차, 겨울철 난방시설
메탄 은 소나 돼지, 양과 같은 가축의 (방귀), (트림), 배설물에서 발생.
아산화질소 는 농경지에 뿌리는 비료 에서 발생
[illegible]은 숲을 태울 때 발생하는 검은 그을음

★온실가스의 주범은 바로?! 축산업
-전 세계의 경작지의 80%가 가축의 먹이를 위해 축산업 에 사용.
-최근 사람들이 (육식)을 많이 하면서 축산업 이 커지고 가축들을 키우기 위해서 더 많은 경작지가 필요한데 지구의 땅은 한정적이어서 숲을 태워 경작지를 늘리고 있음.

★정리
소와 돼지 같은 가축을 키우면 메탄 이 발생하고, 가축을 기르기 위해 숲을 태우면서 [illegible] 가 발생하고 그 때운 경작지에 가축을 먹이기 위해 농경지를 만들면 비료 를 사용하고 그럼 또 아산화 질소 가 발생!

★(물)과 (식량) 문제
-소고기 1kg을 생산하려면 (6000)L의 물이 필요
-소고기 1kg을 생산하는데 ([illegible])kg의 곡물이 필요
→전 세계에서 생산되는 곡물의 37%가 가축 먹이로 사용(사람 20억 명이 먹을 수 있는 양)

- 교사는 영상의 내용을 빈칸을 넣어 간단하게 정리한다.
- 빈칸 학습지의 뒷장에는 동물 그림을 넣는다.
- 한 모둠의 인원수만큼 종이를 자른다.
- 같은 그림을 가진 친구들끼리 모인다.
- 영상을 보며 빈칸을 채운다.

* 다양한 친구들과 의견을 공유하고 협력하기 위해 모둠을 재배치한 방법 중 하나였습니다.

③ 지구온난화를 위해 누가 무엇을 해야 할지 생각 나누기

- 지구를 위한 식사를 하기 위해서 우리는 무엇을 할 수 있을까요?
- 지구온난화를 가속화하고 있는 범인은 누구일까요? 육식을 하는 사람들? 방귀를 뀌는 소들?
- 지구온난화 피해를 줄이면서 소를 키울 수 있다는 사실!
- 공장식 축산을 하는 사람들에게 전하는 한 마디를 포스트잇에 쓰고 칠판에 붙여 봅시다.

생태 수업을 하면서 한 번쯤 '채식'에 관한 이야기를 다루고 싶어 다음 수업을 준비하게 되었다. 많은 학교에서 채식의 날을 실시하고 있는 만큼 아이들이 채식에 대해 한 번 더 생각해 보고 내가 먹는 음식과 지구가 어떤 관련이 있을까를 생각해 보는 계기가 되었으면 했다.

지구 캐릭터가 나는 고기를 싫어해!! 라고 이야기하는 그림을 보며 "왜 지구는 고기를 싫다고 말한 걸까?"하고 질문했다. 아이들은 고기를 먹으려면 동물들이 죽어야 하니까, 동물들이 불쌍해서 같은 이유를 많이 이야기했다. 우리 함께 지구가 고기를 싫어하는 이유를 알아보자고 이야기하며 퍼즐 학습지를 나누어 주었다. 퍼즐 학습지의 앞면에는 영상을 보면서 채울 수 있는 빈칸이, 뒷면에는 우리가 슬로리딩을 하면서 보았던 동물들이 그려져 있다. 조각내어 나누어 주면서 같은 동물을 가진 친구들이 모여 '지구온난화 주범이 육식이라고?' 영상[14]을 보며 빈칸을 채우도록 했다. 지구온난화의 원인이 온실가스라는 것부터 대표적인 온실가스 4가지(이산화탄소, 메탄, 아산화질소, 블랙카본)와 발생하는 이유, 결국 축산업이 지구온난화의 큰 영향을 미치고 있다는 사실까지 하나의 영상을 통해서 정리할 수 있었다. 아이들과 영상을 보면서 이러한 사실들을 학습지에 정리하고 이야기를 나누었다.

학생 1 : 근데 선생님, 그럼 이제 채식을 해야 해요…? 저는 고기 엄청 좋아하는데….

학생 2 : 저도요! 어제도 치킨 시켜먹었는데…. 고기는 포기 못해요!!

나 : 채식이 분명 지구에 도움이 되는 건 맞아. 그래서 학교에서도 채식의 날을 운영하고 있는 거지. 하지만 보다 근본적인 지구온난화의 원인을 해결해야지! 우리가 채식을 시작하면 지구가 건강해질까?

학생들 : 그렇지 않을까요…?

14) [청소년 대상] 지구온난화 주범이 육식이라고?!, 광주광역시교육청

나 : 그럼 이렇게 생각해보자. 우리가 채식을 한다면 고기가 더 이상 생산되지 않을까?

학생 3 : 모든 사람들이 채식을 하는 건 아니니까 계속 고기가 만들어지겠죠?

나 : 그치. 그럼 지구온난화가 계속 진행이 되겠네. 지구온난화의 진짜 범인은 누구일까?

학생 4 : 소, 돼지요!

학생 5 : 소, 돼지를 기르는 사람!!

학생 6 : 돈을 벌기 위해서 가축들을 기르는 사람들?

나 : 그렇지! 우리가 마당을 나온 암탉 영화에서 본 것처럼 사람들이 이익을 위해서 동물을 기계처럼 생각하면서 가둬서 기르는 것을 공장식 축산이라고 해. 바로 이 공장식 축산을 하는 사람들이 문제가 되는 거지! 너희들 그거 아니? 지구온난화 피해를 줄이면서도 소를 키울 수 있다?

아이들은 친환경 축산에 관한 영상[15]을 매우 흥미롭게 시청했고, 정리 활동으로 〈공장식 축산을 하는 사람들에게 전하는 한 마디〉를 작성했다.

○ 계속 공장식 축산업을 하면 지금 당장은 좋지만, 우리의 미래를 생각해서라도 친환경 축산을 해주세요.

○ 공장식 축산업을 하는 사람들 잘 들으세요!! 동물들은 기계가 아닌 하나의 생명입니다. 이제부터는 산을 태우지 말고 친환경 축산을 합시다.

○ 기술이 발전하면서 환경을 파괴하지 않고 여러 가지 방법으로 소를 키울 수 있으니 앞으로는 소들을 안전하고, 환경이 오염되지 않게 길러주세요.

○ 공장식 축산업 때문에 지구온난화가 더더욱 발생하고 있어요! 지금이라도 공장식 축산업을 멈추고 친환경적으로 동물들을 키워주세요.

○ 공장식 축산업 사장들은 들어라! 해조류가 첨가된 사료를 먹여라! 친환경 축

15) [글로벌K] '가축 배설' 온실가스를 줄여라…. 다양한 시도, KBS News

산으로 바꿔라!

○ 공장식 축산을 하면 동물들이 스트레스를 받아 방귀와 트림을 많이 해서 온실가스가 나와서 환경 오염이 되니까 친환경 축산을 해주세요.

4차시. 모두 함께 살아가는 지구

① 『늑대를 잡으러 간 빨간 모자』의 핵심 단어 찾아보기

- 책을 읽고 샛길 활동을 하면서 내가 중요하다고 생각한 단어에는 무엇이 있나요?
- 친구와 겹치지 않는 단어를 허니콤보드에 적어 칠판에 붙여 봅시다.

② 한 줄 빙고 놀이하기

- 칠판에 있는 단어를 보고 한 줄 빙고 놀이를 해봅시다.

<한 줄 빙고>

1. A4용지를 세로로 4등분한 종이를 나눠주기
2. 3번 접어서 8칸으로 만들기
3. 칠판에 있는 단어 중 내가 중요하다고 생각하는 단어 8개를 선택하여 적기
4. 빙고를 할 때는 종이 양 끝에 단어 중 하나를 골라 단어의 뜻 또는 단어에 대한 나의 생각 이야기하기
5. 친구가 말한 단어가 양 끝에 있을 경우 찢어서 바구니에 넣기
(친구가 말한 단어가 중간에 있을 때는 찢을 수 없음!)
6. 마지막 남은 종이 한 장까지 버린 사람의 승리!

③ '지구의 주인'은 누구일지 생각 나누기

- 우리가 살고있는 이곳! 지구! 지구의 주인은 누구일까?

④ **점수 글쓰기**

- 점수 글쓰기로 『늑대를 잡으러 간 빨간 모자』를 읽고 난 후 내 생각을 정리해봅시다.

<점수 글쓰기>
1. 한 줄 빙고에서 학생들이 찢은 종이 모으기
2. 종이에 적힌 단어 1개당 1점씩 부여해서 각 단어의 점수 계산하기
3. 학생들에게 단어 점수표를 보여주기
4. 단어 점수표에 있는 단어들을 이용하여 자신의 생각을 담은 글짓기
5. 점수표에 있는 단어들의 사용 여부에 따라 점수 매기기

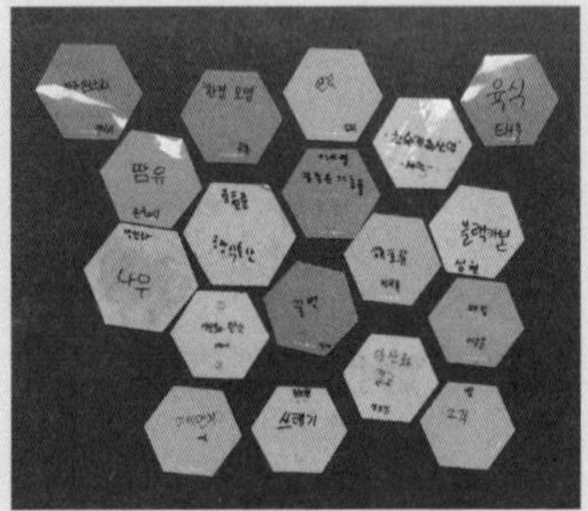

아이들이 뽑은 핵심 단어

공존	20	꿀벌	7
생태계	15	쓰레기	7
돈	15	블랙카본	6
환경오염	13	미세먼지	5
팜유	11	친환경 축산업	4
관심	10	매립	4
나무	10	연결	2
육식	10	이산화탄소	1
멸종위기동물	9	해초류	1
소각	8	아산화질소	1
공장식 축산	7	메탄	1
지구온난화	7		

점수 글쓰기 점수표

마지막 수업의 키워드는 '공존'으로 '지구에는 많은 생물들이 살아가고 있고, 이 땅에 살고 있는 모두 생명들이 지구의 주인이다. 따라서 모두가 함께 행복할 수 있도록 공존해야 한다.'라는 메시지를 전하고 싶었다. 이러한 이야기를 아이들과 함께 나누고 배운 내용을 토대로 자신의 생각을 정리하는 글

을 써보도록 했다. 평소 학생들이 글쓰기를 어려워하고 부담스러워했기 때문에 간단한 다음의 활동들을 거쳐 즐겁게 놀이 형식으로 글을 쓸 수 있도록 했다.

글쓰기의 첫 번째 단계는 〈핵심 단어를 찾아라!〉였다. 아이들이 본인이 생각하는 책 속의 중요 단어를 1인당 1개씩 겹치지 않도록 찾아 칠판에 붙여 보았다. 지구온난화와 환경 오염과 같은 큰 주제의 단어들이 제일 먼저 나왔고, 공장식 축산, 블랙카본 등 전 차시에 학습했던 단어들이 많이 나왔다. 모든 아이들이 단어 하나씩을 붙이고 난 후에는 "이 중에서 바뀌었으면 하는 단어에는 뭐가 있을까?" 하고 질문하며 중요한 단어, 칠판의 단어를 말하고 수정했다. 예를 들어, 음식이라는 단어가 있었는데 아이들이 음식보다는 채식이나 육식으로 바꾸는 것이 좋겠다고 해서 투표를 통해 '음식'에서 '육식'으로 단어를 바꾼 것이다.

두 번째 활동으로 〈한 줄 빙고〉를 했다. 양 끝의 단어를 찢기 위해서는 내가 적은 단어의 뜻 또는 그 단어에 대한 내 생각을 이야기하도록 했다. 예를 들어, '지구온난화'라는 단어를 이야기한다면 온실가스로 인해 지구 평균 기온이 상승하는 것이라고 설명하거나 "지구온난화로 삶의 터전을 잃은 사람들이 너무 안타까웠어." 하고 단어와 관련하여 떠오르는 생각을 이야기하는 것이다. 이 놀이를 통해서는 아이들이 친구들과 자연스럽게 각 단어에 대한 생각을 주고받으며 우리가 배운 내용들을 돌아볼 수 있었다. 한 줄 빙고를 하면서 찢은 단어들은 다음 활동에 사용하기 위해 따로 바구니에 모아 놓았다.

최종적으로 〈점수 글쓰기〉 활동을 했다. 앞의 한 줄 빙고에서 모아 놓은 단어의 수를 세어서 '점수 글쓰기 점수표'를 만들었다. 단어가 나온 횟수 당 1점씩 해서 가장 많이 나온 환경 오염은 13점, 팜유는 10점, 공장식 축산 7점과 같이 점수를 매긴 것이다. 그리고 한 줄 빙고와 점수 글쓰기 사이에 "지구의 주인"이라는 주제로 짧게 아이들과 이야기를 나눴었는데 이때 나온 중요 단어인 '공존, 생태계, 돈'은 보너스 점수로 아이들과 이야기해서 점수표에 넣었다. 아이들은 이 점수표를 보며 여기에 나온 단어들을 넣어서 『늑대를 잡으러 간 빨간 모자』이야기를 읽으며 느낀 점, 내 생각을 정리하는 글을 작성했다. 그냥 책을 읽고 생각한 것을 글로 써보자 하고 이야기했을 때와는 다르게 "저는 저기에 있는 단어 다 쓸 수 있어요!" 하며 의욕이 넘치는 아이들의 모습을 보며 기특했다. 제출한 글은 들어간 단어들을 찾아서 점수를 써주었다. 자신의 점수를 보고 "아, 더 고쳐서 써볼게요. 점수 더 받을 수 있을 것 같아요!" 하고 자발적으로 수정하는 학생들도 있었고, 100점 이상 나온 학생이 있다고 하자 "누군데요? 어떻게 썼는지 궁금해요! 읽어주세요!" 하며 자연스럽게 발표로 이어지기도 했다.

> 생태계는 모든 생물들이 공존해야 합니다. 하지만 돈만 보고 동물들을 죽여 멸종 위기 동물이 늘어나고 있습니다. 또 나무를 태워서 블랙카본이 생기기도 하고 비료를 뿌려서 아산화질소가 생겨 지구 온난화가 심해지고 있습니다. 그리고 육식을 하기 위해 공장식 축산을 해서 메탄과 이산화탄소가 생기기도 합니다. 이처럼 안 좋은 많은 물질 때문에 환경 오염이 되고 있습니다. 친환경 축산을 하며 해조류가 첨가된 사료를 먹이면 메탄을 줄일 수 있는 방법이 있습니다. 이처럼 환경 오염과 지구온난화에 관심을 가지고, 우리 생명체는 모두 연결되어 있다는 것을 명심해야 합니다.

지금 생태계는 파괴되고 있습니다. 우리는 동물, 자연, 식물, 곤충들과 같이 공존해야 합니다. 멸종 위기 동물도 보호해야 하고, 꿀벌도 우리 생활에 큰 영향을 미치기 때문에 보호해야 합니다. 꿀벌은 생물의 생명을 연결하는 역할을 하고 있습니다. 그리고 사람들은 팜유 때문에 나무를 베고 태워서 블랙카본이 나와 환경 오염이 되고, 그와 동시에 오랑우탄들이 삶의 터전을 잃고 죽는 경우도 생깁니다. 그러니 우리는 동물들을 위해 자연과 동물을 지켜야 합니다. 오직 돈을 위해 공장식 축산을 하는 사람들이 늘어나서 지구온난화도 심해지고 있습니다. 지구온난화는 지구의 온도가 상승하고 있는 것을 말합니다. 그러니 공장식 축산업을 멈추고 친환경 축산업으로 바꿔야 합니다. 우리는 지구와 생태계를 위해 관심을 갖고 노력해야 합니다.

○○○

나의 첫 그림책 슬로리딩 수업을 돌아보며

우당탕 나의 첫 그림책 슬로리딩 수업이 마무리되었다. 처음 수업을 준비할 때는 기후변화로 인해 생태 수업의 중요성이 점점 더 강조되고 있으니 잘 해보자 하는 열정 반, 다른 수업 준비하기도 벅찬데 나 혼자 수업을 준비해서 잘 꾸려 나갈 수 있을까, 나도 아직 잘 정리가 되지 않았는데 생태 수업 관점을 아이들에게 잘 전달할 수 있을까 하는 걱정 반으로 시작했다. 수업을 하면서도 '발문이 적절했나?', '지금 내가 전달하고자 하는 것들을 아이들이 잘 이해하고 있는 걸까?', '더 좋은 활동은 없을까?' 하는 고민들이 끊임없이 생겨났다. 그럼에도 중간에 포기하지 않고 수업을 끝까지 할 수 있었던 것은 아이들의 열띤 반응 덕이었다. 아이들은 교과서가 아닌 그림책을 펼쳐서 수업을 한다는 것만으로도 지루한 수업이 아닌 재미있는 놀이로 생각했고, 이번에는 어떤 샛길 활동으로 빠지게 될까 기대하며 수업에 집중해 주었다. 샛길 활동 다음에 있는 아이들에게는 다소 어렵고 생소할 수 있는 생태 관점 수업도 아이들은 진지하게 들어 주었고, '다음 슬로리딩 수업은 언제 해요?' 하고 기다리는 학생들이 원동력이 되어 나의 첫 그림책 슬로리딩 수업을 무사히 마칠 수 있었다. 혼자서 준비한 수업이니만큼 전체적인 수업을 마무리한 후 아쉬웠던 점도 있었다. 다음 수업을 위해, 그리고 나처럼 생태 수업을 고민하시는 선생님들을 위해 이번 슬로리딩 수업에서 아쉬웠던 점을 정리해 보고자 한다.

첫째, 아이들이 연대하여 목소리를 내는 활동을 직접 해보자. 두 번째 슬로리딩 수업을 통해 연대의 중요성에 대해서는 생각해보았지만 실제로 연대하여 실생활과 관련된 활동을 해보지 못해 아쉬웠다. 『내 방에 랑탄이 나타났어!』를 읽고 영상을 만들어 널리 알린 유치원 아이들처럼 아이들이 환경문제와 관련된 영상을 만들어 본다거나 마을과 연계하여 환경 캠페인을 해보는 등 직접 조사한 내용을 바탕으로 회사에 변화를 촉구하는 편지 쓰기 활동 등을 기획해서 한다면 아이들에게도 좋은 경험이 되어줄 것이다.

둘째, 하나의 키워드를 가지고 긴 호흡의 수업을 해보자. 생태교육에서도 정말 다양한 주제를 가지고 수업을 진행할 수 있다. 이번 그림책 슬로리딩 생태 수업을 통해 다루고 싶은 내용이 많아 여러 가지 주제를 각각 짧게 수업하다 보니 깊이 있는 수업을 하지 못해 아쉬웠다. 또, 처음 수업을 계획할 때 독서 단원만을 이용해 수업하다 보니 시간에 쫓겨 활동의 마무리가 항상 급하게 이루어졌다. 다음에 그림책 슬로리딩 수업을 한다면 생물 다양성, 기후난민, 동물권 등 하나의 주제로 큰 흐름을 가지고 충분한 차시와 시간을 확보한 후 활동을 구성하여 진행해보고 싶다.

단 몇 번의 수업만으로 아이들과 지구에 큰 변화를 일으킬 수 없겠지만 오늘의 수업이 작은 씨앗이 되어 아이들이 '환경을 파괴하고 있는 진짜 범인은 누구일까?'하고 의심해보고, '환경문제가 나의 삶과 정말 밀접하게 관련이 되어 있구나. 모두가 힘을 모아 목소리를 내야겠다'라는 다짐을 하며 관심을 갖게 되는 발판이 되었으면 한다.

<수업 준비 참고>

1. 참고 사이트 : https://bit.ly/3WCwjqb

- 환경 포털 : '우리나라 멸종위기 야생동물 1급 <포유류 편>' 카드 뉴스
- 포유류 편 이외에도 조류 편, 어류 편 등이 있음

2. 슬로리딩 추천 도서

- 슬로리딩, 교육과정을 품다 / 김원겸, 이형석 / 에듀니티/2019
- EBS 다큐프라임 슬로리딩, 생각을 키우는 힘 / 정영미 / 경향미디어 / 2015

3. 환경부 홈페이지 우수환경도서 검색

- 환경부에서는 1993년부터 2년마다 우수환경도서 공모전을 통해 유아, 초등 저학년, 초등 고학년, 중고등, 일반, 전 연령으로 분야를 나누어 100권 정도의 우수환경도서를 선정하고 있음.

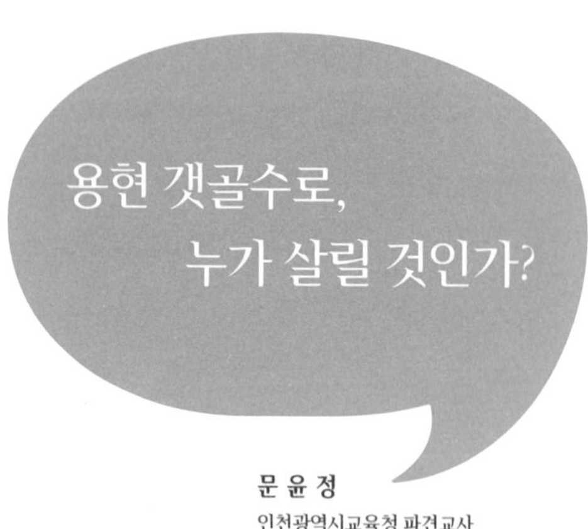

용현 갯골수로, 누가 살릴 것인가?

문 윤 정
인천광역시교육청 파견교사

용현 갯골수로를 둘러싼 갈등

지역의 불평등, 우리의 자연

더운 여름, 2학기가 막 시작되었다. 새로운 학기의 시작으로 바쁜 와중에 2학년 우리 반 한 아이가 이렇게 말했다. “선생님! 학교 오는 길옆 하천에서 악취가 심하게 나요.” 표정이 심상치 않았다. 나는 수업을 마치고 그 아이가 나에게 했던 말을 곰곰이 생각해 보았다. 그리고 왜 나에게 그런 질문을 던졌을까 고민하기 시작했다. 그 아이가 말한 하천은 ‘용현 갯골수로’였고, ‘용현 갯골’의 상류 부분은 우리 반 아이들의 등굣길에 있다.

용현 갯골은 인천의 생태습지이며 국가가 관리하는 공유수면이다. 중구 신흥여자중학교와 대단지 아파트 앞을 지나는 수로와 이 수로의 상부는 연결되어 있고, 이 외에도 용현천, 학인천 등 여러 하천이 만나 서해로 흘러 들어간다. 바로 이 물길을 ‘용현 갯골’이라고 한다. 학익유수지 내 두 개의 인공

섬이 있는데, 중구 구민센터와 가까운 안쪽의 섬 초입에 '용현 갯골수로의 가치'를 설명한 안내판이 있다.

> 용현 갯골은 과거에 바닷물이 드나들던 갯벌이었지만 주변이 매립되면서 갯벌의 정화 기능은 사라지고 오수로 인한 오염과 악취가 심한 곳이었습니다. 현재는 인천광역시의 환경개선 사업을 통해 저어새를 비롯해 각종 철새들이 날아드는 생태공원으로 변모하고 있습니다. 바닷물이 드나드는 용현 갯골을 지켜나가는 것은 자연 속에서 숨 쉬고 싶어 하는 인간의 본성을 회복하는 길이며 대대손손 물려줄 환경 유산을 만들어가는 일입니다.

용현 갯골수로는 인천의 바닷길이자 생태습지로 도시 속 새들의 쉼터이기도 하다. 천연기념물인 저어새와 멸종 위기 생물인 물수리, 중대백로, 청다리도요, 흰뺨검둥오리 같은 철새들이 철 따라 용현 갯골수로에 살고 있다. 갯골은 이렇게 우리 지역의 자연환경이자 사람과 동물 자연이 공존하는 생태환경인 셈이다.

1970년대 인천의 도시개발과 맞물려 도시의 많은 하천들이 복개되었고 땅 밑에 흐르는 하천이 생활하수와 섞여 수질이 점점 악화되었다. 이로 인해 여름철에는 악취가 나게 된 것이다. 현재 우리가 밟고 있는 땅 밑에는 눈에는 보이지는 않지만, 물이 흐르고 있고 그 물길이 바다로 향하는 길목에 '용현 갯골'이 있다.

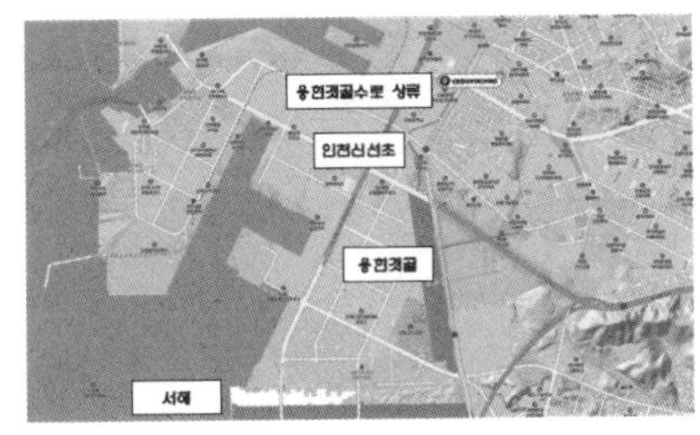

용현 갯골의 위치[1)]

1) 네이버지도 수정

용현 갯골수로를 둘러싼 가치 갈등

현재, 용현 갯골수로를 두고 지역 주민들의 '가치 갈등'이 발생하고 있다. 갈등 주제는 환경이며, 갈등 주체는 민간과 정부이다. 주요 이해관계자는 인천시, 해양수산부, ㅇㅇ종합개발, 신흥동, 용현동 주민이다. 용현 갯골 수로에서 발생하는 악취가 심각해 지역 주민들이 용현 갯골 수로를 매립해달라고 지속적으로 요구하여 구청과 ㅇㅇ종합개발은 갯골 수로 지역 매립을 위한 계획을 추진했지만, 인천시는 매립보다는 자연재해 방지 등을 이유로 수로 전체를 유수지화하는 것을 원해 매립화를 반려하면서 갈등이 발생한 것이다.

갯골수로 매립을 찬성하는 측은 용현 갯골수로가 과거 바닷물이 들어오는 곳이어서 만조 때 비가 많이 내리면 마을의 일부가 침수되고, 환경 관리가 제대로 이루어지지 않아 악취가 심하게 발생한다는 의견이다. 또한 인천시가 갯골수로의 하부 지역을 유수지로 만들어 바닷물이 들어오는 걸 막는 바람에 악취가 훨씬 심해졌다. 인천시가 하부 지역에 만든 친수공간은 대중교통수단으로는 가기 어려워 접근성이 떨어지고 인근 주민들조차 찾지 않을 정도로 미관이 안 좋아 친수공간으로서 적절치 않다는 것이다.

갯골수로 매립을 반대하는 인천시는 다음과 같은 입장을 가졌다. 매립 예정지인 유수지가 공유지로 되어있어 매립이 불가하며, 갯골 수로 하부 지역 유수지 주변을 친수공간으로 조성하는 사업을 추진하고 있어 상부 지역도 앞으로 자연 친화적으로 조성하려고 계획 중이라는 것이다. 그리고 용현 갯골수로 주변은 집중 호우 때 침수 피해가 우려되며, 유수지를 매립해도 재해 예방 측면에서 발생하는 문제를 조사한 적이 없어 매립 허가에 신중할 필요가 있다는 것이다.

이렇게 다른 시각과 이해로 인해 마을과 정부가 갈등하고 있다. 하지만 마을 주민 중에도 수로를 매립해야 한다는 의견과 수로를 보호하고 지켜야 한다는 의견이 대립 중이다. 이렇게 우리는 우리를 둘러싼 자연환경에 대해 다른 관점을 가지고 있다. 수로를 만든 사람과 수로에서 나는 악취를 맡고 살아야 하는 사람, 그리고 정부와 민간 업체의 시각 차이, 그 안에서 우리 반 학생들은 정주하며 살아가고 있다. 교사인 나는 2021년 신선초로 전근해 왔고, 이 지역에 잠시 머물고 가는 사람이다. 마을의 주인인 학생들과 학부모, 지역 주민들은 이 용현 갯골수로 상부 공간의 주민이지만 주체로서 행복한 주거 생활을 할 권리가 있음에도 불구하고 환경의 불평등을 겪고 있다. 즉, 단순히 갯골수로의 악취 문제가 아니라 이 현상에는 더 넓은 사회 문제가 있는 것이다. 우리 반 아이는 바로 교실 안에 '삶의 문제, 마을의 문제'를 가지고 왔고, 삶의 문제는 곧 배움의 주제가 된다. 교실 수업이 삶의 현장을 넘나들며 지역의 문제를 공론화시키고 비판적으로 문제를 파악하며 문제를 일으킨 주체에게 책임 있는 행동을 할 수 있도록 요구하는, 그러한 주체적인 사회참여 교육이 필요한 것이다.

희망 프레임으로 접근한 생태환경교육

2021년 1학기로 돌아가 본다. 나는 우리 반 학생들과 생태환경 문제에 집중했다. 일상에서 아무렇지 않게 사용하는 일회용 플라스틱 용기 문제, 코로나로 인해 급증하게 된 택배 상자 및 과대 포장 문제, 학교 및 가정에서 무절제하게 사용하는 에너지 문제, 버려진 목재를 새롭게 활용할 수 있는 방안 마련, AI 기능을 활용한 환경 캠페인 송 제작 등 교육과정 안에서 범교과 프로젝트 수업을 다양하게 꾸렸다. 아이들이 좋아하는 센서, 사물인터넷, 피지컬 코딩 기구를 이용하여 환경문제를 디지털로 접근해 보았고, 디지털을 통해 환경문제를 새로운 시각에서 해결해 보고자 했다.

우리 반 에코 사피엔스 프로젝트

프로젝트 주제	G	R	E	E	N
씨앗은행이 열리지 않으려면?	생존을 위협하는 기후위기	씨앗은행 알아보기	NO open! 씨앗은행	기후위기대응 슬로건 나누기	최후의 통첩 우리의 다짐
우리의 목소리를 블루투스 스피커에 담아	자원순환 알아보기	블루투스 원리 알아보기	블루투스 스피커 제작하기	블루투스 스피커 작동하기	환경을 생각하는 나의 목소리
3D 모델링 패시브 제로 하우스	환경 캐릭터 알아보기	패시브 제로하우스 살펴보기	패시브 제로하우스 모델링	모델링 박람회	패시브 제로하우스 Upgrade!
나는야, AI 환경 작곡가	음악 창작 이해하기	AI⁺ 환경캠페인 작사하기	AI⁺ 환경캠페인 작곡하기	환경운동가 되어보기	AI 환경송 발표회
센서로봇을 활용한 올바른 분리배출	7일간의 쓰레기 살펴보기	6도의 멸종 온실가스 알아보기	로봇 원리 집중 탐구	센서로봇으로 우리마을 폐기물 찾기	분리배출 실생활 실천하기
탄소중립을 위한 Iot 그린스마트 홈	Iot 그린스마트 홈 상상하기	Iot 그린스마트 홈 설계하기	Iot 그린스마트 홈 제작하기	Iot 그린스마트 홈 실행하기	우리집 그린스마트 홈 만들기
3D펜으로 친환경 정원 만들기	미래세대가 누리는 친환경 정원	친환경 정원 화분 구상하기	친환경 정원 화분 3D 모델링	3D 모델링 산출물 공유하기	친환경 정원 만들기
모두를 위한 코스페이시스 실감형 친환경 도시	2050, 거주불능지구 재건하기	코스페이시스 활용 미래도시 설계하기	친환경 미래도시 VR 구현하기	생태형 미래도시 이야기하기	청소년 환경 운동가!
함께 그린 오조봇 에너지마을!	재생에너지 알아보기	재생에너지 발전소 탐구하기	에너지마을 지도 완성하기	에너지마을 재생에너지 나누기	에너지 민주주의 꿈꾸기
우리 실천해요! 인공지능 환경 포스터	기후변화 포스터 둘러보기	오토드로우 연습하기	인공지능 환경 포스터 만들기	인공지능 환경 포스터 제작발표회	기후위기 행동 실천하기
베란다 식물 키우기 with 디지털교과서	베란다 식물 키우기 온책읽기	디지털 교과서 학습하기	베란다 식물 브레인 스토밍	연대 프로젝트	식물사랑 문화확산
AR 스토리텔러의 생태보전 가이드	대표동·식물 깃대종 알아보기	AR 생태보전 스토리텔러	멸종위기동물 지키기 코딩체험	생태시민 오조봇 스토리텔링	오조봇 스토리텔러 연대축제

다양한 환경교육을 통해 나는 학생들과 함께 생태 환경문제를 정의하고, 문제를 해결하기 위한 방법을 찾으며 학생들의 일상 속 생활에서의 개인적인 실천을 강조하였다. 학생들에게 나도 모르게 강조한 생태 환경문제 해결 프레임은 '개인의 실천을 통한 지속 가능한 지구 만들기'였던 셈이다. 그러면서 나는 학생들에게 "자연과 생태계를 사랑하는 여러분의 아름다운 마음으로 죽어가는 지구를 살릴 수 있을 거예요!"라고 희망을 주입시켰다.

앞서 말했던 지역의 생태 환경문제를 제기한 우리 반 학생은 나의 생태를 바라보는 관점에 대해 문제를 제기한 것이었다. 우리는 미시적으로 학교와 마을의 환경문제를 개선하기 위해 노력했지만 그러한 작은 노력은 나비효과를 불러일으키지 못하였다. 우리 학교 학생들은 수년째 똑같은 주거환경에서 살고 있으며, 여전히 여름철이면 하천에서 악취가 심하게 난다. 나의 생태 환경 문제 접근 방식이 아이들의 삶과 동떨어져 진행되고 있다는 것을 깨달았다. 그리고 그 학생의 문제 제기로 나는 교사로서의 나 자신을 깨뜨리게 되었다.

이러한 내적 고민에도 불구하고 일상의 시간은 바쁘게 지나갔다. 어느 날 정신을 차리니 한 해를 마무리하는 12월이었다. 그러다 2021년 하반기 인천광역시교육청에서 주관하는 '학교 민주시민교육 교사 아카데미 전문가 과정 직무 연수(이하 민교 아카데미)'에서 나의 환경 교수관을 변화시키는 계기가 생겼다.

플랫폼 마중에서 민교 아카데미의 대면 연수가 있던 날이었다. 나는 2021년 한 해 동안, 연대를 통해 환경

문제를 해결하려고 노력했던 교육 활동 사례를 나누었다. 우리 반 아이들을 '에코 사피엔스'라고 부르며, 아이들의 자율과 공공, 연대의 민주시민성을 길러주기 위해 활동했던 다양한 캠페인 활동, 프로젝트 활동, 가정 연계 실천 활동, 텃밭 활동, 양말목 마을 연계 기부활동, 용현 갯골수로에 대한 이야기를 했다.

나는 아이들과 수업 시간에 환경 프로젝트를 시작할 때는 항상 다음과 같은 구호를 외쳤다. 내가 우리 반 아이들에게 "우리는~"이라고 외치면, 우리 반 아이들은 "에코 사피엔스~"라고 화답하는 것이다. 사피엔스는 지혜로운 인류라는 뜻이다. 사피엔스라는 단어에 에코를 붙여서 우리 반 친구들을 지구의 환경문제를 해결하는 지혜로운 미래 인간이라고 명명하였다. 아이들은 이 단어를 무척 좋아했고, 우리 반 아이들의 유행어가 되었다. 그리고 이 구호 프레임은 학생들이 생태 환경문제에 더욱 관심을 갖게 만드는 수업전략이기도 하였다.

이러한 교실 속 에피소드를 유범상 교수님, 김용진 장학사님, 그리고 민교아카데미 동창 선생님들이 공감해 주니 내가 일 년 동안 우리 반 아이들과 함께했던 교육 활동이 의미 있다고 생각하며 뿌듯했다. 그러던 찰나, 교수님과 장학사님께서 나의 수업 나눔에서 하나의 문제를 제기하셨다.

> 용현 갯골수로의 문제를 야기한 사람은 누구일가요?
> 용현 갯골수로 복원은 누가 책임져야 할까요?
> 학생들의 개인적인 실천으로 용현 갯골수로의 문제를 해결할 수 있을까요?

내가 놓치고 있던 이야기였던 셈이다. 기업과 강대국이 만들어놓은 지구 불평등은 그들이 책임지고 회복시키는 것이 마땅한데 그들은 왜 변화하지 않는 것인가? 이미 엎질러진 물을 우리 일상의 시민들이 주워 담아야 하는 것인가?

생태를 직접적으로 파괴한 사람이나 기업이 책임의 주체가 되어 생태를 복원하는 것이 '기후정의'라고 하셨다. 처음 듣는 생소한 용어였다. 지구를 사랑하고 지구의 문제를 해결하기 위해 노력했다고 자부하는 나에게 생태환경문제를 사회 문제로 읽는 문해력이 부족했던 것이다. 순간 나는 나 자신이 부끄러웠다. 지금까지 내가 실천하는 문제 해결 방식이 정답이라고 생각했는데, 그 안에 간과된 부분이 있었고 그 부분을 민교 아카데미 선생님들께서 깨우쳐 주신 것이다. 나는 집에 가서 기후정의가 무엇인지 찾아보게 되었다.

기후정의, 책임 있는 자의 책임 있는 행동

'기후정의'의 사전적 의미는 다음과 같다. 기후변화의 원인과 기후변화가 야기하는 정의롭지 못한 점을 인식하고, 그것을 줄이기 위한 사회 운동. 그리고 기후변화에 적응하는 데 필요한 기금을 마련하고, 기후변화에 대응할 기술이나 자본이 없는 개발 도상국을 지원하는 일을 말한다.[2] 좀 더 쉽게 풀어서 말하면, 기후 위기의 문제를 야기한 원인을 찾고 그에 따른 책임을 지는 것이다. 기후정의는 본질적으로 사회 분배의 문제와도 연결되었다. 우리 반 아이가 제기한 문제는 "주거환경 불평등"에 관한 기후정의의 문제였던 것이다.

아일랜드 첫 여성 대통령이자 유엔 기후변화 특사인 메리 로빈슨이 쓴 책 『기후정의』(필로소픽. 2020)에서 다음과 같은 이야기가 나온다. 그녀는 이 책에서 '기후정의는 인간이 할 수 있는 최소한의 정의'이며, 다음 세대에게 아름다운 지구를 물려주는 현세대의 책임이라고 말했다. 지금의 현세대는 지구의

2) 네이버 국어사전 정의 재구성

혜택을 누리며 살지만, 다음 세대는 재앙 안에서 태어난 가엾은 세대라고 말했다. 이 책은 개발도상국의 작은 공동체에서 기후 위기에 맞서는 이웃들의 사례를 보여주면서 기후정의Climate Justice가 무엇인지 말해준다. 기후 위기는 분배를 덜 받은 사람들의 생존권을 뺏는 폭력이라고 주장한다. 그러면서 그녀는 이 책의 인세를 '기후 불복종 기금[3]'을 만드는 데 쓰겠다고 약속했다.

기후정의는 기후 위기의 책임을 누구에게 물을 것인지 냉정히 판단하게 만든다. 더불어 지금 우리의 교실 안에서, 마을 안에서, 사회 안에서, 세계 속에서, 우리는 더욱 시민성을 발휘하여 문제의 책임을 묻고, 문제를 해결하기 위해 노력해야 한다. 현재를 살아가는 어른들의 책임은 우리 아이들이 살아갈 미래의 삶을 대비하여 푸른 지구에서 두 발을 디디며 살아갈 권리를 지켜주는 것이다. 나도 현세대를 살아가는 어른으로 다음의 미래 세대를 위해 '지구의 푸른 환경'을 지켜주기로 결심하였다.

○○○

용현 갯골수로 회복 프로젝트

회복 프로젝트의 시작

동학년 전문적 학습공동체에 용현 갯골수로의 문제를 공론화시켰다. 동학년 선생님들과 우리 마을의 변화를 촉구하는 프로젝트를 같이하자고 조언을 구했다. 다행히도 동학년 선생님들은 우리 학년 프로젝트로 진행하자며 용현 갯골수로 회복 프로젝트에 좋은 아이디어를 냈다. 먼저 동학년 선생님은 용현동과 신흥동의 유래를 알려주었다. 이 지역은 원래 갯벌 지역이었다

3) 기후불복종기금: 기후위기를 심화시키는 정부의 잘못된 정책이나 기업에 항의하다 벌금형을 선고받거나 선고받을 예정인 시민들에게 벌금의 일정액이나 전부를 지원하는 것

는 것이다. 1976년 '토지금고[4]'에서 갯벌이던 이 땅을 매입하고 택지를 개발하여 그 땅 위에 다양한 형태의 집들이 지어지게 된 것이다. 처음 듣는 이야기였다. 우리 학교에 근무하고 있으면서 우리 학교가 있는 마을의 역사와 사회·문화적인 배경에 대해서는 잘 모른다는 사실이 부끄러웠다. 갯벌을 매립해 물길을 대부분 복개하고, 그중 일부분을 수로로 살려놓았는데, 그 수로의 상류가 우리 반 학생들이 거주하는 아파트 단지를 지나가는 하천인 것이다. 결국 용현 갯골수로를 둘러싼 문제의 원인은 땅을 개발한 국가였다. 경제개발과 환경보전의 대립 관점에서 먼저 자연을 개발하고 오염된 자연을 복구해 맞게 되는 위기였던 것이다.

프로젝트 준비를 하면서, 용현 갯골수로에 대해 더 자료를 찾아보게 되었다. 인천광역시는 갯골수로 환경개선을 위해 100억이 넘는 예산을 투입해 생태하천으로 만들려고 노력하였다. 하지만 잘못된 설계와 부실 공사, 관리 소홀로 악취와 잡초가 무성한 하천이 되어버린 것이다. 시에서는 수로에 탈취시설을 늘리고 흐르는 물 세척을 하여 복원하겠다고 약속했지만 25년이 지난 지금까지 여전히 이 하천은 더러움에 몸살을 앓고 있다. 설상가상으로 갯골수로를 매립해 물류 유통시설과 도로·완충녹지를 설치하려는 움직임도 보이고 있다.

외국의 경우, 환경파괴를 하는 국가와 기업을 '국제범죄'로 처벌하는 것을 추진하고 있다. 환경파괴를 막기 위해 설립된 비정부기구인 '스톱 에코사이드Stop Ecocide'는 2021년 환경파괴를 국제범죄로 처벌할 수 있도록 에코사이

4) 일제강점기에 용현2동과 용현5동은 '인천염전(낙섬염전)'이라고 불리는 염전이었는데, 1966년 주안염전의 폐업과 함께 염전이 문을 닫음. 1976년 폐염이 된 이곳을 토지금고에서 매입하여 택지로 개발하기 시작함. 토지금고는 현재 한국토지주택공사의 전신임. 1975년 4월 정부투자 공기업으로 설립된 '토지금고'는 기업이나 개인 소유의 비업무용 토지를 매입하여 업무용 토지 또는 택지로 매각하여 투기를 방지하려는 목적에서 설립됨. 이후 염전과 바다였던 낙섬 일대가 전부 메꿔져 택지로 개발됨. 현재 용현2동에 토지금고의 과거를 기억하는 '토지금고 마을박물관'이 있음.

드Ecocide에 대한 법 초안을 발표했다. 네덜란드에 본사를 둔 이 비정부기구는 환경운동가, 변호사, 인권 운동가들이 설립한 기구로, 2017년부터 에코 사이드를 국제범죄로 만들기 위한 프로젝트를 추진하였다. 공개한 법 초안은 '환경에 심각하고 광범위하거나 장기적인 피해를 줄 가능성이 있는 행동인데도 이를 불법 혹은 고의로 저지른 행위'로 정의하였다. 그리고 국제 형사재판소ICC가 기소할 수 있는 국제범죄는 전쟁 범죄, 반인도적 범죄, 집단 살해, 침략 범죄 4가지인데, 스톱 에코사이드는 여기에 '환경 범죄'를 추가시켜 국제 형사재판소가 환경을 파괴하는 국가나 기업 등을 기소하고 처벌할 수 있도록 하겠다는 것이다. 환경문제의 책임 주체를 찾고, 행동의 변화를 촉구하며 그에 합당하는 책임을 물게 하는 사회 운동이 유럽을 중심으로 시작되었다.[5)]

용현 갯골수로를 기후정의의 관점에서 살펴볼 때, 책임의 주체를 찾고 행동의 변화를 요구하는 것이 중요하다. 책임의 주체는 찾았다. 바로 국가이다. 우리 동학년 전학공은 학생들에게 환경문제 원인의 제공자가 책임 있는 행동을 할 수 있도록 '기후정의'의 관점에서 프로젝트 수업을 시작하기로 하였다.

용현 갯골수로를 돌려주세요

용현 갯골수로 회복 프로젝트를 시작하였다. 먼저 '용현 갯골수로'의 역사와 우리 마을의 환경에 대해 알아보았다. 가정 연계로 현재의 용현 갯골수로를 부모님과 직접 방문하고 생태환경을 사진으로 찍어 올리는 활동도 하였다. 학급 온라인 소통방에서 진행된 '용현 갯골수로 사진전'을 복도에 게시하여 현재의 갯골수로의 현황과 모습을 알렸다.

우리 학교 학생들은 우리가 생각했던 것보다 더 아름다운 용현 갯골수로

---

5) https://www.newstree.kr/newsView/ntr202106230003 기사 중 일부 발췌

의 모습을 보고 깜짝 놀랐다. 용현 갯골수로는 고양이가 와서 쉬어가고, 여러 종류의 새들의 주거지이며, 다양한 꽃과 식물들이 피어나는 쉼터였던 셈이다.

학생들은 하천 환경을 되살리기 위해 쓰레기 줍기를 자발적으로 했다. 그리고 '하천에 쓰레기를 버리지 말라'는 포스터를 붙였다. 아름다운 용현 갯골수로를 알리기 위해 그림전도 개최하였다. 하지만 이러한 작은 프로젝트에 우리는 만족하지 못했다.

학생들만의 노력으로는 변화가 충분하지 않았다. 그래서 중구청 홈페이지에 들어가 편지를 썼다. 아이들의 이야기를 홈페이지에 옮기면서, 이러한 아이들의 직접적인 시도가 사회 변화를 일으킬 수 있다고 믿었다.

옛날의 깨끗했던 용현 갯골수로로 돌려주세요.

안녕하세요? 저희는 인천신선초등학교 2학년 1반 학생들입니다. 학교 오는 길에 만나는 용현 갯골수는 악취와 쓰레기로 몸살을 앓고 있습니다. 원래는 깨끗한 하천이었지만, 생태하천 정비 사업으로 인해 오히려 용현 갯골수로는 더 더러워졌습니다. 여름에는 학교 오는 길에 코를 막아야 할 정도입니다.

악취의 원인을 파악하고, 수로의 구조를 진단하며 탈취시설과 정화시설을 만들어서 학교 오는 등굣길을 행복하게 만들어주세요. 그리고 하천 앞에 무분별한 쓰레기가 많습니다. 쓰레기 버리지 말라는 푯말을 붙여주세요.

- 인천 중구 누리집에 올린 글 중 일부 발췌

일주일 후, 중구청에서 연락이 왔다. 나는 중구청 담당자에게 우리 반 아이들과 통화 내용을 공유해도 되냐고 여쭈어보았다. 우리 반 아이들이 숨을 죽이기 시작했다. 중구청 건설교통과의 담당자는 우리 반 아이들에게 학생들의 노력이 아름답다며 용현 갯골수로 환경 정화를 위해 주기적으로 최선을 다하겠다고 얘기했다. 아이들은 환호성을 질렀다. 자신들의 노력이 마을의 주거환경을 바꿀 수 있다는 희망을 가졌기 때문이다.

아이들은 이 기쁜 소식을 집에 계시는 부모님, 친척들과 공유하였고, 마을의 주민분들도 우리의 노력을 함께 독려해 주시면서 고맙다고 말했다.

용현 갯골수로, 누가 책임져야 할까?

평등한 주거환경권을 확보하기 위해 노력한 우리 반 아이들의 실천과 참여는 아주 가시적인 효과를 거두지 못했지만, 그 자체로 의미 있는 사회참여 활동이다. 사회의 불합리에 순응하지 말고, 사회의 문제를 찾아내며, 이것을 공론의 장으로 이끌고 개선을 위한 목소리를 낸 것이 이 활동의 가장 큰 소득이다. 아이들은 나에게 말했다.

"선생님이 정치인이 되어 우리 중구의 주거환경을 되살려주세요."

이번 프로젝트를 통해 나는 세상이 내가 생각했던 것 이상으로 불합리하고 불평등하다는 것을 깨달았다. 그리고 세상을 변화시키는 것은 책상 위의 공부가 아니라 삶과 연계한, 삶의 숨 쉬는 배움이라고 생각했다.

아이들과의 프로젝트 학습을 통해 내가 사회를 바라보는 시야가 넓어졌다는 것을 느꼈다. 또, 아이들에게 삶의 힘이 자라는 교육이 어떤 것인지에 대해 깊이 고민하는 시간이었다. 더불어 교사로서 내가 사회 변화와 사회정의를 위해 할 수 있는 것이 무엇인지 나의 역할에 대해 고민하게 되었다. 비록 내가 직접적인 사회참여로 사회정의를 실현하는 데에는 힘이 들겠지만, 학생들과 함께하는 사회참여로 사회 변화에 기여할 수 있을 것이라는 자신감과 희망이 생겼다.

지난 5월 17일, 미추홀 학산문화원은 '용현 갯골'의 자연문화적인 가치의 중요성을 알리고자 주안영상미디어센터 미디어파크에서 문화포럼을 개최하였다. 사람과 자연이 공존하는 생태문화 도시를 만들기 위한 노력의 일환으로 개최된 포럼으로 시민들의 관심과 참여를 통해 용현 갯골을 보존하고 생태자원으로 가치를 인식하자는 내용이다. 용현 갯골수로의 환경을 훼손한 인천시와 구가 책임의 주체임을 강하게 알리고, 그들의 활동을 주기적으로 모니터링하여 책임 있는 행동을 촉구하는 시민운동인 셈이다. 점심시간, 작년 우리 반 학생에게 전화가 왔다.

"선생님! 아파트 관리사무소에서 방송이 나왔어요. 구청에서 갯골수로 정화사업을 크게 한다고 해요. 선생님! 너무 기뻐요. 우리가 해냈어요!"

이 전화를 받고, 나는 우리 반 아이들과 내가 했던 활동들이 의미가 있었다는 성취감을 느끼면서, 개인과 사회의 웰빙을 위해 어떻게 행동할 수 있을지 고민했다. 내년에 나는 다시 학교로 복귀할 예정이다. 신선초 학생들과 '시즌 2. 용현 갯골수로 회복 프로젝트'를 기획할 예정이다.

기후정의의 관점에서 접근한 용현 갯골수로 회복 프로젝트를 통해 우리 교실에서, 학생들의 삶의 현장에서 생태 전환교육이 더욱 필요함을 느꼈다. 2022 개정 교육과정 총론 주요 사항에는 지속가능한 사회를 위한 생태 전환교육을 전 교과에 반영한다고 하였다. 이것은 교육 활동 전반에 걸쳐 생태환경교육이 이루어질 수 있도록 제도적인 기반을 마련한 것이다. 현재는 인간과 환경의 공존, 지속가능한 사회를 위한 생태 전환교육이 무엇보다 중요한 시점이다. 이번 실천 경험을 통해 삶의 문제는 마을과 함께 협력해야 하고 우리는 협력적 주체성을 가져야 한다는 것을 느꼈다. 평등하고 정의로운 사회 변화를 꿈꾸며 오늘, 교사로서 내가 할 수 있는 소임과 사명을 생각하면서 정진해나간다.

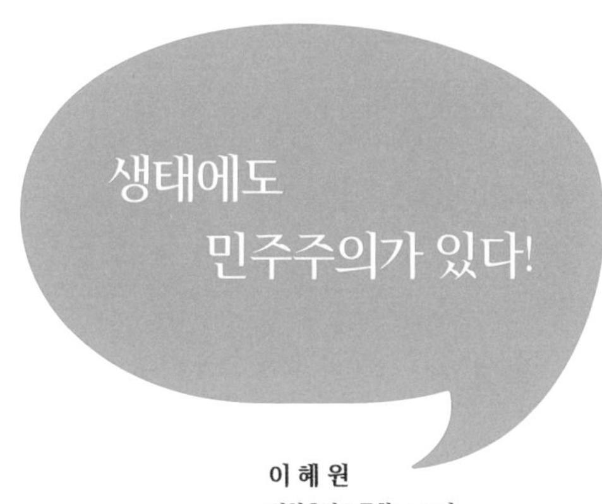

생태에도 민주주의가 있다!

이혜원
인천운남초등학교 교사

인간 중심 환경교육에서 길을 잃다

우리 때문이라고요?

나 : 지구가 점점 뜨거워지고 있어요. 지구가 뜨거워지면 우리는 살 곳을 잃어요. 지구는 왜 점점 뜨거워질까요?

학생 1 : 환경이 오염되어서 그래요.

나 : 환경은 왜 오염될까요?

학생 2 : 사람들이 쓰레기를 많이 버려서요.

학생 3 : 에너지를 낭비해서요

학생 4 : 자동차를 많이 타서요.

학생 5 : 일회용품을 많이 써서요.

나 : 그럼 어떻게 해야 할까요?

학생 6 : 쓰레기 분리수거를 잘해요.

학생 7 : 일회용품 사용을 줄여요.

학생 8 : 전기를 절약하고 안 쓰는 불을 꺼요.

나 : 앞으로 잘 실천할 수 있겠죠?

학생들 : 네!

나 : 우리 모두 굳게 다짐하고 실천 표에 아주 잘한 날은 쌍 동그라미, 보통인 날은 그냥 동그라미, 좀 더 잘해야겠다고 반성한 날은 세모 표시를 해서 2주 후에 부모님 사인을 받은 후 학교로 가지고 와서 검사받도록 하세요!

학생들 : 네!

그동안 나는 이러한 교육을 통해 아이들이 환경 오염에 대한 자신들의 책임을 통감하고 무책임했던 그동안의 행동들을 반성하도록 했다. '아, 그동안 내가 너무나 이기적이었어. 잘못했던 거야. 앞으로는 분리수거도 잘하고, 차 많이 안 타고 걸어 다니고, 안 쓰는 불도 잘 꺼야지. 환경을 보호하는 착한 사람이 될 거야.'라고 생각하고 다짐하도록 만들었다.

실천 점검표까지 가정으로 보내면서 '역시 다짐으로만 끝나지 않는, 실천과 행동으로까지 이어지는 교육을 했어. 게다가 가정과의 연계를 통한 교육이니 이보다 더 좋을 수 있겠어?'하는 생각으로 뿌듯해했다.

교사로서 나의 마음을 다잡으며 덧붙여 속으로 다짐했다. '나부터 아이들 앞에서 모범을 보여야지.' 그리고 실천했다. "얘들아, 이동 수업할 때 교실 불이랑 TV 끄기 체크하는 것, 잊지 않았지? 선생님이 깜빡할 수 있으니 너희들이 꼭 챙겨줘야 해. 환경보호를 위한 에너지 절약!" 그러면 아이들이 아주 뿌듯해하며 뭔가 중요한 일을 맡았다는 자부심 가득한 표정으로 크게 대답한다. "네!"

현실과 괴리된 환경교육 앞에서 학생들은 환경 오염의 대역 죄인이 되어야 했고 앞으로 개과천선하겠다는, 개인의 힘으로는 지킬 수 없는 약속과 함께 수업이 이루어지고 있었다.

환경교육의 역사는 오래되었다. 내가 초등학생이었던 1980년대와 1990년대에도 우리가 환경을 아끼고 보호해야 하는 이유에 대해 열심히 가르쳐주시던 선생님들이 계셨다. 우린 열심히 배웠고 반성했다. 가까운 거리를 걸어 다니지 않고 차를 타고 다닌 것을 반성했고, 쓰레기를 아무 데나 버린 것을 반성했고, 일회용품을 사용했던 것을 반성했다. 빈방에 불을 켜 놓았던 것을 반성했고, 냉장고 문을 너무 자주 여닫은 것을 반성했다. 죄책감이 밀려왔고 앞으로는 환경을 보호해야겠다는 다짐과 함께 환경보호를 위한 행동들을 실천하려 노력했다. 하지만 아무리 노력해도 환경은 점점 더 파괴되어 갔고, 이대로 가다가는 지구가 버텨낼 수 없을 거라 한다.

학교에서는 환경교육을 멈춘 적이 없다. 하지만 환경은 점점 더 파괴되고 환경을 터전으로 살아가는 생물들은 삶의 터전을 잃어가고 있으며 지난 2년이 넘는 시간 동안 우리에게서 많은 것을 앗아간 코로나 팬데믹도 이와 무관하지 않다. 많은 전문가들은 코로나 팬데믹을 '자본주의·산업화 일변도인 현대 문명에 대한 자연의 반격'이라고 진단했다. 치사율과 감염력이 높은 코로나19 바이러스와 같은 인수공통감염병들의 출현은 인간의 무분별한 환경파괴와 산림 훼손에서 비롯되었다고 지적하고 있다.[1)]

교육은 끊임없이 실시되고 있는데 문제는 점점 더 커져간다면 그동안의 환경교육에 문제가 있는 것이 아닐까? 그렇다면 환경교육의 방법이 바뀌어야 하는 것은 아닐까?

지금까지 해왔던 인간 중심 환경교육은 동물을 포함한 환경을 인간이 너그러이 보호해 주어야 할 하위의 대상으로 간주하였다. 또한 환경을 지켜주지 못한 행위를 반성하며 개인의 행동 수정을 통해 환경을 보호할 수 있다

1) 최재천, 『생태적 전환, 슬기로운 지구 생활을 위하여』, 김영사, 2021, p.103

고 강조하였다. 하지만 현실 속 당면한 삶의 과제를 해결하며 살아가기도 힘든 현대인들에게 환경까지 돌봐주고 보호해 줄 마음의 여유를 기대하는 것이 가능할까? '지금 꼭 내가 환경을 보호해 주지 않아도 나 대신 누군가는 지켜주겠지. 지금 일단 내 인생을 열심히 살고 여유가 생기면 환경도 돌봐야지, 지금은 그럴 시간이 없어.'라는 것들이 어쩌면 대다수의 사람들이 갖고 있는 생각들이 아닐까? 어떤 대상을 끊임없이 보호하고 돌봐주어야 한다는 것은 한 개인에게는 큰 책임이며 부담스러운 일이 아닐 수 없다.

결과적으로 환경을 개인이 보호하고 돌보아 주어야 하는 대상으로 간주하여 끊임없는 개인의 희생과 반성과 실천을 강조하는 전통적 인간 중심 환경교육으로는 기후 위기 시대를 막아낼 수 없었다. 가치보다 이윤을 추구하는 자본주의의 폭주 또한 예방하지 못한다. 그렇다면 우리가 바라보는 환경에 대한 관점 자체를 바꿀 필요가 있을 것이다. 이런 생각들을 좇아 다다른 환경교육의 전환점에서, 두 가지 물음이 떠올랐다.

'과연 자연이 인간에게 보호받아야 할 존재인가? 거대한 자연 앞에서 미약한 인간이 감히 자연을 보호한다고 나설 수 있을까? 그 반대이지 않을까? 인간이야말로 자연이 보호해 주기에 그 안에서 살아갈 수 있는 것이 아닐까?'

'환경문제의 원인이나 해결 방법이 과연 개인의 행동 수정이나 실천에 있는 것일까? 혹시 그 피라미드의 꼭짓점에는 자본주의가 있는 것이 아닐까?'

어쩌면 개인의 행동 수정과 실천을 통해 인간은 자연환경을 보호해야 한다는 환경교육의 본질을 이루는 명제 자체에 오류가 있을 수도 있다는 생각이 들었다. 개인이 해결할 수 있는 방법도, 인간이 자연환경을 보호할 수 있는 방법도 모두 없는 것은 아닐까?

더 이상 아이들의 죄책감을 매개로 양심에 호소하지 않고, 아이들에게 환경을 보호해야 한다는 의무감으로 인한 막연한 부채감을 떠맡기지 않고, 인간 우월적 관점으로 환경에게 자비를 베풀 것을 타이르지 않고, 지금까지의 인간중심주의 환경교육의 한계를 딛고 넘어설 수 있는 해답을 찾고 싶었다.

○○○

생태 민주주의에서 길 찾기

생태 민주주의, 넌 누구니?

생태 민주주의라는 말이 처음에는 낯설게 다가왔다. 생태면 생태고 민주주의면 민주주의지 '생태 민주주의'라니? 생태 민주주의를 쉽게 이해하기 위해 일단 민주주의에 대해 다시 생각해 보았다. 민주주의는 문자 그대로 보면 민(民), 즉 국민, 시민, 민중, 인민 등 다수 대중이 주인이 되는 정치라고 할 수 있다. 고대 그리스 아테네에서는 여성, 노예 등을 제외하고 시민권이 있는 남자들만이 정치에 참여했지만, 역사의 시간을 거치며 권리의 주체는 모든 민중으로 확대되어 왔다. 1789년 프랑스대혁명 이후에는 부르주아들이 동참했고, 1917년 러시아혁명 이후 노동자, 농민이 당당히 정치의 주체가 되었다. 여성운동이 발전하면서 여성들의 정치적 권리도 급속히 확장되었다. 1968년 혁명 이후에는 성 소수자, 이주민 등 다양한 소수자들도 정치의 주체가 되었다.[2)]

이렇듯 정치, 사회경제적으로 주변부에 있던 사람들은 정치 경제적 권리를 확장해 왔지만, 아직 태어나지 않은 미래 세대, 청소년, 어린이는 정치의 주체가 되지 못했다. 보다 더 근본적인 문제는 인간 이외의 존재는 여전히 인

2) 구도완, 『생태 민주주의』, 한티재, 2022, p.97~98

간의 필요를 위한 도구적 가치만을 가질 뿐, 그 존재 자체로서의 가치는 인정되지 않고 있다는 사실이다.

내가 이해한 생태 민주주의는 '사회경제적 약자와 미래 세대는 물론 동물, 식물, 미생물 등 비인간 존재의 존재 자체로서의 가치를 인정하고 이들의 권리와 복지를 실현하기 위해 소통하고 행동하는 정치'이다. 생태 민주주의는 다음과 같은 점에서 인간 중심의 민주주의와 차이가 있다.

첫째, 생태 민주주의는 동물, 식물, 미생물은 물론 무생물도 지구 생태계의 일원으로서 스스로 존재할 권리가 있다고 보고, 인간에게는 이들이 더 좋은 삶을 살도록 도울 의무가 있다고 본다.

둘째, 아직 태어나지 않은 미래 세대의 권리와 복지에 대한 현세대의 책임을 강조한다.

셋째, 미래 세대와 비인간 존재의 가치를 인정하고 이들이 보내는 신호에 귀를 기울여 소통해야 한다고 본다. 그러기 위해서는 이들을 대리할 수 있는 사람이나 집단, 즉 환경운동단체, 동물보호단체, 생태학자들의 목소리에 귀를 기울여야 한다고 주장한다.

넷째, 생태 민주주의자들은 생각이 다른 사람들과 토론하고 머리를 맞대고 함께 생각하며 변화를 위해 행동하는 사람들이다.[3)]

생태 민주주의에 다가가기

위에서 살펴보았듯 생태 민주주의는 '사회경제적 약자와 미래 세대는 물론 비인간 존재의 내재적 가치를 인정하고 이들이나 이들의 대리인들이 이들의 권리와 복지를 실현하기 위해 소통하고 행동하는 정치'이다.

그렇다면 과연 생태 민주주의가 지향하는 가치는 무엇일까? 생태 민주주

3) 구도완, 『생태 민주주의』, 한티재, 2022, p.100

의는 다음과 같은 점에서 인간중심의 민주주의와 차이가 있다.

첫째, 생태 민주주의자들은 사회경제적, 환경적 불평등을 줄이고 평등한 사회를 만드는 것을 지향한다. 생태 위기는 전 세계에서 심화되고 있지만 그 피해는 사회경제적, 생물학적 약자들에게 더 크게 영향을 미친다. 코로나바이러스가 기승을 부려 그 공포가 극에 달했을 때 중산층들은 재택근무를 택하는 변화를 꾀할 수 있었던 반면 저소득층은 매일 떠밀리듯 일터로 나갔다. 그들에게 최악의 변화는 일자리를 잃는 것이었기 때문이다. 생태 민주주의자들은 이러한 불평등을 줄이고 모든 인간들이 기본적인 욕구를 충족할 수 있는 세상을 만들어야 한다고 본다.

둘째, 생태 민주주의자들은 아직 태어나지 않은 미래 세대가 안전하게 잘 살 수 있는 권리를 존중하고 이를 위한 현세대의 책임을 중시한다. 현세대가 재생 불가능한 자원을 모두 사용하거나 재생 가능한 자원을 재생되는 속도보다 더 빠르게 사용해서 미래 세대의 몫을 빼앗아 고갈시키는 것을 허용하지 않는다.

셋째, 생태 민주주의자들은 지구의 생물 물리적 한계를 중시하고 지구 전체 생태계의 조화와 균형, 지속가능성을 높이는 것을 먼저 강조한다.

넷째, 생태 민주주의자들은 개별 생물이 가지는 그 자체로의 가치를 존중하고 동물, 식물, 미생물 등을 포함한 비인간 생물들이 인간으로 인해 고통을 받지 않도록 배려해야 할 인간의 책임을 강조한다. 따라서 생태 민주주의자들은 인간이 만물의 중심이며 특권을 갖고 있다는 인간중심주의의 주장에 반대한다.

다섯째, 생태 민주주의자들은 생태사회 위기의 구조적 원인이 산업자본주의 시스템이라고 보고 이를 생태적으로 지속가능한 경제로 전환해야 한다고 본다. 즉 기계에 바탕을 둔 공업 중심의 경제 성장이 아니라, 서로 협력하면서 공동체를 살려가는 협동의 경제를 발전시켜야 한다고 본다.

여섯째, 생태 민주주의자들은 모든 사람들, 특히 어린이, 청소년은 물론 비인간 생물의 대리인 등 사회경제적 약자들이 의사결정과정에 참여할 때 좀 더 생태적이고 민주주의적인 의사결정을 할 수 있다고 본다.

일곱째, 생태 민주주의자들은 자연을 파괴하고 전쟁을 일상화하는 정치 시스템을 세계시민의 관점에서 자치와 평화의 정치로 바꾸어야 한다고 본다.[4)]

이 일곱 가지의 생태 민주주의가 추구하는 가치를 통해 앞으로 교실 속 환경교육의 나아가야 할 방향에 대해 고민해 보았다.

생태 민주주의로 환경교육 바꾸기

생태 민주주의가 추구하는 가치를 교실 속 환경교육에서 실현하기 위해서는 먼저 환경교육에서 인간의 위치와 생명을 대하는 자본주의적 관점을 수정해야 할 필요가 있다. 인간을 동물과 환경을 보호하는 전지전능한 최상위의 위치에 놓는 것이 아니라, 수평적 위치에서 서로 유기적으로 연결되어 있다는 것을 깨닫도록 돕는 교육이 되어야 할 것이다. 동물이나 환경이 인간의 편익을 위해 이용당하고자 존재하는 대상이 아니라는 사실을 교육을 통해 배워갈 수 있어야 한다. 인간도 하나의 생명이고 대자연 속의 일부라는 것, 다른 생명이 존재해야 나도 존재한다는 것을 알고, 인간만이 아닌 모든 생명이 가치를 존중받으며 살아가는 세상을 만들어 갈 수 있도록 말이다.

둘째, 지속가능한 미래를 위한 생태교육은 공동체적 감수성을 지닌 생태시민을 길러 낼 수 있는 교육이어야 할 것이다. 코로나19를 겪으며 우리 모두는 나만 풍족하고 안전하다고 해서 팬데믹이 해결되는 것은 아니라는 것을 경험했다. 방역을 잘했다고 평가받던 싱가포르도 외국인 노동자들을 제

---

4) 구도완, 『생태 민주주의』, 한티재, 2022, p.105

대로 돌보지 않아 방역체계가 무너진 예가 있다고 한다. 이러한 사례는 사회적 약자들도 질병의 위험에서 벗어나야 우리의 삶이 정상으로 돌아온다는 것을 보여준다. '빨리 가려면 혼자 가도 되지만 멀리 가려면 함께 가야 한다.'는 아프리카 속담에서도 우리는 지속 가능한 미래를 위해서는 공동체적 감수성이 중요하다는 사실을 깨달을 수 있다.

마지막으로 마을교육공동체를 활성화시킬 필요가 있다. 생태교육은 학교라는 물리적 공간에서 실현되기에는 한계가 있다. 학교에서 받은 생태교육을 마을에서 실천함으로써 교육의 효과를 마을에서 거둘 수 있도록 한다면, 생태적 마을교육공동체로서 마을과 학교가 공생할 수 있을 것이다. 이를 통해 환경교육이 교실에서의 배움에 머무는 것이 아니라 삶의 문제를 해결하는 배움이 될 수 있을 것이다.

○○○

생태 민주주의로 풀어본 환경교육

사회경제적 약자와 미래 세대, 그리고 비인간 존재의 권리와 생명을 위해 실질적인 변화를 이끌어내는 것이 생태 민주주의적 전환이라 할 때, 과연 교실에서 실현 가능한 생태 민주주의적 환경교육은 무엇일까?

먼저 학생들이 인간 중심주의적 관점에서 벗어나 동물과 환경, 즉 비인간 자연은 인간과 동등하게 그 자체로 가치 있는 존재라는 것을 인식하기를 바랐다. 둘째, 자신의 깨달음을 마을, 즉 사회에서 실천할 수 있는 시민이기를 바랐다. 이 두 가지를 수업에서 실현해보고자 했다.

동학년 협의를 통해 2학기 프로젝트 학습 주제를 생태 시민교육으로 정했고 교육과정과 성취기준 분석을 통해 중심 과목은 국어로 하여 과학, 미술, 음악, 도덕을 통합해 차시를 구성하였다.

처음 계획한 국어 차시 구성은 다음과 같다. 먼저 1차시 '독서 단원에서 프로젝트 주제 만나기'를 진행한다. 이때는 생태 시민 프로젝트 활동 내용을 소개하고 프로젝트 주제 도서인 《푸른 사자 와니니》(창비, 2015)를 소개한다. 책 표지와 차례를 살펴보며 글의 내용을 예상해 본다.

다음으로 2~17차시에는 '국어 독서' 단원, 3학년 2학기 7단원 '글을 읽고 소개해요', 8단원 '글의 흐름을 생각해요', 9단원 '작품 속 인물이 되어'의 관련 차시를 가지고 와 등장인물 정리하기, 국어사전에서 낱말 찾기, 시간의 흐름과 내용 파악하며 글 읽기, 장소의 변화, 글의 흐름에 따라 내용 간추리기, 와니니가 살고 있는 초원을 소개하는 글쓰기, 글을 읽고 인물에 대해 이야기하기의 활동을 진행한다.

이어서 18~23차시에는 3학년 2학기 과학 2단원 동물의 생활에서 《푸른 사자 와니니》에 등장하는 초원의 동물의 특징을 조사하고 특징에 따라 분류하기, 동물의 생김새와 생활 방식이 환경과 관련되어 있음을 설명하기 등의 활동을 진행한다.

마지막으로 24~43차시에서는 국어, 음악, 미술을 통합하여 생태환경 낭독극를 준비하고 학급별로 발표하기를 끝으로 프로젝트를 마무리하는 계획이었다.

하지만 수업을 진행하면서 위와 같은 차시 구성 계획은 수정될 수밖에 없었다. 계획보다 훨씬 더 많은 시간이 걸렸기 때문이다. 새로운 등장인물 정리하기, 시간과 공간의 변화에 따른 주요 사건 간추려 정리하기는 매 차시 시간을 할애하여 《푸른 사자 와니니》의 1장부터 17장까지 활동지의 표에 계속 해서 정리하여 나갔다. 또한 각 장에서 의미를 모르는 낱말을 1개씩 골라 국어사전을 찾아 정리하는 활동까지 매 차시 병행하였다. 《푸른 사자 와니니》가 3학년 아이들이 읽기에는 글 밥이 많은 편이기 때문에 교사가 글을 함께 읽어주고 등장인물과 주요 사건을 정리하는 과정이 없다면 글을 온전히 혼자 이해하기는 어려울 수 있다. 따라서 이 과정을 매시간 진행하는 것은 꼭 필요한 일이라고 생각했다. 처음에는 새로운 등장인물 정리와 시간적 공간적 배경의 변화에 따른 주요 사건 정리를 하나하나 시범을 보여주면서 함께 책에 표시해 주느라 1차시 40분을 모두 할애하기도 했다. 당연히 불안한 마음이 엄습했다. '이래서 어떻게 진도를 나가지?' 3학년 3학기라도 만들어야 할 판이었다. 하지만 동학년 선생님들과 회의를 통해 반복해서 같은 활동을 하다 보면 차츰 학습 속도가 빨라질 것이라는 데에 생각을 모았다. 그런데 정말로 5, 6장에 들어가면서부터는 아이들이 먼저 찾아보고 표를 작성하도록 시간을 주고 교사와 같이 확인하는 방법으로 해도 아이들이 곧잘 따라와 주었고 시간도 매 차시 10~15분 정도로 단축되었다.

《푸른 사자 와니니》는 무리에서 쫓겨난 어린 암사자가 내세울 것 하나 없는 약점투성이 수사자들과 함께 여러 가지 어려움 속에서도 삶을 포기하지 않고 '혼자가 아닌 우리'로서 성장해가는 내용을 담은 이야기로 사실 3학년보다는 5~6학년 온 책 읽기에서 많이 다루어지는 책이다. 그래서 3학년 아이들에게는 글 밥도 많고 좀 어렵게 느껴질 수 있다. 물론 그래도 절반 이상의 아이들은 내용을 잘 이해하고 미리 책을 다 읽어버린 아이들도 있다. 하지만 혼자 책을 읽어 나가지 못하거나 읽었다 하더라도 그 내용을 제대로 이해하지 못하는 아이가 한 명이라도 있다면 그 아이와 함께 가는 것이 중요했다. 우리가 구성한 수업은 일단 총 17장으로 이루어진 《푸른 사자 와니니》의 한 장을 읽고 그 장에 대해 깊게 파고드는 것이기 때문에 책 내용부터 이해하지 못하면 그 이후 수업에 몰입하는 것은 불가능하기 때문이다. 그래서 동학년 선생님들과 선택한 방법은 교사가 직접 책을 읽어주자는 것이었다. 교사가 동화 구연하듯이 장면의 느낌을 살려 책을 읽어 주니 아이들의 몰입도도 높아지고 중간중간 장면에 대한 보충 설명을 해 주면서 읽으니 아이들의 이해도도 높아졌다. 아프리카를 배경으로 한 소설인 만큼 아프리카의 동물과 식물이 많이 등장하는데 사실 우리 아이들에게는 생소한 생물들이 많다. 그래서 중간에 모르는 동물이나 식물이 나올 때마다 구글이나 네이버에서 이미지를 찾아서 TV 화면에 띄워 놓고 아이들과 같이 사진을 보며 짧은 이야기를 나누었다.

그중 기억에 남는 것은 '소시지 나무'이다. 책에서 소시지 나무가 나오자 아이들은 "우와 선생님, 나무에 소시지 열려있는 거 아니에요?" "야 진짜 좋겠다." "맛있겠다."라며 좋아하기 시작했다. 소시지 나무는 정말 소시지처럼 생긴 열매가 열리는 나무이다. 열매가 크고 무거워 떨어지면 주차되어 있던 차량을 훼손시키기도 하고 행인이 다치기도 한다고 한다. 나도 이 책을 읽으면서 처음 알게 된 식물이다.

이렇게 아이들과 책에 등장하는 동·식물에 대해 이야기도 나누고 아이들의 질문에 답해주고 하다 보니 프로젝트 학습이 계획한 시간대로 진행될 수 없었다.

계획대로라면 국어 30차시 내에서 프로젝트 학습이 마무리되어야 하는데 수업이 진행되며 수정에 수정을 거듭한 결과 국어만 49차시로 19차시나 늘어났다. 《푸른 사자 와니니》의 한 장을 읽는 시간은 무조건 1차시를 할애했다. 《푸른 사자 와니니》가 총 17장으로 이루어져 있으므로 일단 17차시는 책을 함께 읽는 시간으로 잡고 책을 읽은 후 그 장의 내용 중 한 가지 주제를 잡아 깊게 파고드는 수업을 진행하였으므로 한 장을 마무리 짓는 데는 2차시의 시간이 필요했다. 그러므로 책을 다 읽어내는 시간만 34차시가 필요했다. 독서 전 활동에 1차시, 책을 읽고 주제별 활동 모두에 34차시, 독서 후 활동으로 책 소개 자료 만들기 및 독서감상문으로 우리 반 꾸미기에 각각 2차시씩 총 4차시, 낭독극를 준비하고 발표하는 데 9차시 총 49차시의 시간이 필요했다. 계획보다 19차시가 늘어났기 때문에 프로젝트에 포함하지 않은 다른 단원을 통합하여 감축하고 프로젝트를 위한 단원의 차시를 늘려야 했다. 다른 단원이 상대적으로 소홀히 다뤄지게 되는 것은 아닐지 걱정이 되었지만 동학년 선생님들과 더 밀도 있고 짜임새 있는 수업으로 극복하자며 마음을 다잡고 프로젝트를 진행했다.

긴 호흡의 프로젝트이기 때문에 동학년끼리의 협력과 수업 상황 공유는 너무나도 중요했다. 차시 학습 내용에 맞는 활동 구성과 활동지 개발을 나누어 맡아 진행했고 개발 후에는 동학년 협의를 통해 수정하는 과정을 거쳤다. 프로젝트를 진행하면서도 매주 최소 2회 이상의 협의로 수업 상황을 공유하고, 수업의 흐름에 따라 차시 증배 또는 감축 등을 협의했다. 동학년과의 협업이 아니었다면 프로젝트를 이어가기가 불가능했을 것이다.

생태 시민교육을 주제로 한 수업의 몇 장면을 살펴보면, 먼저 4차시 동물원과 사파리 관광이 필요할까에 대해 생각하고 의견을 나누는 수업이다. '동물원과 사파리 관광이 필요할까?'에 대한 아이들의 대답은 14:3으로 나뉘었다. 총 17명의 학급 아이들 중 14명은 필요 없다고 답했고 3명의 아이들은 필요하다고 답했다. 동물원이나 사파리 관광이 필요 없다고 한 이유에는 동물원 우리에 갇힌 동물들이 불쌍하고 가족들과 떨어져 혼자 우리 안에 갇혀있어야 하는 것이 가엽다는 대답이 가장 많았다. 소수 의견이지만 동물들의 사생활 보호가 안 되기 때문에 동물들이 너무 안 됐다고 했던 아이도 있었다.

동물들의 사생활 보호에 대해서는 교사인 나도 생각해 보지 못했던 부분이었는데 아이의 대답을 듣고 '저런 생각까지 한다니?!' 하며 놀랐던 기억이 난다. 그러면서 아이들과 동물들의 사생활 보호에 대해 더 길게 이야기를 나누었다. 아이들은 동물들이 혼자 있고 싶을 때도 있는데 그러지 못하고, 동물원에 구경 온 사람들 앞에서 대변이나 소변을 봐야 한다는 게 너무 비참할 것 같다는 이야기를 나누었다.

동물원이나 사파리 관광이 필요하다고 대답한 아이들의 의견은 평소에도 동물을 볼 기회가 너무 없기 때문에 동물원에 가서라도 동물들을 실제로 보고 싶다는 의견, 동물을 너무 키우고 싶은데 못 키우니까 동물원에 가서라도 보고 싶다는 의견이었다.

이런 아이들의 의견도 인정해주었지만, 거기에 반대하는 아이들은 동물을 꼭 실제로 봐야 하는 것은 아니지 않냐, 야생에 CCTV를 설치해 놓고 TV를 이용해서 보면 되지 않냐는 반대 의견을 이야기했다. 그랬더니 야생에 CCTV를 다 설치하려면 돈도 많이 들고 동물들의 사생활도 보호되지 않는 것 아니냐며 아이들 나름대로 열띤 토론이 이어졌다.

서로의 의견을 이야기 나누어보는 정도의 수업을 예상했는데 아이들은 서로 이야기를 나누면서 자연스러운 토론으로 수업을 이끌어 나갔다. 그 모습이 너무 신기하기도 하고 대견하고 뿌듯했다.

동물원과 사파리 관광이 필요하냐에 대한 결론을 내릴 수는 없었지만, 아이들은 이런 문제에 대해서 생각해 보고 친구들의 이야기도 들어보고 그 안에서 다시 자신의 생각을 확인했다. 생각을 정립해나가는 과정을 통해 아이들 나름대로는 생태 시민으로서 한 뼘 더 자랄 수 있는 밑거름이 되지 않았을까 싶다.

앞으로 TV에서 동물이 나오거나 동물원 또는 사파리 관광을 할 때 오늘 수업을 떠올리며 '동물원과 사파리 관광은 과연 누구를 위한 것일까?', '동물원과 사파리 관광은 필요한 것이고 바른길일까?'에 대한 생각을 할 수 있다면 이 수업은 그 자체로 성공이지 않을까?

다음으로 12차시, 인간이 동물을 이용하는 것이 옳을까? 에 대한 수업은 《푸른 사자 와니니》의 밀렵에 대한 한 문단으로부터 시작되었다. '사자와 표범의 가죽, 코끼리의 상아나, 코뿔소의 뿔'이 비싼 값에 팔리기 때문에 밀렵꾼들이 몰래 사냥한다는 내용이었다.

코끼리의 상아를 잘 모르는 아이들이 몇 명 있었기에 이미지를 검색하여 보여주었더니 코끼리의 상아가 밀수 전에 적발되었다는 뉴스 기사의 관련 사진이 연관으로 보였다. 아이들은 "코끼리 한 마리에 상아가 두 개씩밖에 없는데 저렇게 많이 쌓여있다는 건 도대체 코끼리를 몇 마리나 잡았다는 거야?", "야, 저러니까 코끼리가 멸종된다고 하지", "와, 진짜 못됐다"하며 흥분하기 시작했다. '동물원이나 사파리 관광은 필요할까?' 에 대한 수업에서는 필요하다고 답한 아이가 3명 있었던 것에 반해 '인간이 동물을 이용하는 것은 옳을까?'에 대한 수업에서는 옳다고 답한 아이가 한 명도 없었다. 인간의 동물 이용 관련 내용이 밀렵에 초점이 맞춰져 수업이 진행되었던 까닭도 있겠지만 동물의 생명을 앗아가며 인간의 욕심이나 돈을 위해 동물을 이용하는 것에는 모두 반대하며 분노하기까지 하였다.

이 수업 이후 육식을 위한 동물 이용, 인간의 질병 치료를 위한 의약품 개발을 목적으로 한 동물실험, 시각 장애인을 위한 안내견 등 도덕적 판단이 어려운 동물 이용 사례들을 주제로 더 깊이 있는 토론 수업을 해 보고 싶다는 생각이 들었다.

온 작품 읽기를 수업의 방법으로 사용하면서 아이들은 책의 내용과 관련하여 생태 시민교육을 주제로 자연스럽게 자신의 생각을 정리하고, 표현하고, 친구들과 생각을 공유하고 자신의 의견을 재정립할 수 있었다.

동물은 인간의 하위 존재인가? 인간의 이득을 위해서라면 동물권은 무시해도 되는가? 그동안 당연히 여겨왔던 인간 우위의 관점들을 비판적으로 바라볼 수 있는 기회를 제공해 주었다는 데서 이 수업의 의미를 찾고 싶다. 인간이 지구에 있듯 동물도 지구에 있다. 인간이 지구의 한 구성원인 것처럼 동물도 지구의 구성원이다. 인간의 필요를 위해 동물이 존재하는 것이 아님을, 동물은 인간의 목적을 위해 존재하는 것이 아니라 존재 자체가 이유라는 것을 아이들이 느끼기를 바란다.

앎을 삶으로,
마을에서 실천하는 생태 시민

생태교육을 하면서 원했던 것 중 하나는 교육이 교실에서만 머물지 않았으면 하는 것이었다. 교실에서 이루어진 교육이 학생들의 생활과 연결될 수 있는 방법이 없을까에 대해 고민했다.

그중 한 가지 방법이 바로 우리 마을 생태탐방 프로그램 운영이었다. 요즘 학생들은 주변에서 볼 수 있는 나무, 꽃, 새들이 어떤 종류인지를 잘 알지 못하는 경우가 흔하다. 교사인 나도 마찬가지다. 그만큼 주변의 생태환경에 대하여 큰 관심이 없다는 증거이기도 하다. 학교가 끝나면 학원으로, 2~3개의 학원을 돌고 나면 집에 돌아가서 학원 숙제를 하고, 지쳐 잠이 들면 다시 아침이 되어 비슷한 하루가 반복되는 것이 아이들의 일상일 것이다. 그 와중에 자신이 사는 마을의 나무나 풀꽃의 종류까지 관심 갖기에는 아이들의 삶이 너무 팍팍할지 모른다. 하지만 생태에 대한 관심의 부재는 생태 감수성의 결여로 이어진다는 점이 문제이다. 관심이 없으면 애정이 생길 리 만무하다. 우리 마을 생태에 관심과 애정을 갖는 것은 마을에 살고 있는 식물의 종류를 아는 것에서부터 출발할 수 있을 것이라는 생각이 들었다.

아이들이 마을에서 자라는 풀꽃과 나무에 어떻게 하면 조금이라도 관심을 가질 수 있을까에 대한 고민이 이어졌고 '아이들과 교실 밖으로 나가 보자!'라는 결심을 하게 되었다.

하지만 이런 결심이 섰다고 해서 무턱대고 아이들을 데리고 학교 밖으로 나갈 수는 없었다. 일단 동학년 협의를 통해서 다른 반 선생님들과 교육 활동의 필요성에 대해 합의하고 교육과정을 재구성했다.

이후 학교 교장, 교감 선생님께 교육과정 재구성 취지와 내용, 방법에 대해 간단히 말씀드리고 〈우리 마을 생태탐방〉 운영 계획을 작성하여 내부 결재를 받았다. 그리고 해당하는 시간에는 출장 복무를 상신하고서 아이들을 데리고 밖으로 나갈 수 있었다. 물론 사전에 교통안전교육, 실종·유괴 예방 교육, 숲 활동 안전교육 등을 통해 안전사고를 예방할 수 있도록 철저한 안전교육을 실시했다.

교육과정 재구성은 3학년 2학기 미술 12단원 '나눔을 실천해요'를 재구성해 다음과 같이 이루어졌다. 시인 김춘수는 '꽃'이라는 시에서 '내가 그의 이름을 불러주었을 때/ 그는 나에게로 와서/ 꽃이 되었다.'라고 노래했다. 이름을 지어줌으로서 다른 존재가 나에게 의미 있게 다가올 수 있지 않을까?

먼저 아이들에게 김춘수 시인의 〈꽃〉을 낭독해 주었다. 3학년 아이들이 그 시의 의미를 얼마나 깊이 이해했는지는 모르지만, 아이들은 생각 외로 무척 집중하며 시 낭송을 들었다. 국어 시간이 아니므로 시를 심층적으로 탐구할 필요는 없다는 핑계를 방패로 나는 아이들에게 다짜고짜 물었다.

나 : 얘들아, 이름을 불러주었을 때 나에게로 와서 꽃이 되었다는 건 무슨 뜻일까?

학생 1 : 꽃마다 이름이 있다는 거 같아요. 장미나 그런 것처럼요.

나 : 맞아요. 꽃마다 이름이 있는데 그냥 꽃이라고 알고 있었을 때보다 그 꽃이 '장미'라는 것을 알게 되면 무엇이 달라질까요?

학생 2 : 그 꽃에 대해서 더 자세히 알게 된 느낌이 들어요.

학생 3 : 내가 알고 있는 꽃이니까 모르는 꽃보다 더 좋아져요.

나 : 그래요. 친구 사이도 이름을 모르는 친구와 이름을 알고 있는 친구 사이는 다를 것 같아요. 어떤 점이 다를까요?

학생 4 : 친구들끼리는 이름을 알아야 친구예요.

학생 5 : 이름을 불러주면 친한 느낌이 들어요.

학생 6 : 이름을 몰랐을 때는 그냥 별 의미가 없었는데 이름을 불러주고 나서부터는 뭔가 소중한 친구가 됐다는 것 같아요.

나 : 그렇죠? 그래서 선생님이 이 시를 이렇게 바꾸어 써 봤어요.

김춘수 - 꽃 바꿔 쓰기

내가 그의 이름을 불러주기 전에는
그는 다만
길가의 식물에 지나지 않았다.

내가 그의 이름을 불러주었을 때
그는 나에게로 와서
나만의 소중한 나무가 되었다.

내가 그의 이름을 불러준 것처럼
나의 이 잎사귀와 줄기에 알맞는
누가 나의 이름을 불러다오.
그에게로 가서 나도
그의 나무가 되고 싶다.

우리들은 모두
무엇이 되고 싶다.
너는 나에게 나는 너에게
잊혀지지 않는 특별한 나무가 되고 싶다.

내가 바꾸어 쓴 시를 들은 아이들의 표정은 제각각이었다. 키득거리며 웃는 아이들이 있는가 하면 '뭐가 바뀐 거지?'라는 표정으로 바라보는 아이들도 있었다. 어리둥절한 표정을 짓는 아이들을 보며 '아, 이 시를 잘 설명해 줄 능력도 없으면서 다짜고짜 3학년 아이들에게 이 시를 읽어 준 것은 무리수였어.'라는 자괴감이 머리를 스쳤지만 나는 내색하지 않고 꿋꿋이 발문을 이어 나갔다.

나 : 여러분, 오늘 선생님이 이 시를 읽어 준 이유가 무엇일까요?
학생들 : (침묵)
학생 1 : 아! 나무한 테 이름을 지어주는 활동을 하려고요!

한 고마운 아이가 침묵을 깨 주었다. 그렇게 활동을 이어 나갔다.

나 : 그래요. 우리 주변, 우리 마을에 여러 가지 다양한 풀, 꽃, 나무들이 있지만 우리가 그 식물들의 종류를 잘 몰라요. 오늘은 생태탐방 활동을 통해서 우리 마을에 있는 식물들의 종류를 알아보고 우리가 그 식물들에게 이름도 지어주는 활동을 해 봅시다.

아이들에게 오늘 우리가 할 활동에 대해 안내하고 안전교육을 실시한 후 나갈 채비를 서둘렀다. 아이들은 일단 교실 밖으로 나간다는 사실이 그 무엇보다 즐거워 보였다. 우리 학교는 바로 뒤에 작은 실개천이 흐르는 물놀이터가 있고 그 옆으로 조그마한 공원이 있다. 아이들과 태블릿을 들고 공원으로 나갔다. 아이들과 함께 2교시에 식물 사진을 찍으러 학교 밖 공원으로 향하는 길에 아이들은 신이 나서 떠들기 시작했다.

학생 1 : 선생님, 이 시간에 학교 밖에 나와서 돌아다니니까 느낌이 이상해요.

학생 2 : 선생님, 소풍 나온 것 같고 너무 좋아요.

아이들은 공원에서 태블릿을 이용해 자신이 궁금하고 알아보고 싶은 식물들의 사진을 찍었다. 공원에서 교실로 돌아오는 길에는 자신이 찍은 사진이 담겨있는 태블릿을 어찌나 소중하게 들고 오는지 그 모습이 너무 귀엽고 사랑스러워 웃음이 나왔다. 교실로 돌아가서는 스마트렌즈를 이용해 촬영한 식물의 종류를 알아보는 활동을 이어 나갔다. 달피나무, 개망초, 생강나무, 산수유나무, 벽오동, 목련 등 나도 처음 들어보는 식물 이름도 많았다.

학생 3 : 선생님, 계란꽃 이름이 개망초였대요. 그냥 계란꽃이라고 해도 되는 거 아니에요? 근데 저 계란꽃이 개망초인 거 처음 알았어요.

나 : 어, 그래? 와, 멋지다. 새롭게 알게 되었다니!

스마트렌즈로 식물 이름을 알아본 후에는 수목 이름표에 식물의 종류를 적고, 뒷면에는 아이들이 직접 식물에게 지어 준 이름을 적었다. 우리는 이름표를 들고 다시 공원으로 향했다. 식물에게 이름표를 붙여주는 아이들 표정이 사뭇 진지했고 손끝은 정성스러웠다. 이름표를 다 붙여 준 후 우리는 다시 교실로 돌아왔다. 어쩐지 나가는 길보다도 돌아오는 길에 아이들은 더 신이 났다.

학생 1 : 선생님, 저 나무는 잎이 커서 애벌레들이 많이 살 것 같아요. 먹을 게 많잖아요.

학생 2 : 아, 저 나무도 종류가 뭔지 궁금하다. 저것도 한 번 찍어볼걸.

학생 3 : 난 나중에 아빠 폰으로 찍어볼 거야. 이번 주말에.

학생 4 : 맞아, 진짜. 나도.

아이들의 이야기를 들으며 뭔지 모를 뿌듯함이 느껴졌다. 물론 큰 변화는 아닐지도 모른다. 아이들이 마을의 식물에 관심을 갖게 되었다고 해서 그것이 당장 아이들의 생각이나 가치관에 생태적 감수성을 심어줄 리는 없을 것이다. 하지만 아이들은 학교를 오가며 자신들이 이름표를 달아준 식물을 한 번 더 바라보고 한 번 더 마음에 담을 것이다. 우리 마을 생태탐방 활동을 통해 아이들이 주변의 생태환경에 관심을 갖게 되었고 식물도 생태를 구성하는 하나의 존재임을 어렴풋이나마 깨달을 수 있었다면 그것이 바로 생태감수성 함양의 출발점이 될 수 있지 않을까?

이런 생각에 빠져있을 때 한 아이가 말했다. "선생님, 달려보고 싶어요." 그러자 아이들이 일제히 "저도요, 저도요."하며 난리가 났다. 그러다 마을에서 '장미터널'이라고 불리는 장소에 다다랐다. "얘들아, 이 장미터널 끝까지만 달리는 거야. 달려보고 싶은 친구들은 여기서부터 달려보자. 다치지 않게 조심하고. 자, 준비, 달려!"

"와~~!" 누가 시키지도 않았는데 아이들은 일제히 함성을 지르며 달리기 시작했다. 벌써 장미터널 끝까지 도착한 아이들이 빨리 오라며 나를 부른다. 나도 헉헉거리며 아이들을 따라 달렸다.

교실로 돌아와 아이들은 각자 찍은 태블릿의 식물 사진을 보며 A4 도화지에 출력한 활동지 위에 연필로 그림을 그리고 수채화로 채색하여 멋진 작품까지 완성하였다. 활동지 하단에 활동을 정리하는 의미로 소감을 적어보도록 했다.

○ 기뻤고 너무 좋았다.
○ 친구들이랑 학교 밖으로 나가서 식물을 관찰해서 즐거웠다.
○ 식물에게 이름을 상상해서 지어주니까 식물이 기뻐해서 뿌듯했다.
○ 재미있는 이름을 지어주니까 내가 식물이 된 느낌이 느껴졌습니다.
○ 식물에게 이름을 지어주기가 어려웠지만, 애완동물한테 이름 지어주는 느낌이 들었어요.

아무리 생태환경교육이 활발히 이루어진다 한들 학생들이 관심이 없다면 삶 속에서 실천으로 이어지기 어려울 것이다. 작은 시작이어도 좋다. 아이들과 함께하는 생태탐방 프로그램이라고 해서 꼭 거창하게 산이나 강, 바다를 찾아가야 하는 것만은 아니다. 자연을 찾아보기 힘든 도시에서도 조금만 관심을 기울이면 주변에 많은 동식물이 함께 살고 있음을 알게 된다.

인간과 자연의 공존과 상생이 가능한 '생태 민주주의'를 향해

'환경교육을 위해 안 쓰는 불을 끄고, 자전거를 타고, 쓰레기 분리배출을 잘하도록 가르치기만 하면 되는 것일까? 그것이 과연 해결책이 될 수 있을까?'라는 물음에서 모든 고민은 시작되었다. 개인이 아무리 환경보호를 위해 노력해도 더 악화되기만 하는 환경 문제들 앞에서, 교사인 나 스스로 무력해져 갔고 아이들에게 무엇을 가르쳐야 할지 혼란스러웠다. 자꾸 꼬리를 물고 떠오르는 의문들을 외면해버리면 편해질 것 같았지만 오히려 더 불편함이 커졌다. 해결할 수 있는 방법이 필요했다.

그때 만난 것이 바로 '생태 민주주의'이다. 생태 민주주의의 담론은 내가 이해하기에는 거대한 것이어서 스스로 정의 내리기는 어렵다. 하지만 생태 민주주의라는 것은 '우리'의 개념을 확장시켜 소외된 사람들, 아직 태어나지 않은 미래 세대, 말 못 하는 동물과 자연의 목소리를 듣고 그들을 '우리'로 받아들이는 정치라는 것은 확실하다.

인간과 더불어 지구에 함께 살아가고 있는 모든 비인간 자연들이 평화롭게 공존하고 상생하기 위해서는 개인의 노력만으로는 부족하다. 사회적, 정치적 노력이 필요하다. 하지만 사회적, 정치적 노력을 실행하는 주체가 개인이기 때문에 인간이 아닌 다른 종들과 존재에 미치는 영향을 고민하고 그들에 대한 책임을 느끼는 개인 역량의 중요성은 부인할 수 없다.

앞으로 교실에서 이루어져야 하는 환경교육의 방향을 나는 여기에서 찾고 싶다. 아이들과 함께 만들어가는 교실 속 환경교육을 통해 지구라는 행성에서 공존하고 있는 모든 생명체는 지구와 자신을 지켜나갈 권리와 책임을 가지고 있음을 깨달을 수 있도록 하고 싶다. 나아가 지구시민으로서 책무를 다하는 생태적 시민성[Ecological Citizenship]을 키워가는 교육이 우리 교실 안에서 실현될 수 있도록 고민하고, 도전하고, 실패하고, 희망하기를 멈추지 않을 것이다.

- 3부 -

평화

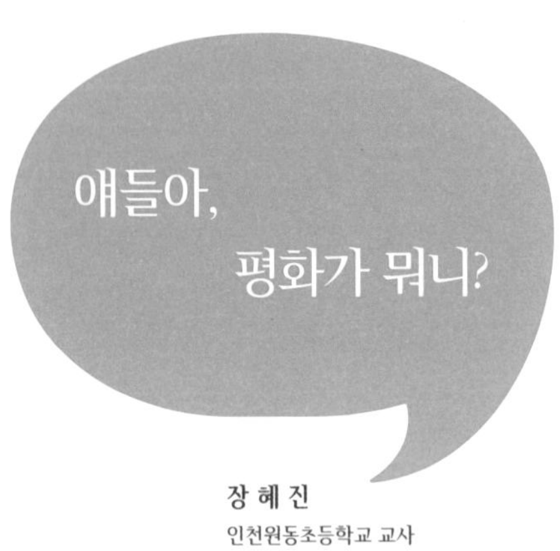

장 혜 진
인천원동초등학교 교사

교실 속 평화교육

지난해 뉴스에서 자주 접했던 미얀마와 홍콩의 민주화운동과 올해 초 시작된 우크라이나와 러시아 전쟁에 대한 소식을 듣게 되면서 지금처럼 평화에 대해 생각해 보게 된 시기가 없었던 것 같다. 물론 이전에도 지구상에서 전쟁이 현재 진행 중인 나라들이 있었지만, 우리와는 먼 나라 이야기, 그냥 그 나라에서 해결해야 하는 일로만 여겨졌었다. 하지만 우크라이나와 러시아 전쟁으로 인하여 유가 상승 등의 영향을 직접 겪게 되니 더 이상 전쟁이 우리와 상관없는 일이 아니라는 것을 피부로 느낄 수밖에 없다. 이러한 상황에서 내가 할 수 있는 일은 교실에서의 평화교육이었다. 매해 6월쯤 '호국보훈의 달'을 맞이하여 진행되는 우리의 평화교육은 독립운동가들에 대해 알아보고, 6.25 전쟁과 관련된 내용을 살펴보며 전쟁을 하지 않고 '평화'로운 삶을 살아갈 수 있게 해주신 분들에게 감사의 마음을 가져야 한다는 내용이다. 그리고 이러한 평화가 지속되기 위해서는 통일이 되어야 한다는 내용이 반복된다. 그러나 이제는 이러한 평화교육에서 더 나아가 학생들 스스로 평화에 대해 깊이 있게 생각해 보고, 스스로가 실천할 수 있는 평화가 무엇인지 찾아 실천할 수 있도록 해야 한다.

우리나라의 교육 목적을 살펴보면 전쟁의 부재 상태라는 소극적 평화 개념을 넘어 인간 사회의 통합이라는 적극적 평화의 개념을 추구한다는 것을 알 수 있다.

내가 지금까지 교실에서 해온 평화교육은 아직도 소극적 평화 개념을 바탕으로 질서 지향적이며 안정 지향적인 사고와 정치적 성향을 반영하는 지배자 중심의 평화를 이야기하고 있음을 알게 되었다. 이러한 개념을 바탕으로 한 평화교육은 국가가 중심이며, 누군가가 가르치고 있는 학습 목표를 보고 그대로만 따라가면 '평화'롭게 된다고 아이들은 생각하게 되니 우리가 교육을 하는 목적과 전혀 다른 방향으로 흘러가고 있는 것이 아닌가?

그렇다면 교육의 목적에 맞는 평화교육, 그중에서도 평화를 기반으로 한 '통일교육'을 하기 위해서 무엇을 먼저 해야 하는지 두 가지 질문에 대해 아이들과 함께 답을 찾아보고자 한다. 첫째, 우리가 추구해야 하는 평화란 무엇인가? 어떠한 상태를 평화롭다고 할 수 있을까? 둘째, 우리가 평화로운 삶을 위해 할 수 있는 일은 무엇일까?

가르치지 않는 평화교육

갈퉁은 '인간에 의한 직접적 폭력'의 극복만 강조하는 것이 아니라 '구조적 폭력'의 극복을 동시에 추구할 때만 '평화'로 나아가는 조건 형성에 기여할 수 있다고 말했다. 더 나아가 '개인 간의, 집단 간의, 국가 간의 대응한, 비 착취적이며 비 억압적인 협동이라는 비폭력적 형태의 존재'라는 평화의 적극적 측면을 위해 노력해야 함을 강조하였다.[1] 이렇게 적극적 평화를 추구하는 방향으로 평화교육은 이루어져야 한다. 그러기 위해서는 평화는 가르치는 것이 아니라 직접 알아가야 한다.

일반적으로 교육을 한다는 것은 가르침이라 생각한다. 그런데 가르친다는 것은 더 많은 것을 알고 있는 교사가 자신의 지식이나 경험을 아직 미성숙한 학생들에게 전달하는 일이다. 이 과정에서는 알고 있는 지식의 양으로 인해 자연스레 교사와 학생 사이에 서열이 나누어지고 권력관계가 형성된다. 이렇게 권력관계 속에서 교사와 학생의 의견이 대립될 때 학생은 자신의 생각을 쉽게 꺼낼 수 없다.

흔히 권력이라고 하면 부정적인 이미지를 떠올리지만, 권력 또는 힘은 무언가를 변하게 만드는 작용의 의미가 있어 교육에서는 큰 의미가 있다. 그리고 배움을 고정된 지식을 주고받는 수동적 상황이 아니라 서로의 주고받음을 통한 변화 과정으로 본다면 이 '변화'는 새로운 힘을 얻는 과정이라고 할 수 있다. 이러한 맥락에서 배움의 과정을 힘을 얻는 과정으로 본다면 배움과 권력, 배움과 힘은 매우 밀접한 관계가 있다고 할 수 있다.[2]

우리가 보통의 교실에서 형성되어 있는 권력관계를 벗어나고자 한다면 학생들은 '가르침'을 받는 것이 아니라 스스로 '배움'을 추구하게 되며 가르치지 않는 교육, 자기 스스로 변화를 일으킬 수 있는 동기가 부여된다. 그 이후 교실 밖 사회의 권력관계에 대해서도 생각해 보게 되며 자연스럽게 자신을 찾아가는 배움의 과정이 일어난다.

이러한 힘을 바탕으로 하여 평화교육이 시작된다고 생각한다. 평화교육은 갈등을 없애는 것이 아니라, 갈등이 발생하는 것은 매우 일상적인 일이라

1) 박보영(2006). "평화교육의 이론과 과제 연구", 연세대학교 대학원 박사학위논문

2) 이대훈(2016). "모두가 모두에게 배우는 P.E.A.C.E. 페다고지 평화교육", 피스모모

는 것을 이해하며 갈등을 비폭력적인 방법으로 해결할 수 있는 힘을 길러주는 교육이라고 할 수 있다.

파울로 프레이리의 『억압받는 자들의 페다고지』(그린비. 2018)에서는 '교육'이라는 패러다임을 깨트리려고 했을 때, 가르치지 않고 학습자들 스스로 배움의 의지를 가지도록 하려면 학습자의 삶과 경험 속에서 배움의 자원을 직접 찾아내도록 해야 한다고 했다. 그러기 위해서는 학생들이 비판적으로 생각하며 생활 속에서 문제를 찾아내고 이에 대한 해결 방법을 직접 찾고 실천할 수 있도록 해야 한다.

평화교육으로서의 통일교육

'통일'이란 단어를 들으면 나는 바로 나의 외할머니가 떠오른다. 나의 외할머니께서는 실향민이셨다. 외할머니께서는 1·4 후퇴 때 삼대독자인 외할아버지의 강제 징집을 피하기 위해 큰딸과 막내를 시부모님과 함께 고향 집에 두고 남쪽으로 피난길에 나섰다. 잠시의 이별을 고하고 헤어졌던 딸을 2009년 금강산 이산가족 상봉 때 잠시 만나기까지 50년이 넘는 세월을 이산가족으로 사시다 딸과 50년 만에 단 3일 동안의 만남 뒤 1년 만에 돌아가셨다. 외할머니께서는 91세의 연세로 금강산까지 가는 동안 체력이 떨어져 그리워하던 딸을 만나고도 잘 알아보지 못하셨었다. 돌아오는 3일째가 되어서야 온전한 정신으로 큰이모를 알아보셨었는데, 그게 돌아가실 때까지 후회로 남는다고 하셨다. 딱 1번만 더 맑은 정신으로 딸을 보고 보고 싶었다고 다시 안아주고 싶다는 이야기를 계속하시는 모습을 본 나에게 남과 북은 당연히 한 민족이고, 우리 가족을 위해서 통일은 꼭 이루어져야 하는 현실이었다. 그런데 외할머니, 외할아버지 모두 돌아가신 지금 나의 아이들에게 이산가족의 이야기는 너무나 먼 이야기이다.

이러한 상황에서 통일교육과 관련된 현재 초등교육과정의 성취기준을 살펴보면 1학년부터 통일의 당위성에 대해 교육해야 함을 이야기하고 있다. 그런데 이전 세대가 당연한 명제로 받아들였던 '우리의 소원은 통일'이라는 말은 요즘 아이들에게 설득력이 있을까? 이제는 남과 북이 나뉘어 있는 것을 당연한 것으로 알고 있고, 더욱이 북한과 통일이 되면 경제적인 어려움이 더욱 심각해질 수 있다고 생각하는 학생들에게 남과 북이 한민족임을 알게 하고 통일 의지를 다질 수 있는 성취기준을 어떻게 도달할 수 있을지 많은 고민을 하게 되었다.

남과 북의 분단으로 인한 전쟁을 겪은 대한민국에서 통일에 대한 의식을 가지도록 교육하는 것은 당연한 일일 것이다. 그러나 전쟁 직후의 통일교육은 전쟁의 위험성을 강조하며 통일된 한반도의 여러 이익을 바탕으로 통일의 당위성을 설명하며, 전쟁에 반대되는 개념으로 평화통일을 설명하는 한계를 보여주고 있다. 90년대 이후 남과 북의 교류가 점차 많아지며 전쟁의 위협이 줄어들자 경제적인 논리로 통일의 필요성을 설명하며 학생들을 설득하고 있으나 이는 학생들의 공감을 얻기에는 많은 어려움이 있다. 이제는 '남과 북은 한민족', '우리의 소원은 통일', '부강한 한국을 위한 통일'이란 막연한 관념으로의 통일교육이 아니라 학생들이 직접 실천 평화적 관점에서 남북 분단으로 발생하는 다양한 문제를 인식하고 남북한 상호 이해, 존중, 공존 방안을 능동적으로 모색하며 직접 실천할 수 있는 시민을 기르는 교육이 되어야 한다.[3)]

이번 수업을 위하여 가장 어려운 점은 통일에 대한 내용을 가르치지 않아야 한다는 것이다. 강요하지도, 주입하거나 교화하지도 않고 학생들이 주체

---

3) 김상범(2020), 한교 평화·통일교육 내실화를 위한 교육과정 개선 방향 탐색, 한국 교육과정평가원(KICE) 연구보고 RRC 2020-4

적으로 생각하며 행동하도록 해야 한다는 점이다. 따라서 나와 학생들 사이를 평등하고 안전하게 배움이 일어나게 할 수 있는 관계 만들기를 먼저 시작하고자 한다. 평화에 관한 지식과 정보의 전달을 넘어 남한 중심의 사고로 상황을 판단하지 않고 남과 북 상호 이해와 존중, 평화로운 공존을 위한 관점을 가질 수 있도록 하며, 민주적이고 평화적인 소통 역량을 기르는 민주시민교육과의 연계가 꼭 필요하다. 또 통일의 문제가 국가 단위, 어른들의 이야기가 아닌 학생들의 일상적인 삶과 연계되어 있다는 것을 이해하고, 일상생활 속에서 통일에 대해 관심을 가지며 서로 존중하여 갈등을 평화롭게 해결하는 방법을 학생들이 실천할 수 있도록 하는 것이 목표이다.

평화교육은 갈등을 없애는 것이 아니라 갈등이 발생하는 것은 매우 일상적인 일이라는 것을 이해하고 갈등을 비폭력적인 방법으로 해결할 수 있는 힘을 길러주는 교육이라고 할 수 있다. 그리고 이러한 힘을 바탕으로 하여 폭력적인 상황이 되는 사회, 권력자들에게 평화로운 삶을 요구할 수 있고 연대를 통해 문제를 해결할 수 있음을 알려주고자 한다. 통일이란 문제는 현세대에게도 직면한 문제임을 인식하도록 하는 것을 목표로 한다.

평화교육으로서의 통일교육

이번 프로젝트에서는 사회 교과와 도덕 교과의 성취기준을 바탕으로 국어 교과의 매체 자료를 활용한 발표 자료 만들기 활동을 계획하였다. 교육과정상 남북통일은 반드시 이루어져야 한다는 전제하에 남과 북 사이에 어떤 일들이 일어났는가에 대한 내용을 3차시의 짧은 시간 동안 다루었다. 따라서 비슷한 내용인 사회과와 도덕과의 내용을 연계하고, 통일에 대해 알게 된 사실을 뉴스로 표현하는 국어 수업과 연결 지어 프로젝트를 구성하였다.

지난 연수에서 피스모모 문아영 대표의 연수를 듣고, 직접 여러 활동을 체험하면서 평화에 대한 새로운 시각을 접하게 되었고, 피스모모에서 제공한 '교사를 위한 평화 교안 시리즈의 활동' 중 우리 학급의 학생들과 함께 할 수 있는 활동을 선택하여 수업계획을 구상하였다.

매년 호국보훈의 달을 맞이하여 진행하는 여러 활동들을 통해 학생들은 한국전쟁이나 남과 북의 상황, 남북통일에 대해 대략적인 내용은 알고 있었다. 하지만 이러한 부분들이 자신의 생활과 관련이 있다는 생각은 하지 못하고 있다. 따라서 단순히 '통일을 해야 하며, 통일을 위해 많은 사람들이 노력하고 있다.'를 알게 하는 수업이 아니라 통일의 근본적인 목적인 평화에 대해서 생각해 보고, 평화로운 우리의 삶을 목적으로 하는, 즉 통일의 당위성을 조금이나마 학생들이 느끼게 할 수 있는 방법에 대해 연구하였다.

따라서 이번 수업은 '평화'에 대한 정의를 내리는 것으로 시작하며, 평소 학생들이 가지고 있는 '북한'과 '통일'에 대한 인식을 알아보고, '통일'과 '평화'는 얼마나 관련이 있는지 학생들이 생각해 보는 기회를 제공하고자 하였다.

이렇게 살펴본 내용을 바탕으로 북한과 통일에 대해 가지게 된 관심을 카드 뉴스로 표현하여 보고, 친구들의 뉴스를 살펴보며 서로의 생각에 대해 이해하는 시간을 가진다. 또한 통일에 대해 내가 실천할 수 있는 일들을 떠올려 보도록 한다. 그 후 마지막에는 프로젝트 수업의 첫 시간에 했던 '평화'의 정의를 다시 생각해보며 전체 프로젝트를 마무리 한다.

주제명	L·O·V·E 프로젝트를 통한 평화교육		
운영교과	사회, 국어, 도덕	핵심역량	지식 정보 처리, 의사소통, 창의적사고, 심미적 감성, 공동체
성취기준	[6사08-02] 남북통일을 위한 노력을 살펴보고, 지구촌 평화에 기여하는 통일 한국의 미래상을 그려 본다. [6도03-03] 도덕적 상상하기를 통해 바람직한 통일의 올바른 과정을 탐구하고 통일을 이루려는 의지와 태도를 가진다. [6국01-05] 매체 자료를 활용하여 내용을 효과적으로 발표한다. [6국02-04] 글을 읽고 내용의 타당성과 표현의 적절성을 판단한다.		
학습목표 (교과단원 학습목표)	○ 남북통일이 필요한 까닭을 알고 이를 위한 다양한 노력을 살펴보며 지구촌 평화에 기여하는 통일 한국의 모습을 설명한다. ○ 바람직한 통일의 올바른 과정을 탐구하고 통일을 이루려는 의지와 태도를 가진다. ○ 뉴스와 광고에서 정보의 타당성과 표현의 적절성을 판단할 수 있다.		
진단요소	평화 및 통일에 대한 인식		

차시	수업 내용
1	· 프로젝트 주제 확인 및 안전한 배움의 공동체 만들기 - 우리가 정의하는 평화는?
2	· 국경, 낯설게 만나기 - 국경선 사진 보기 - 국경과 관련된 뉴스를 보며 세계에 관심 가지기
3~4	· 우리 주변의 갈등 상황 알아보기 · 릴레이 키워드 게임 - 키워드 게임을 통해 북한과 통일에 대한 이미지 생각하기 - 북한과 통일에 관한 뉴스와 광고를 보며 표현의 적절성과 타당성 판단하기 · 남북한 통일에 대한 스펙트럼 토론하기 - 통일에 대한 여러 주제를 바탕으로 스펙트럼 토론 진행
5~6	· "이웃들" 영상을 통한 갈등 분석 - "이웃들" 영상 감상 - 갈등 지도를 만들고 갈등에 대해 분석하기
7~10	· 북한과 통일에 관한 카드 뉴스 만들기 - 북한과 통일에 대해 관심이 있는 내용으로 카드 뉴스 원고 작성 - 패들렛을 이용하여 카드 뉴스 공유 - 친구들의 뉴스를 보고 내용의 타당성과 표현의 적절성 판단하기
11	· 실천 소감 나누기 · 프로젝트 성찰 및 공유 · 지금 '나의 평화' 정의하기

※ 프로그램 참고 자료: 교사를 위한 평화 교안 시리즈 3-탈분단과 평화, 피스모모

○○○

배움이 일어나는 평화교육

아이들과 함께 찾은 '평화'

기본적으로 학교에서 평화교육을 한다면 우리나라에서는 역시 통일교육을 빼놓을 수 없다. 6학년 2학기 교육과정상 사회 교과와 도덕 교과의 남북 평화에 대한 부분은 빼놓을 수 없는 것이다. 하지만 단순히 경제적 이익이 있고, 전쟁을 예방할 수 있다는 이유로 통일을 해야 한다고 강조하기보다, 좀 더 평화로운 한국을 위해 우리가 해야 할 일이 무엇인지를 생각해 보는 시간이 되길 바라며 수업을 진행하였다.[4)]

나 : 오늘부터 2단원 공부를 시작하네요. 2단원 제목을 같이 읽어 볼까요?
학생들 : 통일 한국의 미래와 지구촌의 평화
나 : 이 단원에서 우리가 함께 생각해 봐야 할 핵심 단어는 무엇일까요?
학생 1 : 평화요.
나 : 평화? 왜 그렇게 생각해요?
학생 2 : 통일이 되면 평화로워지니까…?
나 : 그렇구나. 그러면 '평화'가 뭐라고 생각하나요? 여러분들이 생각하는 평화에 대해 생각을 써볼까요?

자신이 생각하는 '평화'의 정의를 포스트잇에 써서 유목화를 시켜보니 아이들이 평화에 대해 이야기를 할 때 가장 많이 사용한 단어는 '자유'였다. 나는 '평화'를 이야기할 때 '폭력'에 대한 이야기가 먼저 나올 것이라고 예상하였

---

4) 김영철,전세현(2018). 교사를 위한 평화 배움 교안 시리즈 3 〈탈분단과 평화, 교실 안에서 어떻게 이야기할 수 있을까?〉, 피스모모

는데 '자유'에 대한 이야기가 제일 먼저, 또 제일 많이 나온 것이 의외여서 아이들의 이야기를 좀 더 들어보았다.

나 : 여러분들이 '평화'에 대해 떠올릴 때 '자유'가 함께 생각이 나는군요. 왜 평화로운 삶을 살려면 자유가 필요한지 이야기해 볼까요?

학생 1 : 자유가 없으면 내가 하고 싶은 걸 할 수 없어요. 그러면 평화가 아니에요.

학생 2 : 당연히 자유가 있어야 평화롭죠. 선생님이 미얀마에 대해 알려주셨잖아요. 거기가 독재니까 자유가 없어서 지금 평화롭지 못한 거 아니에요?

아이들은 그동안의 평화교육 속에서 어느새 소극적 평화가 아닌 적극적 평화에 대해 알고 있었다. 즉, 수업 속에서 평화교육이라 이름 붙여 가르쳤던 수업들뿐 아니라 잠재적 교육과정, 또 사회와 가정의 상황 속에서 어느새 자신들만의 평화를 이해하고 개념을 정의하고 있었다.

또한 '싸움이 일어나지 않는 상태'라고 정의를 내린 경우도 있어 현재 아이들은 소극적 평화와 적극적 평화가 혼재된 상태로 평화를 정의하고 이해하고 있다는 것을 알게 되었다. 아이들이 가장 많이 쓴 표현들로 '평화'에 대해 정의하니, '싸움과 갈등이 없이 자유로운 상태'라는 정의였다.

이후 다양한 국경선 사진을 학생들과 함께 살펴보며 우리나라의 국경선과 평화롭게 공유되는 다른 나라의 국경선을 비교해 보고, 왜 이러한 형태의 국경선을 우리나라가 가지게 되었는지, 함께 공유하는 형태의 국경선은 만들 수 없는지 생각해 보는 시간을 가졌다. 이렇게 국경선을 함께 보고 나니 현재 우리나라가 정말 평화로운 것이 맞는지 학생들은 문제의식을 가지게 되었다. 그래서 이다음에는 우리나라의 평화를 위협하는 대상은 누구인지 생각해 보는 시간을 가져보기로 했다.

우리의 평화 만들기

① 우리 주변에서 갈등이 발생하는 상황 찾기

나 : 지난 시간 '평화'에 대해 '싸움과 갈등이 없이 자유로운 상태'라고 정의했는데 그렇다면 우리나라는 평화로운 상태인가요?

학생 1 : 아니요. 뉴스 보면 정치인들이 맨날 싸우잖아요.

학생 2 : 시위하는 사람들도 많아요.

학생 3 : 우리나라는 아직 휴전 중이잖아요.

나 : 그래? 그럼 우리나라는 평화로운 나라가 아니네요?

학생 4 : 음…. 그런 또 아닌 것 같아요.

학생 5 : 그래도 우리나라는 말로만 싸우지, 무기를 이용하여 싸우지는 않잖아요. 문제가 있을 때 법으로 해결할 수 있으니까 일단 평화롭다고 할 수는 있을 것도 같아요."

나 : 그렇구나. 그러면 여러분들이 생각할 때 현재의 평화가 깨지게 된다면 어떤 이유로 그럴 수 있다고 생각해요?

학생 5 : 또 전쟁이 나면 그렇게 될 것 같아요.

나 : 누구와?

학생들 : 당연히 북한이죠.

지난 시간에 아이들과 평화에 대해 내린 정의를 다시 살펴보며, 우리나라가 평화롭지 않은 이유에 대해 이야기를 나누었다. 뉴스에서 자주 나와서인지 집값이나 비트코인에 대한 이야기가 나오기도 하고, 일본과 중국과의 외교 관계, 환경문제, 또 북한에 대한 이야기도 언급되었다.

아이들은 '촛불집회'와 선거를 통해 국민들이 평화적인 방법으로 정치에 참여하여 문제를 해결하는 모습을 경험하였기 때문에 현재의 우리나라를 평화로운 상태라고 인식하고 있었다. 그런데 이러한 평화가 깨지게 되는 상황이 되는 원인으로는 '전쟁'을 떠올렸다. 아이들이 인식하는 것처럼 현재 우리나라가 평화롭지 않은 대표적인 이유 중의 하나인 '분단 상황'에 대해 좀 더 깊이 있게 탐색해 보고, '북한'과 '통일'에 대한 것을 좀 더 토의해 보며 통일의 당위성과 방법을 함께 고민해 보기로 했다.

② 갈등 원인 분석하기

먼저 릴레이 키워드 게임을 통해 '북한'과 '통일'하면 생각나는 이미지들을 바탕으로 남한과 북한이 현재와 같이 되기까지의 과정을 함께 살펴보고, 스펙트럼 토론을 진행했다. 릴레이 키워드 게임은 정해진 시간 동안 하나의 단어에 대해 모둠원들이 번갈아 가며 나와 떠오르는 키워드를 적어보는 게임으로 더 많은 키워드를 쓰는 모둠이 이기는 게임이다. 간단하게 게임을 진행한 후 칠판에 적인 키워드들을 가지고 아이들과 이야기를 나누며 '북한'과 '통일'에 대해 가지고 있는 생각을 알 수 있다.

릴레이 키워드 게임을 하며 학생들이 북한에 대하여 떠올린 단어들은 '가난', '감자', '독재' 등 부정적인 단어들이 많았고, 구체적인 사실보다는 이미지로 기억하고 있는 것이 많았다. 북한에 대하여 부정적인 생각을 많이 가지고 있는 것은 통일이 꼭 필요하지 않다고 생각하는 학생들이 꽤 있음을 알 수 있다.

릴레이 키워드 게임 후 '앞으로 남북한의 진전에 따라 한반도는 더욱 평화로워질 것이다.'라는 주제로 스펙트럼 토론을 진행하였다. 양 끝 교실을 가로지르는 보이지 않는 대각선을 기준으로 학생들이 마주 보고 두 줄로 선 후, 학생들은 주제에 대해 강력한 찬성이면 100쪽으로, 강력한 반대이면 0쪽으로 위치한다. 이 주제에 대해 양옆에 있는 사람과 점수를 비교해 보며 내가 생각한 점수의 위치에 있는지 확인하고 맞는 점수라면 자리에 앉는다. 그리고 적은 점수 차이가 나는 양옆의 친구들과 먼저 이야기를 나누고, 그 후에는 점수 차이가 큰 마주 앉은 친구와 서로 어떤 의견의 차이가 있는지 이야기를 나누어 본 후 점수가 바뀌었다면 바뀐 점수 쪽으로 이동한다.

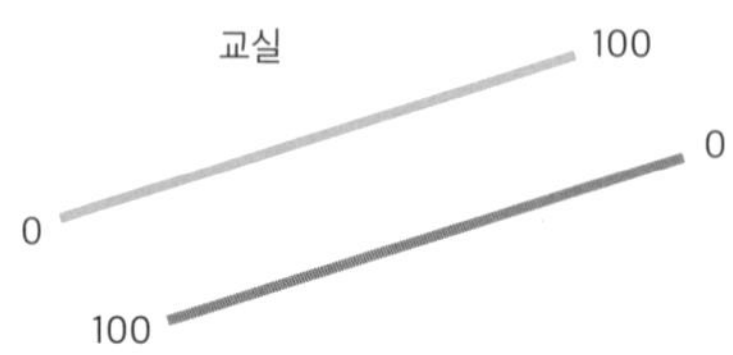

이 활동을 통해 남과 북의 관계 회복과 평화에 대해 아이들이 자신의 생각을 돌아보게 되었다. 대다수 학생들이 남과 북의 관계가 회복되어야 한반도가 더욱 평화로워진다고 생각은 하고 있었지만, 그 이유에 대해서는 설명하기를 어려워했다. 5학년 때 역사를 공부하며 한국전쟁에 대해서 배우기는 했지만, 그 안에 담긴 자세한 내용을 잘 알고 있지 않아 이에 대한 배경 설명이 필요하여 수업 진행에 어려움이 있었다. 한국전쟁의 배경과 이후 남과 북의 관계 변화에 대해서 좀 더 자세히 살펴보는 시간이 필요하긴 하나 현재 6학년 수업 수준에서는 이러한 수업 진행이 어려운 면이 있어 통일에 대한 관심을 가지는 것으로 수업을 마무리하였다.

스펙트럼 토론을 통해서 남과 북, 서로의 관계가 개선되어야 함을 인식하였다. 그렇다면 남과 북의 관계는 어떻게 회복시킬 수 있을까 하는 다음 질문이 이어졌다. '남과 북의 관계 회복 방법'을 찾아보기 위해 먼저 영화 〈이웃들Neighbours-Norman McLaren〉을 함께 보며 영화 속에 등장하는 인물들 간의 갈등 상황을 분석해 보도록 하였다.

영화 〈이웃들〉은 Norman McLaren이 1952년, 한국전쟁을 모티브로 제작한 작품이다. 평화롭고 안정적으로 살고 있던 두 남자가 서로의 집 사이에 피어난 꽃 한 송이를 두고 갈등이 발생하여 결국 비극적인 결말을 맞이하게 되는 내용이다. 한마디의 말도 나오지 않지만 두 사람 사이에 발생한 작은 갈등이 점차 심화되어 최악의 결론으로 마무리되는 과정을 강렬한 영상으로 제시하고 있다.

등장인물 사이의 갈등 원인은 무엇이었는지, 갈등이 촉발된 순간은 언제였는지, 더 큰 갈등과 폭력을 유발한 것은 무엇이었는지를 생각해 보고 모둠별로 갈등 지도를 만들어 보았다.

이렇게 갈등을 분석하는 과정을 통해 폭력이 어떠한 상황에서 발생하는지, 폭력이 어떻게 점점 더 심화되었는지 생각하고 그 갈등이 더욱 심각해지지 않도록 할 수 있는 일은 없었는지 생각을 나누었다.

나 : 이 영화의 끝이 정말 슬프지 않나요? 이러한 결말이 되지 않으려면 어떻게 하면 좋았을까요?

학생 1 : 서로 대화를 해요.

나 : 처음에는 서로 말을 하지 않았을까요?

학생 2 : 서로의 욕심을 이해하려고 노력했어야 해요.

학생 3 : 폭력이 문제를 해결해 주지 않는다는 것을 알아야 해요

나 : 그렇군요. 그렇다면 영상 속 갈등이 폭력으로 번지지 않도록 막을 방법은 없었을까요?

학생 4 : 두 사람의 아내와 같은 사람이 잠시 멈춰서 이야기를 할 수 있도록 만들어주었다면 좋았을 것 같아요.

이렇게 분석해 본 갈등 지도를 바탕으로 이 영상과 한국전쟁을 비교하여 생각해 보았다. 폭력으로 인한 비극적인 결말은 한국전쟁과 매우 닮아 있었

다. 한국전쟁 당시 과연 이 전쟁이 시작되지 않도록, 또는 더 길어지지 않게 막을 방법은 없었을까? 애초에 전쟁이 시작된 원인은 다수의 국민이 원해서 일어난 결과일까? 하는 질문과 함께 이번 수업을 마무리했다.

③ 평화를 이루는 방법을 함께 찾고 실천하기

나 : 지난 시간에 함께 본 영화가 기억나나요? 영화 속에서 가장 큰 피해를 본 사람은 누구일까요?

학생 1 : 아내와 아이들 같아요.

나 : 왜 그렇게 생각하나요?

학생 2 : 두 남자들의 갈등이 폭력적으로 변하면서 집에만 있다가 다쳤잖아요. 그 상황을 만든 건 두 사람인데 그 때문에 억울할 것 같아요.

나 : 이 영화는 한국전쟁이 모티브라고 하는데, 그럼 한국전쟁과 빗대어 볼 때 아내와 아이에 해당하는 건 누구일 것 같나요?

학생 3 : 남과 북의 주민들인 것 같아요.

나 : 그렇다면 지난 영화에서 아내들이 자신의 남편을 말리고 대화로 문제를 해결할 수 있도록 개입했다면 영화와 결말이 달랐을까요?

학생 4 : 그랬을 것 같아요. 영화 보면서도 맞고만 있는 아내가 좀 답답했거든요. 왜 가만히 있어요?

나 : 그럼 한국전쟁 당시에 남과 북의 주민들이 전쟁에 반대하고 대화로 문제를 해결하도록 요구했다면 전쟁의 모습이나 결과가 달라졌을까요?

학생 5 : 그럴 수도 있었을 것 같아요. 그런데 혼자서는 어렵고 많은 사람이 힘을 합해야 할 것 같아요. 촛불집회처럼요.

이 영화를 통해 아이들이 평화를 위해 실천할 수 있는 일을 드디어 떠올리게 되었다. 평화를 위협하는 것은 단지 갈등이 아니라 갈등을 폭력적인 방법으로 해결하려고 하는 힘 있는 자들이며, 우리는 이에 순응하는 것이 아니라 잘못된 점을 바로잡을 수 있도록 힘을 모아 대응해야 한다는 점을 알게 되었다.

수업 시간에 배운 민주주의의 원리를 떠올리며, 모두의 문제를 해결하기 위해서는 일부 힘 있는 자들의 뜻대로 되지 않도록 항상 관심을 가져야 한다. 또 권력자들이 자신들의 이득을 위한 일을 한다면 시민들이 연대하여 권력자에 저항할 수 있는 시스템이 만들어져야 이 사회가 평화로운 사회로 나아갈 수 있다는 점을 아이들과 함께 공부하며 깨닫게 되었다.

이렇게 알게 된 내용들을 바탕으로 북한과 통일에 대해 새롭게 알게 된 사실이나 통일을 위해 노력해야 하는 점 등을 정리하여 각자 카드 뉴스를 만들어 보는 활동을 하였다. 카드 뉴스를 만들어 패들렛에 공유하며 친구들과 서로 피드백을 해주어 통일에 대해 좀 더 깊이 있는 생각을 해보도록 하였다.

통일에 대해 교육을 하며 가장 어려웠던 점은 학생들에게 '통일은 당연히, 꼭 해야만 하는 일이야.'라고 말하고 싶은 나와의 싸움에서 이기는 일이었다. 특히 초등학생들의 경우 본인들 스스로 아직 자신들은 알고 있는 것이 부족하다고 생각하여 교사나 부모의 의견에 대해 무조건적인 수용을 하는 경우가 많기 때문에 이번 수업을 진행하며 학생들에게 최대한 객관적이고 사실에 기반한 자료를 제공하며 학생들이 직접 판단할 수 있도록 했다. 하지만 나의 의도와 다르게 '은밀한 교화'가 이루어진 부분들이 있었던 것 같아 아쉬운 마음이 든다. 그래도 항상 통일은 꼭 이루어져야 하는 우리 사회의 과제이고, 이를 이루기 위해 노력해야만 한다는 결론으로 교과서의 내용을 그대로 수용하도록 하는 수업이 아니라 근본적으로 통일이 필요한 이유에 대해 학생들과 함께 살펴볼 수 있는 기회가 되었다는 점이 새로웠다.

보이텔스바흐 합의를 참고하여 '강압(교화) 금지' 원칙과 초등학생 수준에서 논쟁성 원칙도 반영해보았는데 교실 안에서 구성원들이 모두 동등한 관계를 맺고 생각의 차이를 건강하게 드러내며 사회적 대화가 진행되기에는 아직 무리가 있었던 것 같다. 학생들이 정치적 상황과 자신의 이해관계를 분석하여 주어진 정치 상황에서 영향력을 행사할 수 있는 구체적인 실천 방안을 더 찾아보고 실천하는 과정이 추후 이루어질 수 있도록 해야겠다.

○○○

애들아, 평화가 뭐니?

처음 평화교육과 함께 통일교육을 시작하였을 때 아이들과 정의한 평화는 '싸움과 갈등이 없는 자유로운 상태'였다. 그런데 함께 수업을 진행할수록 과연 갈등이란 완전히 해소될 수 있는 것일까? 라는 의문이 생겼다. 그래서 수업을 끝내고 아이들과 함께 다시 평화에 대한 정의를 이야기해 보았다.

나 : 애들아, 우리 처음 수업을 시작할 때 평화를 '싸움과 갈등이 없는 자유로운 상태'라고 정의했는데 지금도 그렇게 생각하나요?

학생들 : 아니요.

나 : 왜 그렇게 생각하나요?

학생 1 : 이 세상에서 갈등은 없어질 수가 없을 것 같아요.

나 : 갈등이 없어지지 않으면 이 세상은 평화로울 수가 없는 걸까요?

학생 2 : 갈등은 항상 있는 거니까 그 갈등을 해결하는 과정이 평화로우면 되지 않을까요?

나 : 갈등을 어떻게 해결하면 평화로운 걸까요?

학생 3 : 사회 시간에 배웠잖아요. 폭력적인 방법이 아니라 비판적 사고로 문제를 알고, 대화를 통한 양보와 타협으로 문제를 해결하는 거죠

나 : 그래? 그러면 우리 평화에 대해 정의를 다시 내려봐야겠는데?

학생 4 : 평화는 여러 갈등을 비판적 사고로 생각하고 대화를 통해 양보와 타협으로 문제를 해결해 가는 거예요. 이때 모두 함께해야 해요.

'평화'의 정의를 학생들과 다시 내려보면서 학생들과 함께 이루어진 배움이 무엇이었는지 살펴볼 수 있었다. 이전까지는 평화에 대해 완벽하게 만들어진 상황을 이루어야 한다고 생각하고 그에 대한 정의를 내리고 있었다면 이제는 하나의 지향점으로 이를 위해 끊임없이 나아가는 것이 중요함을 학생들 스스로 알게 되었을 것이다. 지금까지 이루어졌던 통일교육처럼 통일의 당위성을 강조하며 일방적인 교사의 지식을 전달하는 수업이 아니라, 남과 북 사이에 어떠한 갈등으로 인해 현재와 같은 모습이 되었는지 학생들이 직접 생각해 보며 논쟁거리를 찾아낼 수 있었다. 또 그 과정에서 그 갈등을 해결할 수 있는 방안을 찾아보고 평화에 대한 정의를 내려보며 우리의 아이들에게 필요한 평화교육의 방향을 아이들이 스스로 찾아내었다고 생각한다.

이러한 과정을 경험한 아이들은 시대적·정치적 상황에 따라 달라지는 통일 정책으로 인해 방향과 목표가 달라지는 통일교육 속에서도 평화와 상호이해, 대화와 타협과 같은 보편적인 가치를 추구하게 된다. 주어진 정보에 대해 의심하고 스스로 판단하려는 자세를 가지게 되며 통일에 대해서도 다양한 의견을 제시하여 기존과 다른 해결 방안도 모색해나갈 수 있을 것이다. 또한 일상에서 너무나 당연하다고 인식하고 있었던 구조적, 문화적 폭력 상황에 대해 문제를 제기할 수 있고, 폭력에 대한 감수성을 발전시키는 계기가 될 것이라고 기대된다.

가장 안전한 공간일 수 있는 교실 안에서 서로의 생각이 다름을 수용하고, 수용 받을 수 있는 공론의 장이 열리면 민주시민으로 성장하는데 매우 결정적인 경험이 될 수 있다. 이런 공론의 장이 마련되었을 때야말로 학생들은 주변의 사건에서부터 시작하여 최근 전 세계적인 이슈인 우크라이나와 러시아의 전쟁까지 스스로 논쟁거리를 찾아낼 것이다. 어느 누구의 의견에 합의하여 결정하는 것이 아닌, 정답이 없는 사회적 대화를 이어가다 보면 자연스럽게 평화 감수성을 기른 민주시민이 될 것이다. 더 나아가 우리나라가 지금까지 겪어온 전쟁과 민주화운동 등의 경험들을 바탕으로 학생들은 자연스럽게 다른 나라에서 일어나고 있는 전쟁, 독재 정치에 대항하는 민주화운동에 대해 공감하고 이를 도울 수 있는 세계시민으로 자라날 것이다.

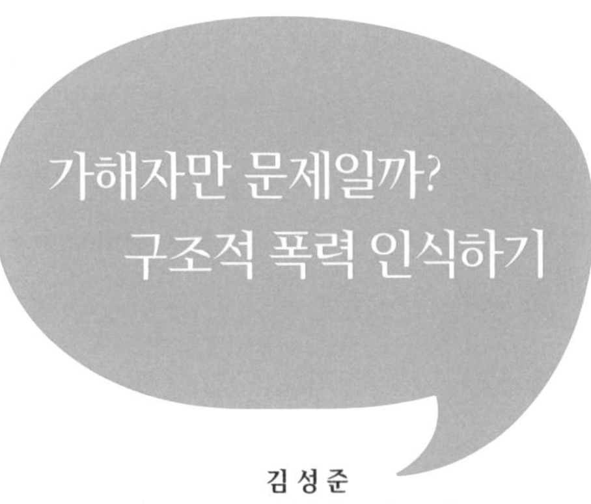

가해자만 문제일까?
구조적 폭력 인식하기

김성준
인천신현고등학교 교사

가랑비에 옷 젖는 줄 모른다
구조적 폭력 이야기

폭력을 알아야 평화가 보인다.

평화란 무엇일까? 만약 현재 내가 가르치고 있는 학생이 이에 대해 질문한다면, 나는 어떻게 설명할 것인가? 자신이 없다. '폭력이 없는 상태, 또는 갈등과 분쟁을 해결하면 달성되는 것'이라는 교사가 아닌 사람도 누구나 설명할 수 있는 수준에 그칠 것 같다. 경기도교육연구원이 2017년에 발간한 '평화교육 사례 분석 및 실행방안 연구'에 따르면 학교에서의 평화교육은 평화에 대한 자의적 해석이나 감상에 의존하는 설명과 수업이 주를 이루었다고 한다. 지금까지의 나의 수업을 돌이켜보면, 평화에 대한 개념 정리나 이를 추구하기 위한 실천적 방안을 어떻게 적용할 것인가에 대한 고민 자체가 없었다. 그저 마지막 단원에서 민족, 지역, 종교 간 갈등이나 통일 문제를 다룰 때 언급하는 정도였다. 평화는 더 이상의 접근이나 설명이 필요 없는 당위적인 것이라며 집단 간 발생하는 다양한 갈등의 원인과 전개 과정을 나열하고 이것을 이해 및 암기시키는 교육에서 벗어나지 못했다. 교과서에 언급되는 내용을 학생들에게 주입하는데 급급했다.

3기 민주시민교육 아카데미 연수를 들으며 평화에 대한 공부를 시작했다. 이를 통해 나는 평화의 본질을 이해하기 위해서는 폭력을 인식하는 것이 먼저임을 깨달았다. 특히 적극적 평화의 실현과 관련된 구조적 폭력의 심각성은 많은 울림을 주었다. 구조적 폭력은 직접적 폭력(물리적 폭력)에 비해 쉽게 발견하기 어렵고, 비교적 장시간에 걸쳐 피해를 발생시킨다. 또한 개인이 속한 여러 집단 속에서 존재하는 다양한 규모의 사회구조에 의해 구조적 폭력의 가해자와 피해자의 위치가 상황에 따라 상대적으로 규정된다. 예를 들어 직장에서 구조적 폭력에 노출된 비정규직 남성 노동자가 퇴근 후 집에서는 가장으로서 가족 구성원들에게 구조적 폭력을 행사하는 가해자가 될 수도 있는 것이다.

학교는 평화적인 공간일까?

고민이 담긴 수업을 적용하기에 앞서 살펴보고 싶었다. 평화교육 실천에 시간적 공간적 배경이 되는 학교가 과연 평화적 공간 또는 구조적 폭력이 없는 공간인가에 대한 성찰이다. 일단 자신이 당면한 구조와 집단 속에서 문제를 제기하고 고민하는 것에서부터 시작해야 아이들에게 훨씬 유의미한 경험을 제공할 수 있으며, 보이지 않는 폭력을 쉽게 인식할 수 있다고 보기 때문이다. 더불어 학교는 교육 서비스를 제공하기 위해 많은 사람들의 노동이 복합적으로 이루어지는 공간이기도 하다.

사회적으로 합의된 규범과 제도에 기반하여 학교에서는 다양한 교육이 전개된다. 이 과정에서 폭력이라고 단적으로 규정하기 어려워도 학교 구성원 사이에는 적어도 힘의 불평등, 즉 권력관계가 작용한다. 첫째, 관리자인 교장을 정점으로 교감, 부장 교사, 교사라는 서열이 존재한다. 둘째, 교사는 다양한 교육 활동을 계획하고 실천하며 학생들을 평가하고 그 결과를 기록할 권한을 갖는다. 셋째, 학생 관리와 교육목표 달성이라는 명목 아래 다양한 수단을 동원하여 학생들을 통제하고 억압하기도 한다. 물론 학교가 다른 집단에 비해 서열화 및 조직화의 정도가 낮고, 교사를 바라보는 시선과 교권의 위상이 예전에 비해 많이 달라진 것은 사실이다. 그렇다고 '학교가 민주적이고 평등한 관계를 바탕으로 운영되는가?'라는 질문에 자신 있게 '예'라고 답할 수 있는 학교가 몇이나 될까? 우리가 교사로서 일상적으로 해왔던 많은 일들을 조금만 다른 관점에서 본다면, 우리 스스로 인식하지 못한 사이 가해자 또는 피해자의 위치에 있었을지도 모른다.

○○○

'정치와 법' 수업을 통한 구조적 폭력 인식하기

노동 현장의 갈등을 수업에 반영한 이유

내가 가르치고 있는 정치와 법, 사회·문화, 사회 문제 탐구, 학생자치와 사회 참여 등에 포함된 빈부 격차, 난민 문제, 사회적 약자에 대한 차별(성, 외국인 노동자), 사회 보장 제도(선별적 복지와 보편적 복지), 정치 과정 등의 내용 요소는 모두 구조적 폭력과 직접 관련된다. 따라서 내용 요소에 해당하는 구조적 폭력이나 부조리함을 인식하고, 이로 인해 피해를 보는 계층은 누구이며, 이를 해결하기 위한 노력의 첫걸음을 어디서부터 시작할지 학생들이 고민하는 과정을 수업에 녹여내고 싶었다.

그래서 2021년 2학기 정치와 법 수업에 이를 적용하고자 했다. 5단원 사회생활과 법 중에서 '근로자의 권리' 부분이 안성맞춤이었다. 아이들은 대부분 노동 현장에 발을 들여놓을 것이며, 노동 현장에 존재하는 수많은 물리적 또는 구조적 폭력은 우리의 사회 문제로 끊임없이 논쟁거리가 되기 때문이다.

단순히 내가 주도하여 근로자의 권리를 나열하기보다는 아이들 스스로 현실에서 왜 기본적인 것들조차 지켜지지 않는지 살펴보게 한다. 그리고 발견된 구조적 문제를 해결하는 것이 말처럼 쉽게 간단하지 않음을 아이들이 깨닫는 수업을 펼친다면, 나와 아이들 모두 의미 있는 성장이 이루어질 것으로 보였다. 당장에 문제를 해결하기 위한 노력으로 이어지지 않아도 좋다. 아이들이 다양한 상황에 존재하는 구조적 폭력을 당연하게 여기지 않고 불편하게, 그리고 발견하여 이를 동료와 함께 공감하는 것만으로도 충분하다. 이러한 경험들이 작은 씨앗이 되어 구조적 폭력을 제거하고 평화를 실현하기 위한 과정에 필요한 시민들과의 연대로 이어질 것이라 믿기 때문이다.

노동 현장의 갈등, 분쟁, 문제 톺아보기

① 수업 설계하기

2021년은 정치와 법 블렌디드 수업을 제대로 해보자는 생각에 수업 주제에 따라 세밀하게 시수를 계산하여 운영했다. 그 결과 주제별 교육과정 재구성이 용이해졌고, 이번 수업을 위한 설계도 손쉽게 마칠 수 있었다. 아이들이 조사하고, 토론하고, 결과물을 만들고, 마지막으로 정리하는 시간을 기본 5차시로 구성했다. 그러나 어디까지나 계획일 뿐, 그동안 계획보다 항상 시간이 부족했던 경험을 살려 예비 시간으로 2~3시간을 추가 확보했다. 다행히 수능을 앞두고 원격수업으로의 전환이 이루어져야 했기 때문에 내용 중심의 강의식 수업을 이 기간에 집중적으로 실시하여 충분한 활동 시간을 확보할 수 있었다. 이름하여 '노동 현장의 갈등, 분쟁, 문제 톺아보기'수업을 위한 선행 작업이었다. 5단원의 형사 절차와 인권 보장, 6단원의 국제 관계의 변화, 국제법의 이해를 수업하고 마지막으로 근로자의 권리를 제시했다. 그리고 등교수업 때는 계획한 활동을 실천했다.

블렌디드 수업을 통한 활동 시간 확보하기

원격수업	등교(대면)수업			
11.8~19	11.22~12.3	12.6~10	12.13~17	12.20~24
강의 영상	노동 현장의 갈등, 분쟁, 문제 톺아보기	예비	남은 2회 고사 범위 수업	2회 고사 실시
4차시 (4시간)	5~7차시 (5시간~7시간, 기본 구성은 5시간) ※ 학사 일정에 따라 이 기간 중 7시간의 수업이 있는 반도 존재	3차시 (3시간)	3차시 (3시간)	

② 나를 지금부터 몽이로 불러주세요.

1차시에는 [활동 안내 및 자기평가 체크리스트]를 배부하여 팀 구성과 기본적인 규칙을 안내하였다. [활동 안내 및 자기평가 체크리스트]는 팀별로 노동 현장에 존재하는 갈등, 분쟁, 문제 중 하나의 주제를 선정하고 원인을 분석하여 결과물로 제시하는 과정을 담은 것이다. 여러 시간에 걸쳐 활동 중심 수업을 하다 보면 팀별로 진행 상황도 다르기 때문에 아이들이 어느 정도 예측 가능한 상황에서 스스로 활동의 강약을 조절할 수 있도록 하기 위함이었다. 더불어 과정 중심의 수행평가를 하기 위해 의사소통 포인트 제도를 운영 중이었는데, 팀별로 활발한 소통을 이끌어내고자 가산점과 인센티브를 부여하고 매시간 체크리스트에 도장을 찍어 진행 상황을 점검한다는 사실도 강조하였다. 이어서 가장 중요한 규칙으로 지난 여름방학 연수에서 큰 울림을 주었던 과제를 실천했다. 평화교육 연수 중 강사였던 모 대학의 저명한 교수님이 지금부터 자신을 '교수님'이 아니라 이름의 끝자인 'ㅇ이'라고 부르게 했던 것이었다. 작은 시도지만 평등한 관계 설정의 중요성, 친숙한 것에 대한 불편함과 그 이면에 대한 문제의식을 자극하기에 너무도 인상적이었다. 연수 종료 후 꼭 반드시 다음 학기 수업 때 실천하리라 다짐했었다.

활동 안내 및 자기평가 체크리스트-첫 시간 활동지

차시	활동 또는 과제
1	□ 팀 구성하기 (팀장: 부팀장: 팀원:) □ 팀명 정하기 (팀명:) □ 주제 또는 영역 선정하기 ( ) □ 탐구 시작하기 □ 활발한 의사소통으로 가산점을?
2	□ 자료 탐색하기 (자료명, 출처 등 적기) - - □ 자료 분석하고 대안 제시하기 (3 ~ 5 why 활동) □ 활발한 의사소통으로 가산점을?
3	□ 자료 탐색하기 □ 자료 탐색하기 (자료명, 출처 등 적기) - - □ 자료 분석하고 대안 제시하기 (3 ~ 5 why 활동) □ 활발한 의사소통으로 가산점을?
	□ 자료 분석한 내용 팀원과 함께 공유하기 □ 보충 또는 추가 자료 패들렛에 올리기
4	□ 원인 분석판 만들기 □ 패들렛에 탑재한 보충 또는 추가 자료 출력하기 (선생님 자리) □ 3 ~ 5 why 활동, 텍스트 파일로 변환하고 패들렛 올리기 □ 활발한 의사소통으로 가산점을?
5	□ 팀별 활동 내용 발표하기 (발표자:) □ 다른 팀 발표 내용 경청하기 □ 질문하기(의사소통 포인트) □ 투표하기 (가장 인상 깊었던 두 팀에 대해)

"이번 시간부터 톺아보기 활동이 종료되기까지 선생님을 선생님이라고 하면 벌칙이 있어요. 저를 지금부터 '몽이'라고 불러주세요. 그 이유는 모든 활동이 종료되고, 그다음 시간에 밝히도록 하겠습니다."

아이들은 재미있다는 표정으로 웃거나 난감하고 당황한 기색을 보이는 등 다양하게 반응했다. 이어지는 수업에서 나를 부를 때 정말 힘들어하는 모습이 계속 관찰되었다. 지금까지 습관적으로 또는 당연하게 '선생님'이라고 불렀는데, 이제 선생님이 키우는 강아지 이름으로 불러야 하니, 당황할 법도 하였다.

③ 주제 선정하기

팀 구성이 완료되면 팀원 간 역할을 배분하고 본격적으로 주제 선정에 들어갔다. 아이들이 어려워할 것 같아 예시 주제를 20여 개 넘게 첨부했다.

- 청소년 아르바이트 실태
- 최저임금제 상승에 따른 사회적 갈등
- 정규직과 비정규직 문제
- 괴롭힘 방지법 시행과 그 후
- 유치원, 어린이집 아동학대 교사 문제
- 학교에 근무하는 당사자들은 평등할까?
- 왜 우리나라는 노동조합 가입률이 낮을까?
- MZ 세대의 노동 운동
- 택배 기사 과로 문제
- 중대재해처벌법
- 위험의 외주화, 안전의 외주화
- 언제부터 비정규직이 증가하였는가?
- 인천국제공항 비정규직의 정규직 전환 과정에서의 갈등 등
- 내가 현재 아르바이트하고 있다면, 내 주위 사람들이 보는 노동 현장의 문제점은? (가족 또는 지인 등)
- 5인 미만 영세 사업장에 적용되지 않는 기준들은 무엇일까?
- 간호사 태움 문제 등
- 아파도 쉽게 쉴 수 있을까?
- 고 김용균, 고 김선호 씨와 같은 비극적인 사건이 왜 계속되는가?
- 주 52시간제 적용, 주 4일제 근무에 대해
- 노동 시장에서의 여성 차별 등

확실히 주제 선정에 많은 시간이 소요된다. 중간에 주제를 수정하는 경우도 왕왕 발생하기 때문이다. 이로 인해 전체적인 활동에 지장을 받기도 한다. 팀 구성의 경우 사전에 반장, 부반장, 정치와 법 팀장과 논의 후 적절한 방법으로 소외되는 사람이 없도록 세밀함이 필요하다. 자칫 이 수업의 첫 시작이 어떤 학생에게는 폭력으로 작용할 수 있기 때문이다. 흥미로운 것은 수업을 했던 5개 반은 각각 다른 방법으로 모둠을 구성했다. 스스로 반 분위기와 아이들의 성향에 맞춰 방법을 결정했다.

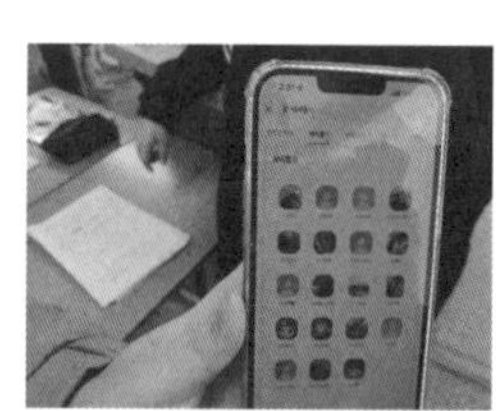

SNS를 활용한 팀(모둠) 구성

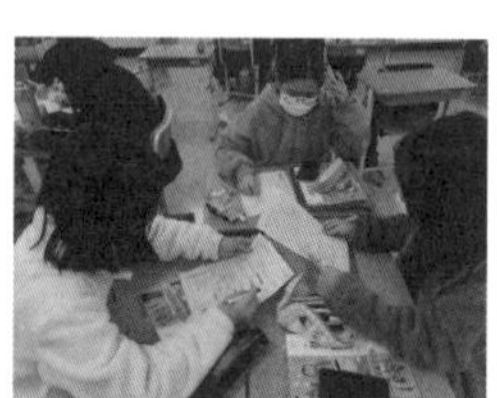

주제 선정 토의

예시된 주제 검토

주제 선정을 위한 자료 탐색

2021정치와 법	대단원: V 사회 생활과 법 주제(학습 요소): 노동 현장의 갈등, 분쟁, 문제 톺아보기	반	번호	성명

활동 안내 및 자기 평가 체크리스트

차시	활동 또는 과제	결과
38	☑ 팀 구성하기(팀장: 부팀장: 팀원:) ☑ 팀명 정하기(팀명: 몽이 없는 몽이 팀) ☑ 주제 또는 영역 선정하기(노동 시장에서의 여성 차별) ☐ 탐구 시작하기 ☐ 활발한 의사소통으로 가산점을?	2021 2 3 사회샘

④ [3~5 why] 원인 분석하기

2차시에는 주제 선정을 완료한 팀이 [3~5 why] 원인 분석 활동으로, 그렇지 못한 팀은 계속 토의를 이어갔다. [3~5 why] 원인 분석 활동은 주제와 관련된 자료를 찾아 정리하고 단계적인 질문을 던지며 답을 찾는 과정에서 그 원인을 심층적으로 파악하고, 대안을 찾는 과정을 압축한 것이다. 나는 수업 시간 종료 5분 전에 각 팀을 돌며 아이들이 1차시에 배부한 [활동 안내 및 자기평가 체크리스트]에 표시한 결과를 확인하고 도장을 찍었다. 또한 의사소통이 활발한 팀에 대해서는 추가 점수를 인정하는(수행평가에 반영) 도장을 찍었다. [3~5 why] 원인 분석 활동을 시작하기 전, 2020년에 3학년 아이들을 대상으로 실시했던 결과와 안내 자료를 활용하여 충분한 설명을 제공했다. 그러나 이를 제대로 이해하여 자료를 찾아 단계적 질문을 통해 사안을 깊게 파고드는 아이들은 손에 꼽을 정도였다.

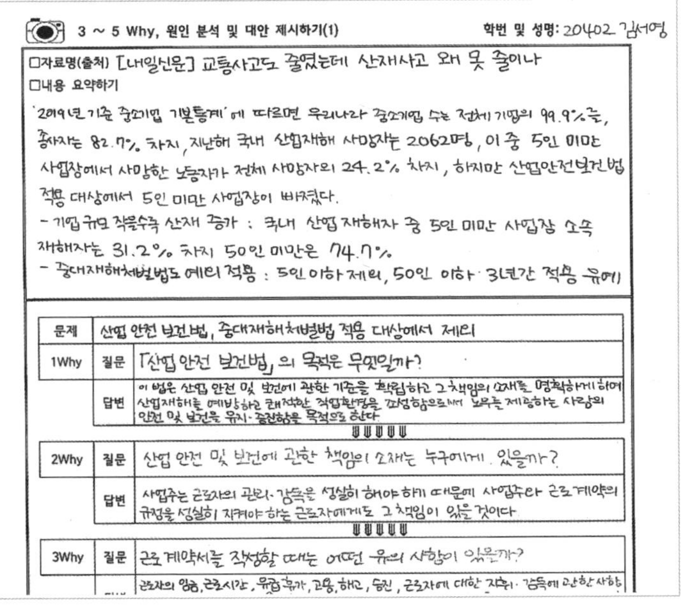
3 ~ 5 Why, 원인 분석 및 대안 제시하기(1) 학번 및 성명: 20402 김서영

□자료명(출처) [내일신문] 교통사고도 줄었는데 산재사고 왜 못 줄이나

□내용 요약하기

'2019년 기준 중소기업 기본통계'에 따르면 우리나라 중소기업 수는 전체 기업의 99.9%를, 종사자는 82.7% 차지, 지난해 국내 산업재해 사망자는 2062명, 이 중 5인 미만 사업장에서 사망한 노동자가 전체 사망자의 24.2% 차지, 하지만 산업안전보건법 적용 대상에서 5인 미만 사업장이 빠졌다.
- 기업 규모 작을수록 산재 증가 : 국내 산업 재해자 중 5인 미만 사업장 소속 재해자는 31.2% 차지 50인 미만은 74.7%
- 중대재해처벌법도 예외 적용 : 5인 이하 제외, 50인 이하 3년간 적용 유예

문제		산업 안전 보건법, 중대재해처벌법 적용 대상에서 제외
1Why	질문	「산업 안전 보건법」의 목적은 무엇일까?
	답변	이 법은 산업 안전 및 보건에 관한 기준을 확립하고 그 책임의 소재를 명확하게 하여 산업재해를 예방하고 쾌적한 작업환경을 조성함으로써 노무를 제공하는 사람의 안전 및 보건을 유지·증진함을 목적으로 한다
2Why	질문	산업 안전 및 보건에 관한 책임의 소재는 누구에게 있을까?
	답변	사업주는 근로자의 관리·감독을 성실히 해야 하기 때문에 사업주와 근로 계약의 규정을 성실히 지켜야 하는 근로자에게도 그 책임이 있을 것이다
3Why	질문	근로 계약서를 작성할 때는 어떤 유의 사항이 있을까?
	답변	근로자의 임금, 근로시간, 유급휴가, 고용, 해고, 승진, 근로자에 대한 지휘·감독에 관한 사항

⑤ 원인 분석 공유하기

3차시에는 각자 완성한 [3~5 why] 활동지를 바탕으로 발표를 진행하며 [원인 분석 공유하기] 활동을 했다. 아이들은 자료 탐색 과정에서 발견한 통계 자료, 시각 자료들을 [원인 분석 판] 제작에 활용하기 위해 팀별로 섹션이 구분된 패들렛에 수시로 탑재했다. 최초의 의도는 충분한 자료 검색 및 수집을 통해 양질의 자료를 선정하고, 단계적 질문을 통해 문제의 원인을 심층적으로 파악하여, 그 내용을 팀원들과 소통하며 정리하는 것이었다. 소통 결과를 정리하는 활동지는 목적이 아니었다. 그러나 많은 팀들이 결과 정리에 급급한 나머지, 각자의 생각과 의견을 충분히 교류하지 않아 아쉬웠다. 물론 팀장의 주도로 각자 수집한 자료를 함께 공유하며 정리한 팀들도 있었다.

팀장 소집 및 의견 수렴

팀별 소통 결과 모으기

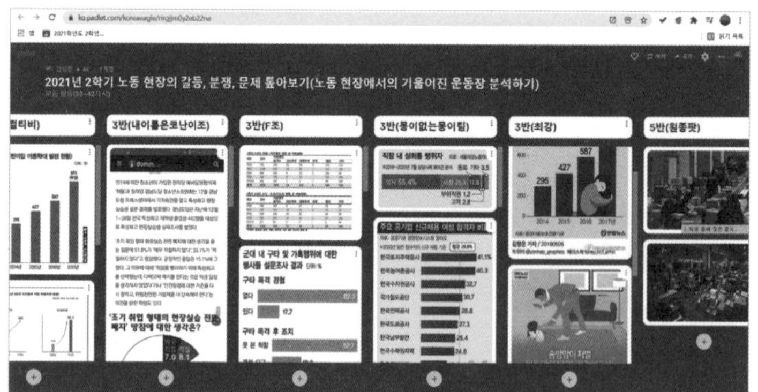

패들렛에 학생들이 수집한 통계 자료

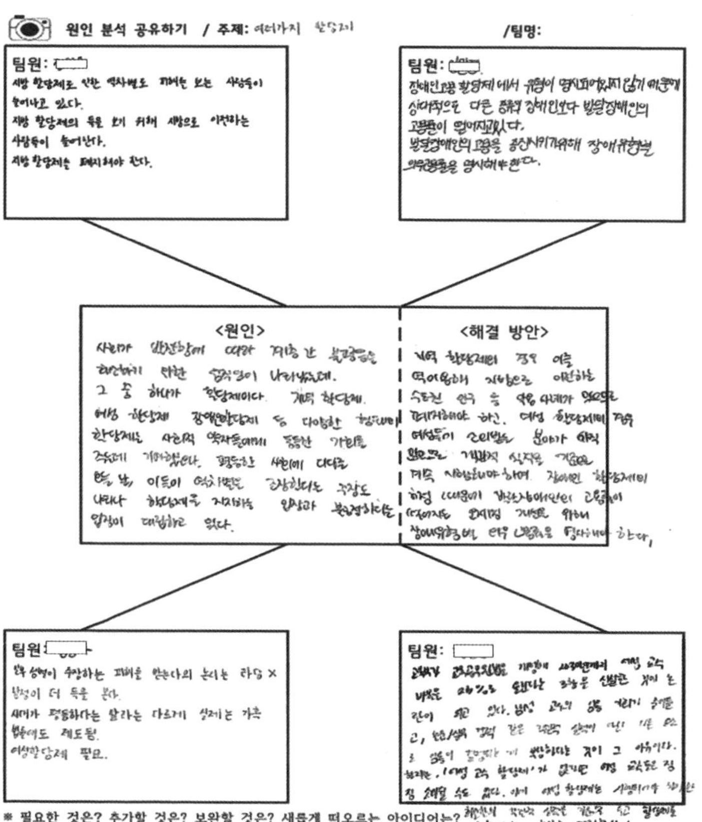

원인 분석 공유하기 / 주제: 여러가지 할당제 /팀명:

팀원:
지방 할당제로 인한 역차별로 피해를 보는 사람들이 늘어나고 있다.
지방 할당제의 득을 보기 위해 지방으로 이전하는 사람들이 늘어난다.
지방 할당제는 폐지해야 한다.

팀원:
장애인고용 할당제에서 유형이 명시되어있지 않기 때문에 상대적으로 다른 종류의 장애인보다 발달장애인의 고용률이 떨어지고있다.
발달장애인의 고용을 증진시키기위해 장애유형별 의무고용률을 명시해야한다.

<원인>
사회가 발전함에 따라 계층 간 불평등을 해소하기 위한 움직임이 나타났는데, 그 중 하나가 할당제이다. 지역 할당제, 여성 할당제, 장애인할당제 등 다양한 형태의 할당제는 사회적 약자들에게 동등한 기회를 주는데 기여했으나, 평등한 사회에 다다를 쯤, 이들이 역차별을 주장한다는 주장도 나타나 할당제를 지지하는 입장과 불공정하다는 입장이 대립하고 있다.

<해결 방안>
지역 할당제의 경우 이를 역이용해 지방으로 이전하는 수도권 학생 등 악용 사례가 있으므로 폐지해야 한다. 여성 할당제의 경우 여성들이 소외받는 분야가 아직 있으므로 개별적 직장을 기준으로 계속 시행되어야 하며, 장애인 할당제의 경우 [illegible] 발달장애인의 고용률이 떨어지는 문제점 개선을 위해 장애유형별 의무 고용률을 명시해야 한다.

팀원:
일부 남성이 주장하는 피해를 받는다의 논리는 타당 X
남성이 더 득을 본다.
사회가 평등하다는 말과는 다르게 실제는 가족 법에도 제도됨.
여성할당제 필요.

팀원:
[illegible]

※ 필요한 것은? 추가할 것은? 보완할 것은? 새롭게 떠오르는 아이디어는? [illegible] 할당제는 시행되어야 한다고 생각한다.

⑥ [원인 분석판] 제작하기

4차시에는 지금까지의 활동지를 활용하거나 팀별 아이디어에 따라 자신들이 선택한 노동 현장의 갈등, 분쟁, 문제를 톺아본 내용을 정리한 [원인 분석 판]을 제작했다. 제작 전, 팀장들을 불러 사회과 물품 창고에서 필요한 재료를 고르도록 했다. 부족한 것은 수업 중간에도 가져갈 수 있도록 했다. 각양각색의 아이디어를 바탕으로 같은 주제라도 전혀 새롭게 느껴지는 [원인 분석 판]들이 제작되었다.

사회과 물품 창고 탐색

[원인 분석판] 제작(1)

활동 결과물 텍스트 변환

[원인 분석판] 제작(2)

팀별 진행 상황 점검

수업 종료 전 도장찍기

⑦ [원인 분석판] 발표하기

5차시에는 완성한 [원인 분석 판]을 토대로 팀원 모두가 나와 반 전체를 대상으로 발표 후 토의하는 시간을 가졌다. 팀별 발표를 하기 전에 10~15분 정도의 발표 전략 회의 시간을 부여했다. 팀원 중 한두 명의 발표자만 발언을 독점하지 않고 짧게라도 모든 팀원이 발표할 수 있도록 안내하였다.

그동안 활동 중심 수업을 통해 아이들의 다양한 생각을 직접 듣는다고 노력하였으나, 이번 발표를 통해서 그 목소리를 처음 듣는 친구들도 있었다. 부족하지만 떨리는 목소리로 자신이 이해하고 느낀 것을 발표하는 모습을 보며 이 수업이 아이들에게 소중한 경험이었음을 작게나마 느낄 수 있었다. 어떤 팀은 노동 시장에 존재하는 차별 실태에 대해 상황극을 구성하여 발표하였다. 여성 노동자, 외국인 노동자, 청소년 노동자, 비정규직 노동자에게 가해지는 구조적 차별에 관한 원인 분석판을 전면으로 내세우기보다는 상황극을 연기함으로써 그 실태를 친근하면서도 가볍지 않게 적절히 전달하는 모습이 인상적이었다.

한 팀의 발표가 끝나면, 나를 포함하여 전체 아이들이 질문을 던지며 함께 고민하는 시간을 가졌다. 대부분 적극적인 질문과 소통이 이어지지 않아 흐름이 끊기는 모습이 많았다. 하지만 그중에서도 의미 있는 질문을 던지며 사고를 확장하는 모습도 일부 있었다. 모든 팀의 발표가 끝나면 e-알리미 설문 기능을 활용하여 자신이 속한 팀을 제외한 우수팀 2팀을 선정하게 하고, 1차시에 안내했던 인센티브를 제공하였다.

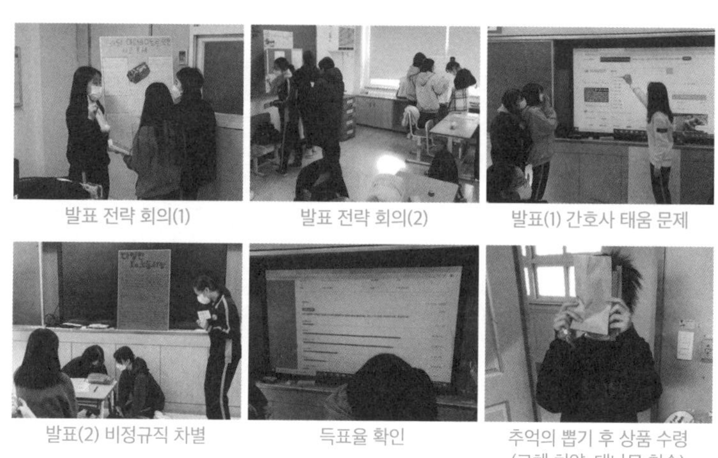

발표 전략 회의(1) / 발표 전략 회의(2) / 발표(1) 간호사 태움 문제

발표(2) 비정규직 차별 / 득표율 확인 / 추억의 뽑기 후 상품 수령 (고체 치약, 대나무 칫솔)

⑧ 아이들의 생각 정리하기

'노동 현장의 갈등, 분쟁, 문제 톺아보기' 활동을 종료하고, 그다음 시간에는 아이들이 작성한 결과물을 텍스트 변환하여 생성한 워드 클라우드를 하나씩 살펴봤다. 그리고 이 활동을 통해 배우고 느낀 점과 자신이 생각하는 평화에 대해 서술하도록 했다. 마지막으로 선생님을 '몽이'라고 부르도록 한 이유, 이 수업을 선생님이 설계한 숨은 의도를 밝히며 정리하는 시간을 가졌다. 활발한 상호작용이 이루어졌던 반에서는 우리 학교에 존재하는 불평등한 모습이나 구조적 폭력에 대해 열띤 토론을 하기도 하였다.

워드클라우드 확인하기

5인 미만 사업장의 문제를 파악한 팀의 워드클라우드

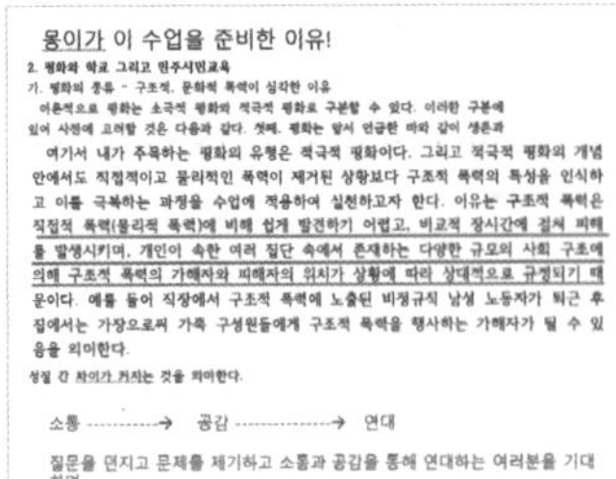

몽이가 이 수업을 준비한 이유!

2. 평화와 학교 그리고 민주시민교육

가. 평화의 종류 - 구조적, 문화적 폭력이 심각한 이유

이론적으로 평화는 소극적 평화와 적극적 평화로 구분할 수 있다. 이러한 구분에 있어 사전에 고려할 것은 다음과 같다. 첫째, 평화는 앞서 언급한 바와 같이 생존과

여기서 내가 주목하는 평화의 유형은 적극적 평화이다. 그리고 적극적 평화의 개념 안에서도 직접적이고 물리적인 폭력이 제거된 상황보다 구조적 폭력의 특성을 인식하고 이를 극복하는 과정을 수업에 적용하여 실천하고자 한다. 이유는 구조적 폭력은 직접적 폭력(물리적 폭력)에 비해 쉽게 발견하기 어렵고, 비교적 장시간에 걸쳐 피해를 발생시키며, 개인이 속한 여러 집단 속에서 존재하는 다양한 규모의 사회 구조에 의해 구조적 폭력의 가해자와 피해자의 위치가 상황에 따라 상대적으로 규정되기 때문이다. 예를 들어 직장에서 구조적 폭력에 노출된 비정규직 남성 노동자가 퇴근 후 집에서는 가장으로써 가족 구성원들에게 구조적 폭력을 행사하는 가해자가 될 수 있음을 의미한다.

성질 간 차이가 커지는 것을 의미한다.

소통 ----------→ 공감 --------------→ 연대

질문을 던지고 문제를 제기하고 소통과 공감을 통해 연대하는 여러분을 기대하며

숨은 의도(평화교육, 구조적 폭력 인식)를 밝히는 자료

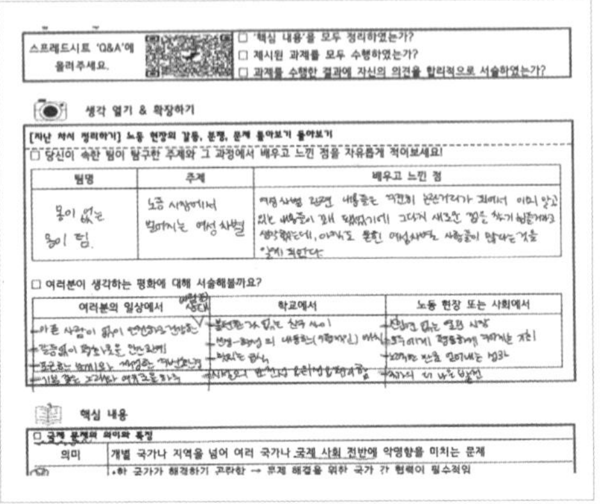

스프레드시트 'Q&A'에 올려주세요.

□ '핵심 내용'을 모두 정리하였는가?
□ 제시된 과제를 모두 수행하였는가?
□ 과제를 수행한 결과에 자신의 의견을 합리적으로 서술하였는가?

생각 열기 & 확장하기

[지난 차시 정리하기] 노동 현장의 갈등, 분쟁, 문제 돌아보기 돌아보기

□ 당신이 속한 팀이 탐구한 주제와 그 과정에서 배우고 느낀 점을 자유롭게 적어보세요!

팀명	주제	배우고 느낀 점
몽이 없는 몽이 팀	노동 시장에서 벌어지는 여성 차별	[illegible]

□ 여러분이 생각하는 평화에 대해 서술해볼까요?

여러분의 일상에서	학교에서	노동 현장 또는 사회에서
[illegible]	[illegible]	[illegible]

핵심 내용

□ 국제 문제의 의미와 특징

의미	개별 국가나 지역을 넘어 여러 국가나 국제 사회 전반에 악영향을 미치는 문제
	• 한 국가가 해결하기 곤란함 → 문제 해결을 위해 국가 간 협력이 필수적임

활동 정리하기

나 : 왜 선생님을 몽이라고 부르게 했는지 말해볼까요?

학생 1 : 선생님과 학생이라는 차이를 넘어, 우리 모두가 평등하다는 것을 느끼게 하려고 하셨던 것 같아요.

학생 2 : 일부러 불편함을 느껴보라고 하신 것 같아요. 질문하려다가 몇 번을 망설였는지 몰라요.

나 : 맞아요, 정확히 짚어주었어요. 선생님이 지난 여름방학 때 공부했던 내용을 여러분에게 적용한 거예요. 교사와 학생이라는 불평등한 관계, 평가와 생활기록부 작성이라는 권력을 갖는 선생님이 우위에 있다는 사실을 이번 활동에서만큼은 지우고 싶었어요. 여러분과 더 편하게 얘기하고도 싶었습니다. 또한 학교라는 체계 속에서 여러분

이 선생님을 어떠한 존재로 인식하고 있으며, 그 인식은 정당한 것인지 되돌아보는 시간을 가졌으면 했어요. 나아가 습관적으로 반복하며 익숙했던 그 어떠한 것들 속에는 불평등한 관계, 권력, 특정한 의도가 숨어 있을 가능성이 있다는 것도 알려주고 싶었어요. 노동 현장에 존재하는 갈등과 분쟁 상황에 존재하는 구조적 폭력에 대해 팀원들과 함께 탐구하는 이번 활동에서요. 선생님이 너무 많은 욕심을 부린 것 같네요. 조금 어렵죠?

대부분의 아이들이 내가 선생님으로 부르지 말라고 했던 의도를 정확히 얘기했으며, 상당한 불편함을 느꼈다고 고백했다. 그리고 불편함 덕분에 많은 생각이 이어졌음을 말했다. 아이들의 많은 시간과 노력이 들어간 결과를 정치와 법 시간에만 한정하는 것이 아쉬워 일과 후 2학년 복도 게시판에 [원인 분석 판]을 모두 종업식 때까지 게시하였다.

[원인 분석 판] 전체 공유하기

예상은 했지만, 계획했던 5차시를 넘어 7~8차시에서 수업을 마무리할 수 있었다. 백신 접종으로 인한 결석, 반별 활동 진행 속도의 차이, 나도 밀접 접촉자로 급하게 귀가하는 등의 이유 때문이었다. 아이들이 서로 협업하는 모습, 나에게 수시로 질문하는 모습, 일정한 결과물을 산출하기 위한 과정을 보며 학생 참여 중심의 활동 수업을 왜 강조하는지 알 수 있었다.

나 : 유치원, 어린이집 아동학대를 주제로 한 팀들이 많네요. 여러분! 아동학대는 이유를 불문하고 근절해야 하는 범죄 행위입니다. 우리는 모두 이 사실을 알고 있어요. 그런데 몽이는 다른 각도에서 이 문제를 다루었으면 합니다. 과연 끊임없이 이어지는 아동학대가 교사 개인의 일탈이나 역량, 인성 문제인지, 아니면 뭔가 다른 원인이 있는지 탐구했으면 좋겠어요.

학생 3 : 몽이! 유치원이나 어린이집 교사들의 이직률이 상당히 높아요. 마음 편히 쉴 수도, 점심을 먹을 수도 없어요. 학부모들은 늦은 저녁에도 톡을 보내고요. 연장 근로를 해도 수당을 거의 받지 못한다고 해요. 그리고 아동학대를 했다는 억울한 누명으로 자살한 교사도 있었어요.

학생 4 : 몽이! 5인 미만 사업장도 회사 아닌가요? 자료를 보니 영세 사업장에서 일하는 노동자가 상당한데, 법 적용에서 계속 예외가 되는지 모르겠어요. 심지어 월급명세서를 발급하지 않아도 돼요. 지난 수업 시간에 배웠던 중대재해처벌법에서 왜 하청 기업들이 5인 미만으로 쪼개기를 하는지도 알 것 같아요!

학생 5 : 택배 기사 과로사 문제를 보니, 결국 비용의 문제네요. 그리고 특수고용 노동자라는 용어를 처음 알게 되었어요. 물품을 분류하는 일에 택배 기사 개인이 알바를 쓰는 경우도 있었어요. 몽이가 지난 시간 택배 요금 인상을 물었을 때 약간 머뭇거렸는데, 이제는 자신 있게 대답할 수 있을 것 같아요.

학생 6 : 담임 선생님이 상담하실 때 간호학과가 전망이 있다고, 입학 점수도 높다고 하셨어요. 저도 간호학과를 희망하지만, 얼마 전에도 한 대학 병원에서 태움으로 간호사 한 분이 돌아가셨어요. 활동하면서 우리나라는 미국이나 독일에 비해 간호사 1명이 돌봐야 하는 인원이 너무 많다는 것을 알았어요. 교육만을 전담하는 간호사 제도도 없고요. 이번 코로나 상황도 그렇고, 간호사가 일방적으로 희생당하는 경우가 많다고 생각해요. 결국 시스템을 바꾸지 않으면, 아무것도 해결되지 않는다는 것을 알았어요.

근로기준법과 노동 3권, 청소년 아르바이트 10계명에 대한 1~2차시의 짧은 수업으로는 배우기 어려운 것들을 아이들은 인식하고 있었다. 자극적인 제목과 내용으로 제대로 살펴보지 않고 넘겼던 문제들을 친구들과 살펴보며, 노동 현장에 존재하는 구조적 폭력을 인식하고 있었다. 그리고 나를 '몽이'라고 부르게 하면서 느꼈으면 했던 불편함을 통해 당연하게 여겼던 것들도 비판적으로 바라보려는 감수성 또는 민감성을 키우기 위한 기회를 제공했다고 생각한다.

○○○

수업 돌아보기

물론 부족한 부분도 많았다. 양질의 자료를 수집하고, [3~5 why] 활동지를 작성하며 깊이 있는 문제 접근이 이루어지길 원했지만, 아이들이 그 과정을 제대로 인식하지 못한 채 빈칸을 채우는 데 급급한 경우가 많았다. 또한 선정한 주제가 유치원 아동학대 문제로 쏠렸다는 점, 팀별 [원인 분석 판] 발표 이후에 활발한 토의가 이어지길 원했으나 결국 내가 질문한 경우가 대부분이었다. 반별로 대주제 하나를 선정하고, 팀별로 소주제를 선정했다면 보다 심층적인 탐구가 이루어졌을 것이라는 아쉬움도 들었다.

또한, 아이들에게 불편함을 통해 사고의 전환을 이끌고자 '몽이'라고 불러야 했던 이 활동의 규칙이 수업 중 활발한 소통을 이끈 측면도 있으나, 어떤 아이들에게는 소통 자체를 막았던 측면도 분명히 있었다. 어떤 아이는 이렇게 얘기했다.

> **학생 7 :** 선생님의 숨은 의도를 들어보니, '몽이'라고 부르게 했던 것도 폭력 아닌가요? 저는 정말 부담스러웠거든요. 몇 번을 망설이다가 결국 옆 친구에게 물어봤어요.

나의 2021년 정치와 법 수행평가는 모든 시간 활동의 결과를 수행평가에 반영하는 구조였다. 아이들의 과제형, 일제식의 수행평가가 지필평가 기간과 겹쳐 너무나 큰 부담으로 작용하는 것을 알기에 수업에만 열심히 참여하면 만점을 받을 수 있도록 설계했다. 이번 활동을 계획하며 기대했던 것보다 의미 있는 장면이 많아 무척 기뻤지만, 결국 '평가라는 권력을 활용한 결과가 아닌가?'라는 약간의 의구심도 들었다.

○○○

예민한 사람이 세상을 바꾼다.

보이지 않는 폭력, 이른바 구조적 폭력은 직접적인 물리적 폭력으로 발전하기도 하며 개인의 잠재성 실현을 방해하고 피해자의 삶을 무참히 파괴하기도 한다. 아동학대는 근절되어야 할 폭력이지만, 왜 일부 유치원이나 어린이집에서는 아동학대가 지속되는가? 괴롭힘을 당하는 신입 간호사를 보호하고 여건이 보장된 상황에서 생명을 다루는 중요한 일들을 가르칠 수는 없는가? 과도한 노동이나 불리한 처우로 왜 사람들은 안타까운 목숨을 내던져야 하는가? 단순히 한 개인의 일탈이나 능력 부족, 안타까운 사연으로만 바라볼 것인가?

혼자서 생활할 수 없는 우리는 다양한 집단에서 복수의 지위를 갖게 되며 이로 인해 합법적인 규칙이나 제도에 의해 일정한 권한 또는 권력을 부여받는다. 다른 누군가의 권력 행사에 따라 내 삶의 일부가 영향을 받기도 한다. 이 과정에서 우리도 모르는 사이 구조적 폭력의 피해자가 될 수도, 가해자가 될 수도 있다. 구조적 폭력은 당사자가 인식하기도, 당장에 뚜렷한 대안을 실행하기도 어려우며 이를 제거하기 위해서는 상당한 노력과 시간이 필요하다. 그럼에도 불구하고 우리가 노력해야 하는 이유는 구조적 폭력에 대한 인식과 제거가 결국 인권 실현과 연결되고, 인간다운 삶을 보장하는 우리 사회의 가치이자, '빵'과 '장미'로 이어지기 때문이다.

먼저 우리는 주변에서 일어나는 일들에 대해 민감하게, 그리고 비판적으로 바라보아야 한다. 그동안 당연하게 생각해왔던 것도 마찬가지이다. 사람들이 예민하고 까칠한 사람이라고 여겨도 말이다. 다양한 양상으로 존재하는 폭력을 인식하고 시민 간 꾸준한 소통과 연대를 통해 구조적 폭력을 타파하기 위한 움직임을 지속해야 한다.

이번 수업을 위한 일련의 과정에서 나 또한 별다른 문제의식 없이 일상을 보냈음을 깨달았다. 예민하고 민감한 것이 꼭 부정적인 것만은 아니며 현 상황의 문제, 그리고 곳곳에 존재하지만 잘 보이지 않는 구조적 폭력을 인식하는 데 필요함을 실감했다. 또한 학생의 입장에서 생각하며 내가 학교에서 자연스럽게 해왔던 행동, 발언, 수업, 업무에 대해 다시 한번 성찰하며 한 단계 성장할 수 있었다. 학교에서뿐만 아니라 가정에서 한 여자의 남편, 두 자녀의 아버지로서의 모습도 성찰하게 되었다.

여기서 끝은 아니다. 이번 경험을 살려 내년에도 역동적이고 분명한 목적이 살아 있는 수업, 민주시민 양성을 위한 수업을 위해 도전할 것이다.

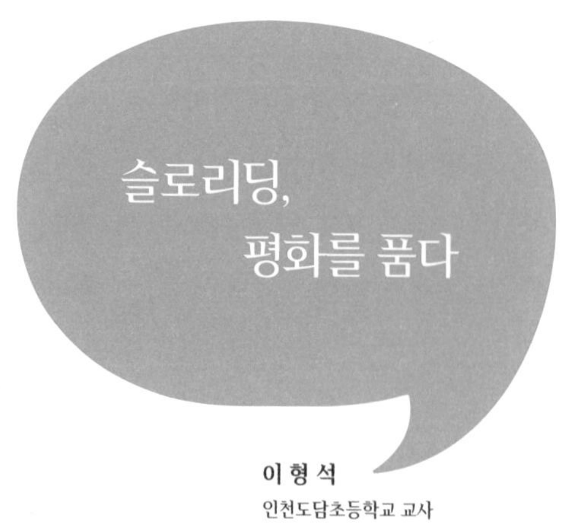

이형석
인천도담초등학교 교사

평화로운 삶과 만나기

나와 내 이웃의 삶은 평화로운가?

'나는 평화로운가?' 평화라는 주제로 아이들을 가르치기 위한 교육과정을 재구성하기 전에 스스로에게 질문을 해 보았다. 우선 이러한 질문을 하는 이유는 세상에 대한 인식은 먼저 '나'로부터 시작하고, 자신이 인지하고 있는 수준에서 교육과정에 대한 철학과 가치가 정해져 수업으로 연결되기 때문이다. 사실 나는 평화로운가에 대한 대답은 그리 쉬운 문제는 아니다. 세상은 내가 중심이기도 하지만 한편으로는 세상을 살아가는 사람들의 관계 속에 내가 존재하기 때문이다. '나'라는 개인은 결국 사회의 다양한 공간과 시간 속에 직접 또는 간접적으로 관계를 맺고 살아가고 있고, 그 관계 속에서 나의 평화는 적지 않은 영향을 받게 될 수 있다.

나를 둘러싼 세상의 모든 관계로부터 내가 자유로울 수 없다는 전제에서

'내 이웃은 평화로운가?'를 묻게 되었다. 결국 나와 내 이웃 중에 무엇이 우선이고 더 중요한 지가 아닌 나의 평화와 내 이웃의 평화는 별개로 존재할 수 없다는 결론에 다다랐다. 만약 내가(나만) 평화롭다는 것은 어쩌면 이웃을 외면한 관계 속에서의 불안하고 온전치 못한 평화의 모습일 것이다. 여기서 평화에 대한 정의와 평화교육의 당위성이 존재한다.

학생들에게 평화라는 것이 교육적 가치가 있고 교육과정으로서 지향해야 하는 목표 중에 하나라면 공교롭게도 현재의 우리 삶의 모습은 그렇지 못하다는 이야기가 된다. 현재 나와 내 이웃이 충분히 평화롭다고 느낀다면 평화와 평화교육을 가르칠 필요가 없기 때문이다. 그럼 우리가 평화롭지 못한 삶을 살고 있다는 전제에서 어떻게 학생들에게 평화를 스스로 정의하도록 하고 교육과정으로 담아낼 수 있을까?

평화에 감춰진 폭력의 그림자

평화를 정의 내리거나 이야기하면서 가장 많이 사용하는 표현은 '서로 다르다는 것을 인정하는 것', '다양성을 존중' 한다는 것이다. 그런데 다양성을 존중하며 평화로 가는 과정에서 아이러니하게 장애물이 만들어진다. 그 장애물은 바로 '갈등'이다. 다양성을 인정하는 것은 표어나 캠페인과 같은 방법으로 쉽게 이루어질 수 있는 문제가 아니다. 개인의 가치판단 문제이며, 그러한 개인들이 서로 관계를 맺고 살아가는 사회적인 문제이다. 따라서 평화는 결국 평화로 가는 과정에서 필수적으로 발생하는 갈등을 어떻게 인식하고 당사자들 간에 합의된 약속을 이끌어 낼 수 있느냐가 관건이 된다. 서로 다름을 인정해야 하는 것에서부터 발생하는 갈등을 넘지 못하면 다양성의 인정을 넘어 개인이 관계를 맺고 살아가는 조화롭고 평화로운 사회로의 상상은 의미가 없다. 그렇기 때문에 평화교육을 이야기할 때는 개인과 집단에서 발생하는 여러 상황에서의 갈등을 다각적인 관점에서 파악하고 그 갈등 너머에 있는 본질까지 파악해야 한다. 더 나아가 그 평화를 교육한다는 것은 그러한 갈등의 본질을 그들의 힘으로 깨닫고 방법을 찾을 수 있도록 안내할 수 있어야 한다. 서로 다른 우리가 평화라는 목표를 설정하고 필수적으로 넘어야 할 고비가 바로 이 '갈등'이라고 했을 때, 이 갈등의 본질적인 실체는 무엇일까? 바로 '차별적 인식'이다. 그리고 그 차별적 인식의 뿌리는 이해관계를 최우선으로 생각하는 누군가에 의해 만들어진 규정짓기에서 출발한다. 그러한 세력은 소위 이 사회의 권력을 지닌 채로 덩치가 커지고 세력을 유지하기 위해 나름의 방법으로 노력한다. 그러면서 때때로 부당한 사회적 구조와 질서가 발생한다. 이러한 부당한 구조적 문제를 올바르게 인식하고 바라보지 않는다면 평화를 외칠수록 점차 새로운 폭력적인 장애물이 계속 만들어질 것이다.

○○○

슬로리딩이 꿈꾸는 독서교육

평화교육, 왜 슬로리딩인가?

평화는 가르칠 수 있는가? 사람은 삶을 살아가면서 겪을 수 있는 비슷한 상황 또는 자신의 주변에서 일어난 사회적 사건이나 이슈에 대해서도 각자의 경험과 가치관에 따라 서로 다른 판단을 하며 이해 정도가 다르다. 서로가 평화롭게 지내야 한다는 일방적인 가르침으로 아이들이 평화를 온전히 이해하고 내면화하여 자신의 삶의 부분으로 실천할 수 있을까? 이처럼 일방적이고 지시적인 가르침으로는 평화의 의미를 각자의 가치판단으로 이해하고 질문하며 실천할 수 있는 힘을 기를 수 없다. 배움은 모두가 서로 배우는 수평적인 만남에서 출발하여 서로가 성찰하는 과정을 통해 비로소 살아 움직이는 교육적 가치를 갖게 된다. 그리고 이는 민주시민교육의 방향과 결이 같다. 사회적 관계 속에서 살아가는 우리는 서로의 경험과 판단으로 각자의 민주적 가치가 자리 잡게 된다. 그렇게 형성된 민주시민적 가치와 함께 그 속에서 평화에 대한 자신의 정의를 편안하게 소통할 수 있어야 한다. 이렇게 서로가 가진 배움을 나누고 소통하는 과정에서 만들어지는 교육적 치유와 의미에서 민주시민교육과 평화교육이 시작되어야 한다.

슬로리딩 교육과정[1] 역시 독서를 가르칠 수 있느냐는 질문에서 시작되었다. 한동안, 그리고 여전히 독서교육은 다양한 독서 방법을 늘어놓으며 책을 읽으라는 지시적인 방법으로 학생들에게 독서를 강요했다. 강요된 교육은 즐겁지 않고, 즐거움이 없는 배움은 학생에게 어떠한 의미로 남기 어렵다. 슬로리딩 교육과정은 그러한 일관성 없고 효율성만 따지는 무의미함에서 벗어나기 위한 대안으로써 만들어졌다. 슬로리딩을 한마디로 표현하면 '한 권의 책으로 천천히 걸어서 함께 가는 소풍 길'이라 할 수 있다. 그리고 슬로리딩은 엄연히 '온 작품 읽기' 교육과는 다른 결을 갖는다. 슬로리딩 교육과정은 아이들이 교과서가 아닌 한 권의 소설책으로 1년을 살아갈 수 있다. 한 권의 책을 통해 주인공의 삶과 시대를 다양한 샛길 활동으로 경험한다. 그리고 그렇게 만들어진 서로의 생각을 편안한 대화를 통해 '지금 우리가 살고 있는 세상을 읽어내도록 하는 것'이다. 처음에는 너무 이상적이라 생각할 수 있다. 하지만 그 이상은 혼자가 아닌 함께 상상하고 걸어가면서 없던 길이 생긴다는 것을 경험하게 되었다.

앞서 이야기했듯이 평화를 교육한다는 것은 갈등의 상황을 파악하고 그 너머에 있는 본질적인 문제를 그들의 힘으로 깨닫고 방법을 찾을 수 있도록 안내하는 것이다. 가령 갈등의 원인을 차별적 인식이라고 했을 때 차별적 인

1) [슬로리딩, 교육과정을 품다], 김원겸·이형석 지음, 2019, 에듀니티

식은 성차별, 세대 간 갈등, 난민 문제, 인종 문제 등 다양한 형태로 드러난다. 슬로리딩 교육과정은 이러한 갈등의 문제적 상황을 다룬 소설책을 함께 읽고, 여러 가지 샛길 활동으로 경험함으로써 떠오른 각자의 새로운 시각과 느낌을 이야기하고 토론한다. 그 과정이 반복되면서 자신이 기존에 갖고 있던 인식의 관점에 대해 다시 바라볼 수 있는 기회가 주어진다. 물론 기존의 생각이 더 굳건해질 수도 있다. 그렇게 다양한 관점으로 바라보는 경험은 분명 갈등의 문제를 해결하기 위한 첫 단추가 될 수 있다고 생각한다.

슬로리딩 수업 흐름 디자인하기

참고로 본 내용은 2018년 초등학교 4학년 전체 학급의 학생들을 대상으로 슬로리딩 교육과정 수업을 운영한 내용을 기초하였다. 그 당시 슬로리딩 교육과정 1년의 철학적 가치는 '세계 민주시민 양성'이었다. 학생들은 교과서가 아닌 한 권의 소설책에서 발견한 샛길 활동으로 다양한 체험과 놀이를 하면서 즐거운 경험을 했다. 교과서로 공부하지 않음을 불안하게 생각하는 학부모들에게는 샛길 활동은 관련 교과의 성취기준을 모두 접목하여 재구성하였음을 자세히 안내했다. 즐겁게 배우는 학생들의 모습에 학부모의 불안은 점차 사라지고 협조와 응원을 해 주는 분위기로 바뀌었다. 그러한 슬로리딩 교육과정 재구성의 주제를 평화로 정하고 슬로리딩 교육과정이 평화교육의 한 줄기로서 가능성과 확장성을 알아보고자 했다. 평화를 재정의하고 슬로리딩 교육과정으로 재구성하는 과정을 소개하고자 한다.

슬로리딩 교육과정 재구성 순서

① 학년 철학으로 시작하기

학년의 철학을 세우는 것은 학년 교육과정의 근간을 세우는 일이다. 그렇기 때문에 해당 학년의 교육과정 분석을 통해 핵심 내용 및 각 교과에 담긴 가치를 파악하고, 핵심 가치의 재구조화를 통해 학년의 철학을 결정해야 한다. 또한 학교마다 지역 문화가 다를 수 있고 해당 학년의 특성이 다르기에 그에 따른 철학 세우기가 필요하다. 나는 4학년 교육과정을 분석[2)]하면서 발견한 핵심 내용 및 가치분석을 통해 다문화, 장애 이해, 인권, 세계화, 민주시민 등의 키워드를 모았다. 이를 바탕으로 '평화를 사랑하는 세계 민주시민으로서의 우리'라는 학년 교육과정의 철학이 만들어졌다.

② 슬로리딩 도서 선정하기

해당 학년 교육과정의 핵심 가치와 학생들의 삶의 배경을 고려하여 학년 철학을 세웠다면 그 학년 철학을 펼쳐낼 수 있는 도서를 선정해야 한다. 슬로리딩을 위한 도서를 선정하기 위해 몇 가지 고려해야 할 점을 두었다. 첫째, 우리 학급 학생들의 독서 학습 수준과 발달 수준에 맞는가. 둘째, 내용과 구성이 다양한 가치를 일깨워 줄 수 있는가. 셋째, 아이들의 삶과 가까운 샛길 활동이 가능한가.

선정한 책은 안미란 작가의 《투명한 아이》(나무생각. 2015)라는 책이다. 《투명한 아이》는 우리가 살아가는 삶에서 편견과 무관심으로 소외되고 있는 장애, 다문화(인종), 다양한 가족 형태로 살아가는 이웃을 초등학생의 시각으로 바라보는 이야기이다. 나와 내 이웃의 평화로운 삶을 위해 나아가는 과정에서 발생하는 차별과 혐오를 다루고 있다. 특히 초등학교 4학년 아이의 시선

2) 교육과정 분석은 각 교과 교육의 성격과 목표, 교육의 내용 영역과 성취기준을 참고하여 핵심적인 요소를 발견한다.

과 삶에서 우리 사회에 만연한 차별적 인식과 혐오의 갈등을 이야기한다. 세속적이고 편견의 시선이 아닌 아이의 낯선 시선은 주변에서 이미 일어나고 있는 당연하다고 생각되는 것들에 대해 문제의식이 발생하게 된다는 점이 새롭다. 인권 또는 민주시민 교육을 주제로도 다양한 샛길 활동을 구성할 수 있는 책이라 생각한다.

③ 책 속의 샛길 주제, 샛길 활동 정하기

평화라는 큰 주제를 다시 작은 주제들로 나누었다. 《투명한 아이》에서 주제 샛길 활동으로 '평화로 바라보는 장애', '평화로 바라보는 난민', '평화로 바라보는 다문화', '평화로 바라보는 성차별'과 같은 주제들이 떠올랐다. 너무 많은 주제를 다루기보다는 책을 통해 표면적으로 잘 드러난 주제를 통해 다양한 샛길 활동으로 풀어내는 것이 아이들과 수업을 함께 이끌어 나가는 데 도움이 된다.

슬로리딩 교육과정에서 샛길 활동은 큰 의미를 갖는다. 샛길은 어떤 목표를 가지고 나아감에 있어 필요하지 않은 방향으로 빠진다는 부정적인 의미로 바라볼 수 있으나 교육적인 의미로 바라보면 세상을 새롭고 다양한 시각으로 바라볼 기회가 된다. 학생들은 그러한 기회 속에 빠져들어 새로운 시선으로 세상을 바라볼 수 있는 경험을 하고, 서로의 생각을 동등한 상황에서 토의하게 된다. 그리고 이러한 활동을 통해 자신의 삶과 자신을 둘러싼 주변의 것에 대해 낯설게 바라보고 새롭게 이해하는 계기가 마련될 수 있다.

교사 아카데미 민주시민 연수를 받으면서 계속 나의 머릿속에 맴돌았던 것이 있었다. 현재 나와 동료 교사와 함께 하고 있는 슬로리딩 교육과정 수업과 민주시민교육을 어떻게 연결할 수 있을지에 대한 것이다. 그리고 그 실마리는 역시 혼자의 생각이 아닌 연수를 함께 하면서 서로의 생각을 편안하게 나누었던 많은 이야기 속에서 찾게 되었다. 초등교사와 중등교사가 만나 우리의 아이들이 민주시민으로서의 역할을 할 수 있도록 교육적으로 어떻게 다가가야 하는지, 그리고 어떠한 방법으로 교육과정과 수업을 재구성할 수 있는지에 대해 각자 선생님들의 역량을 확인하고 토의하는 뜻깊은 자리였다. 그중 슬로리딩 교육과정 평화교육의 한 주제로 장애를 바라보는 시선(편견)을 선정해 수업으로 운영해 보았다.

슬로리딩 수업 교수학습 과정 안

교과 단원	· [투명한 아이] 27쪽 · 국어 1학기 1단원 생각과 느낌을 나누어요. · 사회 2학기 3단원 사회 변화와 문화 다양성
교과 성취 기준	**국어 [4국01-04]** 작품을 듣거나 읽거나 보고 떠오른 느낌과 생각을 다양하게 표현한다. **사회 [4사04-06]** 우리 사회에 다양한 문화가 확산되면서 생기는 문제(편견, 차별 등) 및 해결 방안을 탐구하고, 다른 문화를 존중하는 태도를 기른다.
핵심 질문	평화로 나아가기 위해 우리 사회의 편견과 차별을 어떻게 극복할 수 있는가?
수업 흐름	

수업 흐름	단계	슬로리딩 샛길 전 활동	슬로리딩 샛길 활동	슬로리딩 속 샛길 활동	샛길 후 활동 (배움 정리)
	활동 내용	· 성독하기 · 단어 찾기 - 모르는 용어 찾아 정리하기 - 읽은 내용 이해하기 - 짧은 문장 만들기 (작가 놀이) - 인물의 마음을 비유 카드로 표현하기 · 샛길 교육 주제 탐색	· 장애인(건이 고모)의 삶 다가가기 ① - 이야기에 등장하는 인물 인터뷰하기 · 장애인(건이 고모)의 삶 다가가기 ② - 영화[블랙] 시청하기 - 영화 소감 나누기 · 장애인(건이 고모)의 삶 다가가기 ③ - 책 속의 책 활동 [우리와 다른 아이] 그림책 읽기 - 그림책 소감 나누기	· 장애인(건이 고모)의 삶 다가가기 ④ - 점자 알아보기 - 점자 체험하기 - 점자 책갈피 만들기 · 장애인(건이 고모)의 삶 다가가기 ⑤ - 장애인 인식개선 교육 - 흰 지팡이 체험하기 - 흰 지팡이 체험 소감 나누기	· 샛길 활동 배움 정리 - 샛길 활동을 마치고 난 후의 소감을 이야기 - 우리 주변의 여러 가지 차별과 편견에 대해 이야기 나누기 - 자신이 생각하는 평화는 무엇인지 비유 카드로 각자의 정의 내리기
	학습 형태	전체->개별	전체->개별	전체->개별, 모둠	전체->개별
	시간	40분(1차시)	120분(3차시)	80분(2차시)	40분(1차시)
	자료	국어사전, 학습지	영화[블랙], 그림책	점자교육자료, 안대	비유카드

성취 기준 평가	성취기준	평가기준
	국어 [4국01-04]	《투명한 아이》 샛길 활동을 통해 든 차별과 편견에 대한 생각을 바른 태도로 이야기했는가?
	사회 [4사04-06]	《투명한 아이》 샛길 활동을 통해 우리 사회에 있는 다양한 편견과 차별적인 요소를 발견하고 이를 극복할 수 있는 방법에 대해 의견을 이야기할 수 있는가?

① 누구의 잘못도 아니야

평화로 바로 보는 장애를 주제로 슬로리딩 샛길 활동을 구성하고 수업을 진행했다.

슬로리딩 샛길 전 활동 과정

먼저 아이들과 함께 《투명한 아이》 책을 성독[聲讀]한다. 성독에는 여러 가지 방법이 있지만 한 문장씩 교사가 먼저 소리 내어 읽고 학생들이 따라서 소리 내어 읽는 방법을 추천한다. 슬로리딩에서 성독은 단순히 눈으로 글을 읽는 것이 아닌 교사의 목소리를 듣고 각자의 목소리로 소리 내어 글을 읽는 방법이다. 이는 글에 담긴 억양으로 감정을 드러내고 끊어 읽기를 통해 문맥과 내용의 전달을 원활히 할 수 있다는 장점이 있다.

샛길 활동이 있는 곳까지 성독을 한 뒤 읽은 부분을 다시 간단히 이야기하면서 이해가 되지 않는 부분이 없도록 한다. 그다음 학생들이 어려워할 만한 낱말이 있었는지 물어보고 교사가 정한 어려운 낱말과 함께 국어사전[3] 찾기 활동을 한다. 마지막으로 작가 놀이는 국어사전으로 찾은 낱말의 어휘를 정확히 이해하고 있는지를 확인하기 위해 해당 낱말을 넣어 글을 써보는 활동이다. 처음에는 학생들이 어려워할 수 있어 한 문장으로 글을 쓰도록 한다. 그 후 확인을 통해 이야기 속 낱말과 같은 맥락으로 사용했는지, 표현이 어색하지 않은지 등을 살펴본다. 경험이 쌓인 학생들은 한 문장에서 멈추지 않고

3) 국어사전은 두꺼운 것으로 한다. 가끔 얇은 국어사전은 설명이 너무 짧거나 생략된 경우가 있다. 학교 도서관에는 보통 한 학급 학생이 사용할 수 있는 국어사전이 있는 경우가 많으니 대여하여 교실에 일정 기간 동안 비치하고 사용하는 것도 좋다.

낱말이 포함된 여러 문장을 써서 나중에는 아예 상황을 만들어 이야기를 만들기도 한다. 저절로 낱말이 문장이 되고 문장이 문단의 형식이 되고 결국 하나의 이야기를 만드는 수준까지 연결되었다. 내가 상상하면서 쓰고 싶은 글을 쓰는 것이 얼마나 재미있는지를 경험할 수 있다.

> 그때 할머니가 고모를 보더니 애처롭게 말했다.
>
> "아이고, 어쩐대, 이렇게나 예쁜 처자의 다리가 요 모양이니. 이게 다 천지신명님께 덜 빌어서 그래. 대체 우리 착하디착한 만수는 전생에 무슨 죄를 지었기에 딸내미가 이런 천벌을 받았누. 자식을 요런 꼴로 낳아 놓고 어찌 눈을 감았을꼬. 아이고 만수야, 착하디착한 만수야."
>
> 할머니 딴에는 우리 고모를 걱정하고 위로해주면 아빠가 너그럽게 대해줄 것이라고 생각했나보다. 하지만 아빠는 화가 나서 얼굴이 붉으락푸르락 달아올랐다.
>
> -『투명한 아이』 27쪽

먼저 위 본문 이야기의 상황을 설명하자면, 책의 주인공인 건이네 가족은 단독 주택 2층에 산다. 1층은 아버지가 운영하는 신문보급소와 미용실이 있었는데 장사가 안된다며 이사를 나가 비어있다. 그곳에 세를 놓는다는 광고지를 보고 건이와 동갑인 보람이라는 여자아이의 할머니(조손가족)가 건이 아빠의 신문보급소 사무실에 들어온다. 그리고 할머니는 다리가 불편한 건이 고모를 보고 자신의 어릴 적 친구인 만수(건이의 할아버지)를 언급하면서 만수가 전생에 무슨 죄를 지었기에 딸이 이런 천벌을 받았냐면서 안타까워하는 장면이다. 즉 자식이 장애가 있는 것은 그 부모가 죄를 지어서 그렇게 되었다는 것이다. 아이들과 함께 이 부분을 읽고 보람이의 할머니께서 왜 이런 말을 했을까에 대한 질문을 했다.

나 : 할머니는 다리가 불편한 건이의 고모를 보고 왜 이런 말을 했을까요?
학생 : 건이 고모를 불쌍하게 생각해서요.
나 : 보람이 할머니는 건이 고모가 왜 그렇게 되었다고 생각하는 걸까요?
학생 : 건이 할아버지가 전생에 죄를 지어서 그렇게…….
나 : 그렇군요. 보람이 할머니는 그렇게 생각하고 말했다고 생각하는군요.

이 부분에서는 교사가 상황에 대한 가치판단을 내리거나 어느 한쪽의 생각을 이야기하지 않도록 주의해야 한다. 교육적이라는 생각으로 때로는 교사의 가치와 판단이 아이들에게 주입될 수 있기 때문이다.

나 : 그럼 여러분의 생각은 어떤가요? 보람이 할머니와 같은 생각인가요?
학생 : 죄를 지어서 그렇게 된 것은 아닌 것 같아요.
학생 : 정말로 그런지 책만 보고는 잘 모르겠어요.
나 : 보람이 할머니는 건이 고모의 다리가 불편한 것을 보고 어떤 마음이었을까요?
학생 : 불쌍하다고 생각한 것 같아요.
학생 : 안됐고 안타깝다고 생각한 것 같아요.
나 : 그럼 여러분이 만약에 건이 고모처럼 몸이 불편한 장애인을 보면 어떤 생각이 들 것 같아요?
학생 : 도와줘야 할 것 같아요.
학생 : 돌아다니는 게 불편할 것 같아요.

대화를 통해 아이들은 어느새 비장애인과 장애인을 구분하기 시작했다는 느낌이 들었다. 장애인은 몸이 불편한 사람이기 때문에 그렇지 않은 우리가 도와줘야 한다는 것이다. 이러한 의미로 대답했던 학생들이 많았고 발표를 통해 자신의 의견을 이야기하지 않은 학생들도 그러한 다른 친구들의 이야기에 자연스럽게 동조되는 느낌이었다.

정말로 보람이 할머니의 말처럼 건이의 고모와 같은 장애인은 죄를 지어서 그렇게 된 것일까? 보람이 할머니와 같이 현실 속에 벌어진 상황에 대한 원인을 마치 운명론적 관점에서 찾으려는 사람들은 있다. 하지만 분명한 것은 건이 고모의 경우는 누구의 잘못으로 인한 것이 아니라는 것이다. 선천적일 수 있고 사고일 수는 있어도 잘못을 저질러서 그렇게 된 것은 아니다. 세상에는 은근히 이런 편견으로 장애인을 바라보는 사람이 적지 않다. 보람이 할머니와 같은 상식을 가질 수는 있으나 그러한 상식이 올바른 상식은 아니다.

② 샛길 활동으로 문학적 상상력 키우기

학생들과 함께 책을 성독聲獨하고 나서 관련된 이야기와 질문을 통해 평소 장애인에 대해 어떤 상식들이 있는지 확인하게 되었다. 그 후 그러한 아이들의 상식이 어떻게 달라지는지를 알아보기 위한 샛길 활동을 마련했다.

매년 4월 20일은 장애인의 날이다. 그래서 슬로리딩 교육과정의 4월 주제 샛길로 선정하여 운영하게 되었다. 사실 자신의 가족 중에 장애인이 없다면 현실적으로 장애인이 어떤 삶을 살아가고 있는지 구체적으로 알 수 없다. 어쩌면 학생들은 평소 장애인의 존재를 인지하지 못할 수도 있다. 우리 주변에 잘 보이지 않기 때문이다. 그래서 장애인에 대한 비장애인의 편견에는 어떠한 것이 있는지를 설명하기보다는 학생 수준에서 장애인의 삶을 다룬 영화 『블랙』을 함께 보았다. 선천적으로 시각장애를 갖고 태어난 주인공이 주변 인물들과 함께 장애를 극복하고 갇힌 삶에서 벗어나 비장애인들과 동등한 위치에서 살아가게 된다는 이야기다. 영화를 본 후 아이들과 소감을 나눴다.

> **나** : 영화를 보고 나니 어떤 생각이 들었나요? 건이 고모의 상황과 연결지어 생각해 봐도 좋아요.
>
> **학생** : 미셸(주인공)이 처음에는 잘 못 했는데 나중에는 잘하게 됐어요.
>
> **학생** : 사하이(은사) 선생님이 옆에서 많이 도와준 것 같아요.
>
> **학생** : 저는 포기했을 것 같아요.
>
> **학생** : 장애가 있으면 자기도 힘들고 혼자서 살아가기 힘들 것 같아요.
>
> **학생** : 옆에서 많이 도와주지 않으면 어려운 것이 많을 것 같아요.

학생들은 장애인이 비장애인들과 함께 어울리며 평범하게 살아가는 것이 생각보다 어렵고 힘들다는 것을 어느 정도는 이해하는 듯 보였다. 하지만 장애인은 불쌍하고 도와줘야 하는 대상이라고 바라보는 시선은 여전한 듯 보였다. 영화지만 실제 우리 주변에서 흔히 볼 수 있는 상황이며, 이를 통해 학생들이 장애인이든 비장애인이든 결국은 모두 같은 사람으로서 살아가는 세상이어야 한다는 생각을 지니길 바랐다.

③ 생각으로 하는 상식, 몸으로 익히는 상식

다음 샛길 활동으로 영화를 통해 장애인의 삶을 관찰자 시점으로 체험했다면 이제 장애인의 삶을 좀 더 피부로 느끼고 공감할 수 있는 기회로 점자 체험과 흰 지팡이 체험을 했다. 점자는 시각 장애인들이 비장애인들처럼 글을 쓰고 읽을 수 있게 해 주고 넓은 세상과 소통할 수 있게 하는 중요한 발명이다. 그리고 흰 지팡이는 시각 장애인이 길을 걸을 때 사용하는 흰 색깔의 지팡이로 시각 장애인임을 알리는 표시이자 자주성의 상징이다. 즉, 시각 장애인이 흰 지팡이를 들고 길에 나선다는 것은 남에게 의존하지 않고 보행할 수 있음을 알리는 표시이다. 나 역시 이 샛길 활동을 준비하면서 알게 된 사실이라는 점에 그동안 장애인에 대해 관심이 없이 살았다는 것에 부끄러웠다. 이 체험은 인천시각장애인협회에 연락해 강사 선생님을 초빙하여 진행하였다. 협회에서 기초적인 점자를 교육할 수 있는 점자판을 대여할 수 있었다. 시각 장애인에게 말로만 한글을 가르치는 것에 한계를 느끼고 점자를 만들고 책을 쓴 박두성 선생님[4]에 대한 일화를 소개하기도 했다. 학생들은 한글을 점자로 옮겨 쓰는 방법과 읽은 방법을 많이 어려워했다. 앞을 볼 수 없다는 것이 일상생활을 얼마나 어렵게 하는지를 느꼈다는 학생의 이야기가 많았다. 하지만 점자를 배우고 자신의 이름을 점자로 찍은《투명한 아이》책갈피를 만들었을 때 아이들은 큰 성취감을 느끼며 기뻐했다. 샛길 활동을 통해 장애인의 삶이 내 삶으로 조금씩 들어오고 있는 느낌을 받았을 것이라 생각했다.

점자 체험하기

4) 시각장애 조선인을 위한 최초의 '한글점자'를 만든 박두성 이야기 / 송암 박두성 기념관은 인천 미추홀구에 있다.

다음으로 흰 지팡이 체험을 학교 강당에서 인천시각장애인협회 강사 선생님을 초빙하여 진행했다. 강당에서 흰 지팡이에 대한 설명과 비장애인처럼 시각장애인이 일상생활을 한다는 것이 얼마나 어려운 것인지 여러 가지 사례로 살펴보았다. 그리고 2인 1조의 형태로 한 명이 안대를 착용하고 흰 지팡이에 의지해 일정한 거리를 다녀오는 방식으로 체험을 하였다. 강당의 무대를 계단으로 오르고 내려와야 하는 안전사고가 발생할 수 있는 상황이라 친구 한 명의 팔을 잡고 이동하게 하였다. 또한 동선의 중간에 의자(장애물)를 놓아 흰 지팡이의 필요성을 좀 더 체감할 수 있도록 했다. 학생들은 평소에는 늘 뛰어다니고 즐겁게 놀았던 강당이 막상 눈을 가리자 하나같이 앞으로 나아가는 발을 멈추고 온 감각을 손과 귀에 집중하는 모습을 보였다.

흰 지팡이 체험하기

샛길 활동으로 흰 지팡이 체험교육을 마치고 아이들에게 소감을 물어보았다.

학생 : 깜깜하니까 너무 무서웠어요.

학생 : 어디가 어딘지 모르겠어요. 내가 살던 세상이 아니에요.

학생 : 옆에 친구가 없었으면 다 돌지 못했을 것 같아요.

나 : 그렇군요. 그런데 사실 우리 주변에는 시각장애인이나 지체장애인

이 생각보다 많이 살아가고 있다고 해요. 하지만 이렇게 흰 지팡이를 들고 다니시는 분은 선생님도 그렇고 많이 본 적이 없는 것 같아요. 왜일까요?

학생 : 무서워서요.

학생 : 길에는 차도 많이 다니고 하는데 앞이 안 보이면 위험할 것 같아요.

학생 : 집 밖에 나갈 때 용기가 필요할 것 같아요.

나 : 그래요. 비장애인은 밖에 나갈 때 용기가 필요하지는 않죠. 그런데 장애인은 누군가가 도와주지 않으면 집 밖으로 나가 이동하는 것은 큰 용기와 많은 준비가 필요한 일이 될 수도 있겠다는 생각이 들어요.

학생 : 선생님, 장애인을 위한 시설을 더 많이 만들면 되지 않을까요?

나 : 그래, 좋은 생각이네요. 혹시 여러분이 알고 있는 장애인이 이동하기 위한 시설은 무엇이 있나요?

학생 : 장애인이 이용할 수 있는 버스를 본 적이 있어요.

학생 : 지하철역 계단에 설치된 리프트를 본 적이 있어요.

나 : 그렇구나, 그럼 그런 시설을 이용하는 장애인은 불편함이 사라졌을까?

학생 : 조금은요. 하지만 마음은 똑같이 불편할 것 같아요.

아이들에게 다음과 같은 이야기로 이번 샛길 활동을 마무리했다. 세상에는 보이는 턱(물리적인 환경)과 보이지 않는 턱이 있다. 보이는 턱은 실제로 장애인이 우리와 같은 생활을 할 때 어렵고 힘들게 만드는 것들이다. 예를 들어 《투명한 아이》의 건이 고모처럼 다리가 불편한 사람은 계단과 오르막길이 그렇다. 보이지 않는 턱은 장애인을 바라보는 편견과 차별이다. 장애인은 사실 이 두 개의 턱으로 인해 바깥에 나오지 못하고 있다. 여러분이 이야기한 휠체어를 탄 장애인이 탈 수 있는 저상버스는 장애인과 그들의 이야기를 귀 기울여 들었던 소수 사람들의 힘들게 노력해 얻은 결과이다. 물론 여전히 장애인이 이동하기에는 여러 가지로 부족한 실정이다. 그리고 지하철 계단에 설치된 리프트는 오히려 장애인에 대한 편견과 혐오를 강화하는 시설이 될 수도 있음을 이야기했다. 예를 들어 리프트를 사용하기 위해서는 지하철 역무원의 도움을 받아야 한다. 장애인이 그 도움을 받아서 이동하는 동안에는 옆을 지나가는 사람들의 시선을 한 몸에 받게 된다. 그 시선은 장애인에게 불편한 마음을 줄 수 있다. 리프트는 장애인과 비장애인을 구분 짓고 분리하는 시설이 될 수도 있다. 이러한 시선들은 장애와 비장애를 구분함으로써 편견과 혐오를 더욱 공고히 만든다. 그럼 어떤 방법이 있을까? 방법은 장애와 비장애를 구분 짓는 시설이 아닌 장애든 비장애든 모두가 함께 이용할 수 있는 보편적인 시설의 디자인으로의 전환이 필요하며 우리는 모두가 같은 사람이라는 생각이 필요하다는 이야기로 마무리를 했다. 샛길 활동을 마치고 난 후 소감을 이야기[5)]하는 것으로 수업을 정리했다.

나 : 건이 고모는 다리가 불편한 장애인입니다. 그런 건이 고모의 이야기로 여러 가지 샛길 활동을 해 보았어요. 장애인에 대한 여러분의 생각이 혹시 달라졌나요? 있다면 이야기해 봅시다.

학생 : 주변에 장애인이 별로 없는 줄 알았는데 그렇지 않다는 것을 알았어요.

학생 : 장애인이 어떻게 하는지 몰랐는데 직접 해보니까 알게 되었어요.

학생 : 건이 고모처럼 장애인도 똑같은 가족이라고 생각했어요.

④ 나의 평화 정의하기

둥글게 앉아 학생들과 간단하게 소감을 이야기 나누고 가운데 그림 카드

5) 정리하는 소감 이야기는 학생들이 서로의 이야기를 잘 들을 수 있고 순서대로 말하기 좋은 둥글게 앉은 상태에서 진행하는 것이 좋다. 먼저 의견이 있는 학생이 말할 수 있는 토킹스틱을 사용해도 좋고, 첫 번째로 이야기한 학생을 중심으로 한 방향으로 진행해도 좋다. 대신 순서에 맞게 이야기를 하기 어려워하는 학생이 있으면 일단 더 생각해보자고 말한 뒤 지나간다. 한 바퀴가 다 돈 후에 이야기하지 못한 학생들에게 편하게 이야기할 수 있도록 한다. 다른 학생의 이야기와 비슷하게 말해도 좋다고 하면 부담을 좀 줄여 줄 수 있다.

(비유 카드)[6]를 늘어놓아 자신이 생각하는 평화는 무엇이라고 생각하는지 평화에 대한 각자의 정의를 이야기하는 활동을 했다. 다른 수업 활동에서 몇 번 경험한 활동이라서 그런지 아이들이 그런카드로 제법 비유를 잘했다. 몇 가지를 소개한다.

학생 : 평화는 산이다. 왜냐하면 평화로 가는 길은 힘들지만 올라가면 기분이 좋으니까.

학생 : 평화는 무지개다. 왜냐하면 여러 가지 색깔이 어울려야 예쁘니까.

학생 : 평화는 자전거다. 그런데 2인용 자전거예요. 같이 힘을 내야 잘 가니까요.

슬로리딩 수업으로 '편견과 차별이 없는 세상이 평화로 가는 길'이라는 것이라는 메시지를 조금이나마 몸으로 느낄 수 있도록 전달하고 싶었다. 그리고 아이들과 함께 다양한 샛길 활동을 하고 소감을 나누면서 불편은 공감하고 편견은 내려놓는 법을 알려주고자 했다. 장애인은 누군가가 도와주기를 기다리는 존재가 아닌 스스로의 힘으로 함께 살아가는 사람들과 어울리기를 바란다는 것을 아이들이 조금이나마 느꼈으면 한다. 장애인이 비장애인과 똑같은 삶을 살 수는 없더라도 우리 사회는 사람으로서 누려야 하는 최소한의 기본적인 권리와 안전은 누릴 수 있도록 해야 한다. 그것이 나와 내 이웃이 평화로운 삶을 살 수 있게 하는 당위적 조건이라는 것에 아이들이 공감했기를 기대한다.

○○○

6) 비유 카드는 인터넷으로 구입할 수 있으며, 수업 중 손쉽게 비유를 통해 추상적인 단어나 이미지를 정의하거나 수업을 정리하는 활동에 활용하기 좋다.

슬로리딩,
수평적 서로 배움의 평화교육

학교 현장에서 슬로리딩 교육과정 재구성 방법을 실천하고 있는 가장 큰 이유가 있다. 학교의 교육 현장에서 독서를 강조하고 다양한 독후 활동을 적용할수록 오히려 아이들은 독서를 점점 어려워하고 마지못해 활동하고 있다고 느꼈기 때문이다. 독서는 세상(사람)과의 관계 맺음이고, 그 관계가 모여 한 사람의 삶이 만들어진다고 생각한다. 하지만 학교에서의 독서는 세상과의 관계를 맺도록 하기보다는 효율성만을 강조하는 활동으로 전락한 모습을 많이 보게 된다. 의도하든 그렇지 않든 교과서와 독서교육에 활용되는 문학작품은 문제 출제와 정답을 유도하기 위한 도구가 되어 버렸다. 그리고 학교 현장에서의 독서교육은 아이들의 삶과 연결해 가르치는 노력에 소홀하다. 나의 삶과 연결되어 있지 않은 배움은 흥미와 재미가 없다. 시작부터 재미와 흥미가 생략된 배움은 아무리 의미가 있고 가치가 있다고 해도 아이들에게 배움의 힘이 생기지 않는다. 그러한 독서교육의 한계를 극복할 수 있는 대안 중의 하나가 슬로리딩 교육과정이다.

슬로리딩 교육과정의 방법은 한 권의 책에서 발견할 수 있는 철학과 가치를 함께 읽고 나누는 과정에서 서로 공감과 다양성을 느낀다. 평화교육 역시 다르지 않다고 생각한다. 평화를 교육으로써 주입하거나 강요하는 방법은 분명한 한계가 있다. 따라서 나는 슬로리딩 교육과정의 방법으로 평화의 주제를 풀어가고자 한다. 슬로리딩 교육과정은 한 권의 책을 전체적인 삶의 맥락으로 바라본다. 단순히 읽어내는 것이 아니라 아이들의 삶으로 읽어가는 과정이 중요한 가치를 갖는다. 그리고 학생과 교사가 교육과정의 흐름과 과정을 함께하는 공동 참여자의 역할을 갖는다. 이러한 슬로리딩 교육과정을 통해 학생들은 평화를 바라보는 각자의 시선이 생길 것이다. 그리고 그렇게 생긴 시선들이 모여 각자의 이야기가 우리의 이야기로 공감됨을 경험하게 되길 기대한다. 그리고 궁극적으로 편안한 분위기에서 자신의 목소리로 이야기를 나누고, 서로 공감하고 나누며 민주시민의 모습을 갖추는 것에 한 걸음 다가서게 될 것이다.

그동안 내가 학생들과 함께했던 평화교육은 공허한 외침이자 주입식 교육이었다. 나의 외침을 들은 아이들은 수동적으로 듣고 받아 적어야 했다. 하지만 평화교육이 슬로리딩 교육과정을 만나면서 아이들에게 삶의 의미로서 다가갈 수 있다는 가능성이 생겼다.

내가 지향하는 평화교육은 아이들에게 편견과 차별적 인식 없이 세상을 바라보는 힘을 갖게 하고, 이 세상을 살아가는 모두가 같은 사람이며 동등한 위치의 시민이라는 것을 깨닫게 하는 것이다. 그 실천의 기반은 슬로리딩 독서법이다. 아이들은 한 권의 책을 통해 평화를 가로막는 장애물인 편견과 차별적 인식을 발견할 것이다. 그리고 그러한 인식 너머에 있는 본질적인 문제를 올바르게 바라보고 그들의 힘으로 평화를 이야기하며 평화를 위해 실천하기를 기대한다. 더 이상 갈등과 혐오 같은 문제는 어쩔 수 없다는 식으로 회피 또는 적응시키는 것은 바람직하지 않다. 아이들이 자라서 사회적 소수자에 대한 편견과 혐오의 시선이 남아있는 사회 구성원이 된다면 결국 이러한 편견과 차별은 계속해서 재생산되고 공고해질 것이기 때문이다. 우리는 모두가 같은 사람으로서 다양한 생각을 편하게 이야기할 수 있는 광장을 점차 넓혀가야 한다. 그리고 자라나는 아이들을 평화를 사랑하는 민주시민의 광장으로 안내해야 한다. 그러한 의식을 함께 나누기 위한 공동체의 연대를 통해 각자의 위치에서 평화로 가는 길에 놓인 갈등의 요소들을 해결하기 위한 실천이 필요하다.

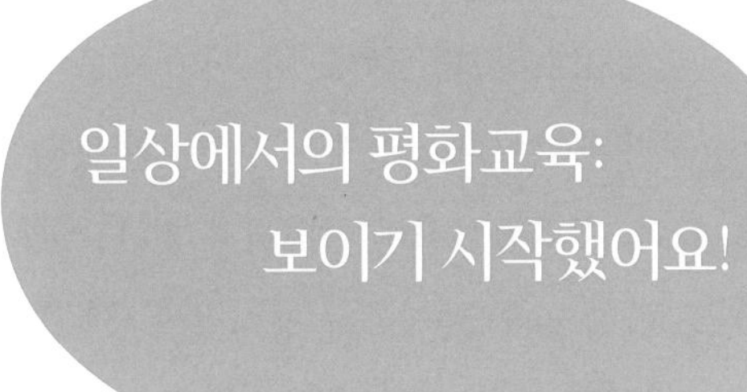

일상에서의 평화교육: 보이기 시작했어요!

황선영
인천고등학교 교사

일상이 전쟁이 되는 사람들

은행 일을 보기 위해 유모차를 끌고 나온 아기 엄마, 아기가 아파 소아과를 찾은 아빠, 시장을 보기 위해 카트를 들고나온 어르신, 병원에 치료를 받으러 목발에 의지해 나온 환자 등 누군가에게는 평범한 일상의 모습들이 또 다른 누군가에게는 전쟁처럼 작동할 수 있다.

1985년, "턱을 없애달라"는 유서를 남기고 극단적인 선택을 한 김순석 씨는 당시 식당과 대중교통은 물론 서울 시내 어디든 문턱이 높아 마음대로 이용할 수 없다는 고충을 토로했다. 또, 아침부터 밤늦게까지 아무리 일해도 가족을 먹여 살릴 수 없다며 극단적 선택을 하게 된다.

최근 장애인의 지하철 이동권 시위가 이슈화되자 민주노동당 심상정 대표는 대선 운동 과정에서 '지워진 유권자'들을 만나는 행보를 통해, "정의당이 토론회에서라도 이야기하지 않으면 사회적 약자들, 이름 없는 소수, 최소한의 인권과 기본권도 보장받지 못한 시민들이 하소연할 데도 없는 게 대한민국"이라고 성토하기도 했다.[1] 나아가 이들이 거리로 나설 수밖에 없게 된 것은 정치의 책임이라는 점에서 정치권의 반성을 촉구했다. 심상정 후보는 "장애인들이 이 엄동설한에 이렇게 위험한 투쟁을 하고 싶으셨겠나"라며 "이렇게라도 하지 않으면 정부나 정치권이 귓등으로도 듣지 않기 때문에 많은 비난에도 불구하고 투쟁을 하는 것[2]"이라며, 정책 결정에서 배제되는 장애인의 입장을 대변해 주었다.

이처럼 우리 사회의 구조적 모순이 가려지는 현상으로, 현존하는 편견 탓에 피해를 얻는 집단의 목소리가 정책에 반영되지 않는 점이 무의사결정론 Non-decision Making 으로 설명되기도 한다. Bachrach & Baratz(1962)는 '권력의 두 얼굴' 논문에서 무의사결정에 대한 기초적인 내용을 제시하였고, 이후 연구에서 무의사결정을 통해 지배적인 사회 가치, 신화 그리고 정치적 제도와 절차들을 조작함으로써 실제 의사결정의 범위를 안전한 이슈로 제한되는 과정을 제시하였다. 지배 엘리트들은 기존 엘리트의 이익을 보호하기 위해서 자신들에게 유리한 논제만을 논의하게 된다. 이 과정에서 기존 지배 세력들의 이해관계에 도전하는 정책 문제는 채택 과정에서부터 배제되기 마련이라는 것이다. 결국 다수 입장과 관련성이 적은 논제는 정책으로 의미 있게 다뤄지지 않게 되는데, 실제 지배 엘리트가 어떤 과정으로 무의사결정을 했는지 검증하기 위해 피해를 보는 집단에서 이를 개선하기 위한 영향력을 행사한 사례를 연구하는 방법을 제시하기도 했다.[3]

주위의 누군가에게 직접적으로 물리적 폭력을 가하지 않더라도 우리 사회

---

1) 심상정, 연일 '이재명·민주당'과 차별화…장애인 이동권 시위 현장 찾아, 경향신문, 2022.2.23.

2) 장애인 지하철 시위 현장서 울먹인 심상정 "부끄럽고, 죄송하다", 한국일보, 2022.2.23.

3) P. Bachrach and Morton S. Baratz(1962); 최성락, 박민정(2021), "적극적 정책결정 전략으로서의 무의사결정", 한국콘텐츠학회논문지21(9), p.459에서 재인용.

의 차별, 편견을 인지하고 대처하기 위해서는 다수에 의한 정책 결정에서 배제된 계층까지 포용하며 교육적으로 평화, 평화교육도 범주가 확장될 필요가 있다. 우리 사회에서 갈등의 잠재 요소가 될 수 있는 다양한 사회 구조적 차원의 차별을 극복하고 다양한 사회 구성원을 포용함으로써 평화로운 세상에 한발 다가설 수 있기 때문이다.

이에 우리 동아리 학생들이 제도적 차원의 정책 결정에서 소외된 소수의 입장을 알아차리기 위해 직접 발로 다녀보며 문제점을 찾아보고, 의식적 차원의 변화를 위해 캠페인 활동까지 전개한 과정을 소개해 보고자 한다. 여기에는 평화교육과 연계시키기까지의 시행착오 과정, 실패를 통해 우리 스스로 조금 더 배워 나간 과정도 포함될 것이다.

○○○

동아리 시간을 통해 일상의 평화 찾기

동아리 시간을 활용하다

동아리 시간을 활용해 평화교육을 추진하게 된 데에는 일단 발로 움직일 수 있는 시간적 확보가 가능했기 때문이다. 신영복은 관계의 최고 형태로 입장의 동일함을 강조한 바 있다.[4] 머리 좋은 것이 마음 좋은 것보다 못하고, 관찰보다는 애정이, 애정보다는 실천적 연대가, 실천적 연대보다는 입장의 동일함을 강조했는데, 입시가 강조되는 고등학교 상황에서 나름의 궁여지책이었다고나 할까? 담임 교사가 학급을 운영할 때는 학급 특색활동 등에서

4) 신영복, 『담론』, 돌베게, 2015, p.278.

운영이 가능하지만, 실제 학기당 확보할 수 있는 시간이 부족한 편이다. 교과에서도 시간을 확보해 운영할 수 있지만 한 과목을 여러 교사가 함께 진행한다는 점에서 평가계획에서부터 교사 간 협의가 선행되지 않으면 새로운 시도가 어려운 것이 현실이다. 이에 반해 동아리 시간은 지도교사와 학생이 직접 발로 뛰고 소통하면서 지속적으로 활동을 이어 나갈 수 있다는 점에 강점이 있었다.

이러한 교수·학습 활동은 프레이리가 말한 '문제 제기식 교육관'과 맥을 같이한다. '교사는 가르치고, 학생들은 배운다.', '교사는 모든 것을 알고, 학생들은 아무것도 모른다.'는 등의 전제에서 출발하는 은행 저금식 교육관의 수직적, 교사-학생의 이분법적 구분[5]을 넘어설 수 있기 때문이다. 교사와 학생이 활동 과정을 함께 성찰하며, 학생들이 교사와의 대화 속에서 비판적인 공동 탐구자[6]가 될 수도 있다.

동아리 시간은 학교 실정에 따라 다르지만 대체로 3~4시간을 연속적으로 활용할 수 있다. 1, 2학년 연속적으로 활동을 하기 때문에 지도교사와 학생이 꾸준히 소통할 수 있는 장점이 있기도 하다. 우리 학교의 동아리 ACT 학생들은 그 취지에 공감하는 친구들이 모여 활동을 진행하다 보니 동아리 시간 외에도 지역 답사, 캠페인 활동을 자발적으로 실천하는 등 적극적으로 활동하는 모습을 보여주기도 했다.

5) Paulo Freire, 남경태·허진 역, 『페다고지』, 그린비, 2018, p.91.

6) Paulo Freire, 남경태·허진 역, 위의 책, p.101.

우리 주변에서 문제점을 찾다

"샘은 어디 사세요?"

"○○신도시"

"우와 좋겠다!"

뭐가 좋다는 것인지 모르겠지만 학생들은 사뭇 부러워했다.

"그럼 한번 신도시 견학을 가볼까요?"

이후 교실을 벗어나 신도시에 있는 도시 역사관을 가게 되었다. 시원시원하게 깔린 8차선 이상의 도로, 자전거도로까지 설계된 보행자 도로, 지상 위 차가 지나지 못하도록 보행자 위주로 설계된 아파트 조경, 경사로 자체가 필요 없는 건물 진입로는 운전하기에도 자전거 타기에도 걷기에도 수월해 보였다.

평소에는 무심코 지나쳤던, 누군가에게는 일상의 평화를 헤치는 것들이 보이기 시작한 것은 이처럼 우리 주변에 신도심이 들어서기 시작하면서부터였는지도 모른다. 처음부터 문턱 없이 지어진 상가, 건물들을 편하게 드나들 수 있으니 유모차로 산책을 나온 부모도 많이 보인다.

하지만 구도심에서는 어제와 같은 오늘, 그저 그러려니 이 정도 불편을 감수하고 있다. 누군가는 구도심에 살기에, 나이가 많기에, 유모차를 끌기에, 장애가 있기에 불편을 감수하고 있다. 우리 학교가 위치한 구도심의 경우도 마찬가지였다. 예전에 지어진 건물들의 문턱이 높다 보니 유모차, 휠체어 등 사회적 약자, 교통 약자의 이동권이 제대로 확보되기 어려운 구조적 폭력이 있었던 것이다.

"사실 잘 몰랐는데, 이렇게 직접 관심을 두고 걷다 보니 불편한 곳이 많네요!"

2년 차 경사로 활동에 참여한 1학년 학생이 다시금 우리의 활동을 되돌아보게 하였다. 우리 주변에서 문제점을 찾는다는 취지에서 직접 걸어보고 불편한 점을 눈으로 확인하면서 누군가에게 구조적 폭력으로 작용할 수 있는 점을 확인하게 된 것이다.

나 역시 신도심에서 구도심의 학교로 출퇴근할 때, 신도심에 비해 유모차 등이 많이 보이지 않아서 구도심에는 아기 엄마가 별로 없나 보다 했다. 그런데 구도심에서 편의시설 진입에 불편을 겪는 부모님을 보게 되면서 스스로 불편함을 자처하기 싫은 사람들이 아예 유모차로 나서기를 꺼리기에 가시화되지 않았을 뿐이라는 점까지 깨닫게 되었던 것이다.

우리 중의 누군가가 건축적 측면의 어려움 때문에 일상생활에 필요한 시설을 이용하는 데 장애가 있다면 그것 또한 평화를 저해하는 갈등의 잠재 요소가 된다. 따라서 문턱이 높은 출입구를 개선하지 않는 구조적 문제를 지적할 필요가 있는 것이다.

우리 동아리 학생들은 신문 기사 탐색 등을 통해 다른 지역의 사례를 살펴보고 경사로 설치에 미온적인 지방자치단체 문제에 주목했다. 특히 경사로를 설치해도 보행자들의 보행로를 침범한다는 이유로 철거 행정조치[7]가 이루어지기도 해서 경사로 설치는 법적·제도적 차원의 연계가 필요하다는 점도 알게 되었다.

7) 꽉 막힌 경산시…장애인 경사로 막무가내 "철거하라", 『한겨레신문』, 2017.03.03.

우리 사회의 제도적 문제가 누군가에게 폭력적으로 작용할 수 있다는 점, 이러한 점이 지역 사회 구성원 간 갈등의 소지가 될 수 있다는 것은 평화를 해치는 요인이 될 수 있다. 그런데 이런 점을 학생들이 우리 일상의 평화와도 연계시킬 수 있을지 고민이 되었다. 1학년 통합사회 교과서에서는 소극적 평화, 적극적 평화를 가르치기도 하고 이동권 문제를 헌법상 국민의 행복추구권, 평등권 등 기본권과 연계시켜 가르칠 수도 있다. 하지만 정작 이 두 요소를 평화와 연계시킬 수 있을까 하는 부분이 관건이었다.

이에 학생들이 가정, 학교, 지역 사회에서 평화를 저해하는 요소를 탐색하면서 적극적으로 평화에 다가설 수 있도록 비주얼씽킹Visual Thinking을 활용하게 되었다.

비주얼씽킹은 생각, 아이디어 등을 시각적으로 표현해 학습하는 활동에 활용하기가 좋다. 그래서 가정·학교·지역 사회 각각의 영역에서 평화를 해치는 실제 사례, 원인 및 대책을 손바닥 이미지와 연계해 표현하고자 모둠활동을 기획해 보았다.

'여기 지금, 우리는 평화로운가?'에 대해 생각해 보는 활동은 이러한 성찰을 바탕으로 도출되었는데, 50분 수업의 1차시 기준으로 25분 내외 모둠활동, 25분 내외로 발표 및 질의응답을 진행하였다.

[활동 순서]
1. 모둠별로 3~4명의 구성원으로 편성한다.
2. 모둠별 활동지에 손바닥을 대고 손바닥 그림을 그린다.
3. 가정/학교/지역 사회 중에서 한 가지를 택해, 손바닥에 표시한다.
4. 중지, 약지, 새끼손가락에는 평화를 해치는 사례를 기재한다.
5. 검지에는 해당 사례가 발생하는 원인을 기재한다.
6. 엄지에는 평화를 해치는 원인에 따라, 평화를 회복하기 위한 대책을 기재한다.

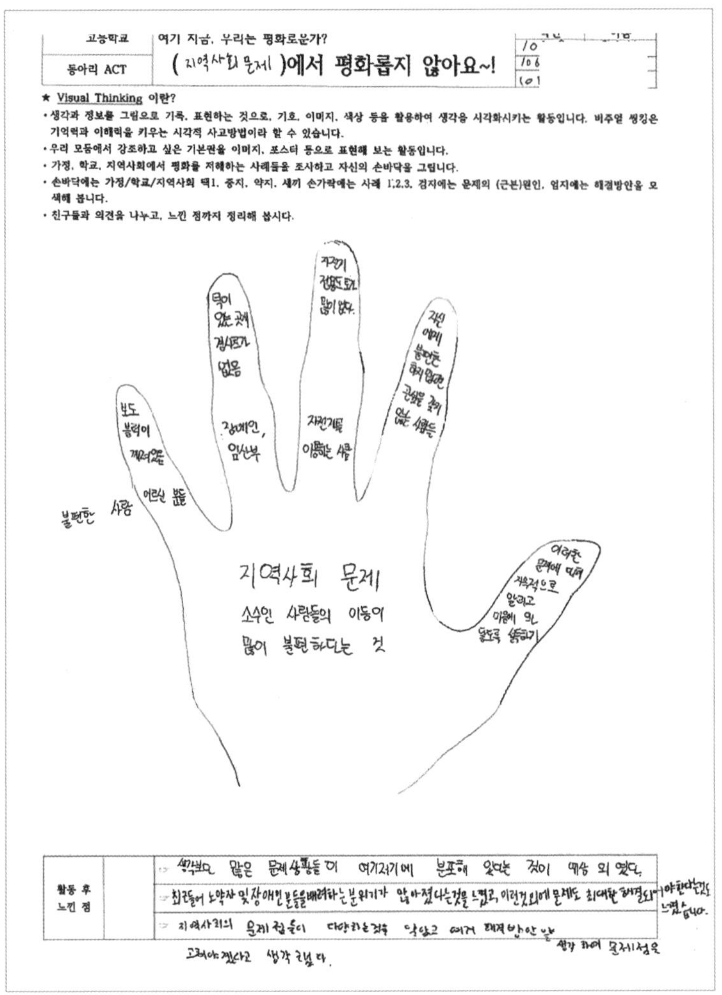

고등학교	여기 지금, 우리는 평화로운가?	10
동아리 ACT	(지역사회 문제)에서 평화롭지 않아요~!	106 101

★ Visual Thinking 이란?

- 생각과 정보를 그림으로 기록, 표현하는 것으로, 기호, 이미지, 색상 등을 활용하여 생각을 시각화시키는 활동입니다. 비주얼 씽킹은 기억력과 이해력을 키우는 시각적 사고방법이라 할 수 있습니다.
- 우리 모둠에서 강조하고 싶은 기본권을 이미지, 포스터 등으로 표현해 보는 활동입니다.
- 가정, 학교, 지역사회에서 평화를 저해하는 사례들을 조사하고 자신의 손바닥을 그립니다.
- 손바닥에는 가정/학교/지역사회 택1, 중지, 약지, 새끼 손가락에는 사례 1,2,3, 검지에는 문제의 (근본)원인, 엄지에는 해결방안을 모색해 봅니다.
- 친구들과 의견을 나누고, 느낀 점까지 정리해 봅시다.

활동 후 느낀 점	
	생각보다 많은 문제 상황들이 여기저기에 분포해 있다는 것이 예상 외였다.
	최근들어 노약자 및 장애인 분들을 배려하는 분위기가 많아졌다는 것을 느꼈고, 이런 것 외에 문제도 최대한 해결되어야 한다는 것도 느꼈습니다.
	지역사회의 문제점들이 다양하다는 것을 알았고 해결방안을 생각하여 문제점을 고쳐야겠다고 생각했습니다.

평화교육 모둠활동 사례

모둠을 구성할 때는 가능한 한 모든 학생이 모둠 내에서 발언하고, 의견을 나누기 위해 3~4명씩 구성하는 편이다. 우리 동아리는 1, 2학년이 함께 활동하고 있어 학생들이 원하는 방향을 반영해 1학년 3명이 한 모둠, 2학년 7명이 두 모둠으로 총 3 모둠을 구성하였다. 3 모둠이 각각 가정, 학교, 지역 사회 중 한 주제씩 맡아 활동을 하였고 마침 1학년이 지역 사회를 담당하였다.

1학년 모둠에서는 지역 답사를 다녀온 후의 느낌이 활동에 많이 반영되었다. 그래서인지 지역 사회에서 평화를 해치는 실제 사례로, 깨진 보도블록, 턱이 있고 경사로가 없는 곳, 자전거 전용도로가 없는 도심 등의 문제를 지적하였다. '자신에게 불편하지 않다면 관심을 가지지 않는 사람들'을 문제의 원인으로 지적하기도 했다. 이에 대한 대책으로는 '이러한 문제에 대해 지속적으로 알리고 마음에 와닿도록 설득하기'를 제시하였다.

교사 입장에서는 수업을 기획한 의도를 활동지 상단에 기재했지만, 아이들이 활동에 반영하지 못한 부분이 있을 수 있다. 이를 학생 발표 후 질의응답 과정에서 보완하고자 했다. 지역 사회의 평화를 해치는 사례가 헌법상 어떤 기본권과 관련 있을지 활동 내용에 없기에 이를 질문해 보았다. 학생들은 사례 찾기에 신경 쓰느라 미처 생각하지 못했는지 답변에 어려움을 겪었다. 더불어 제시한 대책이 개개인에게 책임을 전가하고 있지 않은지 질문해 보며, 제도적 차원의 대책도 필요하다는 점을 확인하는 시간을 가져보았다.

나아가 활동지에 학생들이 활동 후 느낀 점을 정리할 수 있도록 하였다. '생각보다 많은 문제 상황이 여기저기에 분포해 있다는 것이 예상외였다.', '지역 사회의 문제점들이 다양하다는 것을 알았고, 해결 방안을 생각하여 문제점을 고쳐야겠다고 생각했다.'와 같은 느낀 점을 제시해 주었다. '최근 들어 노약자 및 장애인들을 배려하는 분위기가 많아졌다는 것을 느꼈고, 이런 것 외 문제도 최대한 해결되어야 한다는 것도 느꼈습니다.'라고 자신의 생각을 보다 확장해야 할 필요성을 제기한 학생도 있다.

평상시에는 미처 평화와 연계해 생각하지 못했던 문제들을 학생들이 지역 사회, 학교, 가정과 연계해 생각하는 모습을 보며, 평화도 '교육'으로 접근할 수 있다는 가능성을 확인해 볼 수 있었다.

우리를 먼저 변화시키기 위한 캠페인 활동

2021학년도, 지역 사회의 문제를 찾아보자는 취지에서 학교 주변을 탐색하던 차에 은행 출입을 위해 아이를 내려놓고 유모차를 들어 올리는 아기 엄마, 아이를 운동기관에 맡기고 유모차를 내리는 아기 엄마의 어려움에 주목하면서 구도심의 문제점을 파악할 수 있었다. 은행의 경우에는 뒷문 쪽에 경사로가 설치되어 있었음에도 정문에 안내가 없어 유모차를 정문에서 진입시키느라 고생하는 모습이 포착되기도 했다.

마침, 2021년 6월 8일 자로 '장애인·노인·임산부 등의 편의 증진 보장에 관한 법률 시행령'이 입법 예고된 상황이었다. 이 시행령에 따르면 경사로 설치 기준이 90평 이상에서 15평 이상으로 강화된다. 이제 15평이라는 작은 평수도 경사로를 설치해야 한다.

그렇다면 기존의 편의시설들은 이용자들이 불편을 감수할 것인가? 기존 상가들의 경사로 설치에 대한 자발적 참여를 유도할 것인가? 내가 자영업자라면 어떻게 할 것인가? 기존에 경사로가 설치되지 않은 편의시설들은 기존 법령에 맞춰 합법적으로 건축되었다. 현행법에 저촉되지 않는다면 구태여 주목할 만한 법령이 아니니다.

미리 생각하지 못했던 문제들이 향후 문제로 도출되었기에 그 근본적인 문제점을 보완해 주어야 한다. 이에 학생들은 자영업자들이 스스로 경사로를 설치하고자 할 때, 지방자치단체에서 보조금을 지급해 줄 수 있는가에 주목하게 되었다. 이것이 주민참여예산제를 활용하게 된 배경이다.

주민참여예산제는 빠르게 변화하는 시대적 변화에 신속히 대처하면서 주민의 욕구에 부응할 수 있도록 하는 새로운 예산편성 방식의 일환이라 할 수 있다. 지방자치단체가 미처 파악하지 못한 부분이 있다면 주민참여예산제를 활용해 지역 주민이 스스로 필요한 것을 요구할 수 있게 된 것이다.

활동 방향이 정해지고, 다시 지역 답사차 현장을 조사해보니 약국, 병원, 편의점 등 주민들이 일상적으로 활용하는 곳조차 경사로 설치가 미흡한 곳이 많았다. 이에 구도심에서 경사로 설치 예산지원을 신청하는 것에 대한 지역 사회 의견을 보태고자 서명 운동과 스티커 설문을 진행하기로 하였다.

먼저 교내에서부터 '경사로 의무화 & 설치, 당신의 생각은?'이라는 간단한 스티커 설문을 통해 사람들의 관심을 유도하고, 경사로 의무화에 긍정적인 사람들에게는 서명까지 받는 것으로 하여 답례로 간식도 준비하였다. 언뜻 쉬워 보이지만 남들 앞에 서서 무언가 동참을 요구하는 것은 쉽지 않다. 그래서 활동에 나서기 전에 동아리 학생들에게 당부의 말을 전했다.

"여러분들이 하는 활동은 일종의 캠페인이기도 해요. 우리 활동이 좋은 취지의 활동이라고 생각한다면, 뜻을 같이하는 사람들의 동참을 당당히 외쳐도 좋지 않을까요?"라고 말이다.

교내에서의 활동은 그나마 수월하게 진행되었다. 지나가는 친구들에게 반갑게 인사하며 간식으로 유혹하기도 한다. 하지만 지역 사회에서의 서명 운동은 조금 더 고난도의 활동이다. 생면부지의 주민들에게 우리의 취지를 알리고 서명까지 받아내야 하기 때문이다. 방과 후에 예정된 활동이기에 자원하는 학생들로 활동을 진행하기로 했고, 동아리 부장을 포함해 2명이 나섰다. 지하철 입구에 자리 잡자, 사람들이 흥미롭게 쳐다보기는 했지만, 선뜻 먼저 서명에 동참해 주는 사람은 적었다.

"경사로 의무화에 대해 주민들의 서명을 받고 있습니다!"를 외치며 사람들이 지나갈 때마다 꾸준히 주민들의 동참을 호소했다. 한동안 주민들의 관심이 뜸했지만 뭔가 하면서 들여다보다가 “좋은 일 하고 있네!” 하면서 시장 봐 온 떡까지 주시며 서명에 동참해 주시는 분도 있었다. 서명에 참여해 주시는 사람들을 위해 준비한 간식을 마다하는 주민도 있었다. 어느 정도 활동을 마무리하고 다시 교내로 돌아오면서 친구들과 의견을 나누었다.

나 : 밖에서 활동해 보니 어때?

학생 : 쑥스럽기는 했는데, 신기하기도 했어요!

나 : 뭐가?

학생 : 간식도 안 받고 서명해 주시는 사람들을 보니, 간식 때문에 참여해 주는 건 아니구나 싶더라고요.

나 : 그치? 단순히 답례 때문이 아니라 좋은 취지라 동참해 주는 것 같지?

학생들 : 네! 맞아요

이렇게 학생들은 교내 학생과 지하철 입구에서 일반 시민을 대상으로 실시한 ‘편의(상가)시설 경사로 설치 예산지원’ 서명을 받으면서 스티커 설문도 함께 진행했다. 그 결과, ‘경사로 의무화 & 설치’에 대한 긍정적 의견을 확인할 수 있었고 교내외 156명의 서명도 받을 수 있었다.

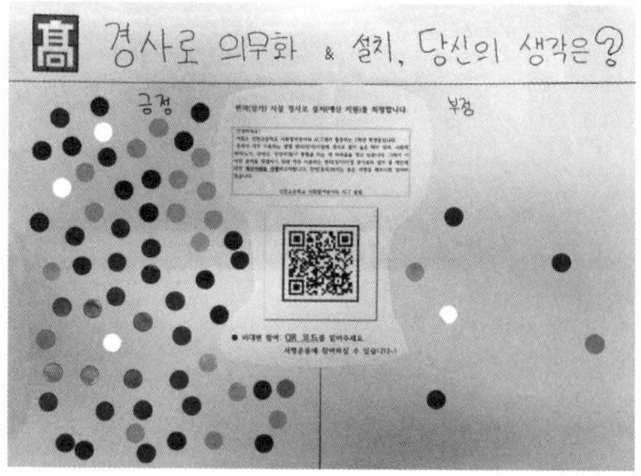

스티커 설문 조사: 경사로 의무화 & 설치, 당신의 생각은?

우리 동아리는 캠페인 활동을 포함해 인천광역시 주민참여예산제 사업 제안을 신청하고, 동아리 발표회까지 2021학년도 1년 차 활동을 일단락 지었다.

캠페인 활동은 우리 사회의 문제를 개선하기 위해 시민들의 의식을 개선하는 데 주로 활용할 수 있다. 물론 캠페인 활동 몇 번으로 우리 사회가 크게 변화되지 않을 수 있다. 하지만 무엇보다 캠페인 활동에 참여하는 우리를 먼저 변화시킬 수 있다는 나 스스로에게 하는 다짐이라는 점을 느낄 수 있었다.

제안 명: 편의(상가)시설 경사로 설치 예산지원을 희망합니다!

제안 내용:

안녕하세요?

저희는 ○○고등학교 사회참여 동아리 ACT입니다. 사회참여 동아리 활동을 위해 지역 답사를 진행하면서 구도심이 신도심보다 상대적으로 노약자들을 위한 사회 기반 시설이 빈약함을 느꼈습니다.

그중에서 경사로 설치가 부족하다는 점을 인지하였고, 이와 관련된 기사를 찾아보니 경사로 설치 기준 강화의 내용을 담은 '장애인·노인·임산부 등의 편의 증진 보장에 관한 법률 시행령' 입법예고(2021년 6월 8일 보건복지부)의 보도를 확인할 수 있었습니다.

그러나 '일반인들 통행에 방해가 된다.', '관리 부족으로 인해 발생하는 문제' 등의 이유로 구도심에서는 경사로 설치가 미흡한 점을 찾아볼 수 있었습니다. 이러한 문제를 해결하기 위해 ACT 동아리에서는 편의시설 경사로 설치(예산지원)를 희망하는 서명 운동을 교내, 교외(000시장역), 온라인에서 진행하였습니다.

이에 동의하는 156명의 서명을 함께 첨부하여 예산지원을 신청합니다.

○○○

나, 너 우리 함께 오르는 경사로

사업 추진 불가?

2023년도의 주민참여예산을 신청한 우리 동아리는 2022년 3월 신학기가 시작되면서 담당 관청에 여러 번 전화를 했다. 먼저 안내를 받은 적은 없었다. 현재 진행 과정이 어떤지, 언제 결과가 나오는지 목마른 사람이 우물 판다는 심정으로 지속적으로 먼저 확인해야 했다. 그리고 장애인복지과의 검토 및 심의를 거쳐 2022년 9월에 이르러서야 '사업 진행 불가' 안내를 받게 되었다.

학생 : 안녕하세요? 주민참여예산에 대해서 여쭤보려고 전화 걸었는데요. ○○고등학교에서 2021년 9월 21일에 사업 접수를 했는데요. 근데 아직까지 사업 접수 상태이고, 다음 단계로 넘어가지 않고 있습니다. 저희가 홍보 자료 제작이나 다른 단체와의 협의도 있어서 언제 다음 단계로 넘어갈지 알 수 있을까요? 제목은 '편의(상가)시설 경사로 설치 예산지원을 희망합니다.'입니다.

담당자 : 제안한 사업은 장애인복지과에서 검토했었는데요. 이게 '사업 추진 불가'라고 회신이 왔어요. 그래서 추진이 어렵게 되었습니다. 미반영된 사업이에요.

학생 : 사유가 어떻게 되나요?

담당자 : 장애인복지과에서 답변을 한 바로는, '건물주와 임대자 등의 이해관계자 협의가 필요한 부분이다. 법적 설치 기준 충족 시 인도 장애가 불가피하다. 이로 인한 2차 피해를 고려한 사업 계획이 필요하다. 설치 사례, 설치 가능 건축물, 설치 기준, 설비용 등으로, 현재 추진에 어려움이 있다.'라는 의견이었습니다. 다만 편의시설 전수조사 등이 예정되어 있는데요. 사업 추진 시 상가 출입구 경사로 설치를 포함하여 조사해서 검토하려고 합니다.

'사업 추진 불가!'

처음에는 이 단어에만 꽂혀 활동이 이제 어떻게 되는 것일지 아이들 걱정이 이만저만이 아니었다.

나 : 드디어 기다리던 결과가 나왔네요. 주민참여예산 투표 대상이 되면 주변 시장의 상인회, 장애인 단체 등과 연계해 주민참여 투표를 독려하려고 리플릿도 다 만들어놓았는데…. 근데 이렇게 '불가'라고 나왔으니 우리는 활동을 이대로 마무리해야 할까요?

학생 : 그런가요? 그래도 우리가 여태 한 게 있는데….

나 : 그렇죠? 다만, 우리는 우리의 일을 해나가야겠죠?

우리가 직접 경사로를 설치하다

우리 동아리에서는 2022년 3~5월이 지나도록 심의 중이라는 관청의 답변에 결과가 나올 때까지 마냥 기다릴 수만은 없다고 결론을 내렸다. 이 과정에서 '우리가 할 수 있는 일은 우리 스스로 한다'가 필요하다는 것을 부지불식간에 터득하게 된 것 같다. 그 결과 학교, 지역 사회를 다시 답사해 보며 경사로 보완이 부족한 곳에 직접 '경사로 설치'를 제안하는 활동을 진행했다. 문제는 지역 사회였다. 학생들이 3 모둠으로 나눠서 우리 학교 근처에서 경사로 설치가 필요한 곳을 섭외하는데, 경사로 비용과 설치비를 지원해 준다고 하는데도 자원하는 상점을 찾기가 생각보다 쉽지는 않았다. 저마다의 이유로 마다하는 상점 중, 정말 필요해 보이는데 마침 없었던 것이 아쉬웠는지 재래시장 근처의 약국에서 흔쾌히 '네, 감사하죠' 하면서 제안을 받아주었다.

"샘, 다른 아이들은 말 못 하는 거 제가 다 말한 거예요!"라고 말하는 학생의 얼굴에 뿌듯함이 비쳤다. 경사로 설치 후, 약국에서는 "어르신이 왔다 갔다 많이 하는 약국인데, 경사로 설치한 것을 알아차리시고 편해졌다고 하더라고요. 저희도 제품 이동할 때나, 환자분들 왔다 갔다 할 때 편리하게 잘 활용하고 있어요."라며 좋아해 주셨다.

교내에 설치한 경사로는 도서관에 장서 이동을 위한 카트 사용이 빈번한 곳이라 "요긴하게 사용하고 있어요. 행정실에서 알아서 해준 줄 알았는데 동아리에서 설치한 거예요? 정말 고맙네."라는 후기를 들었다. 더불어 지하철 엘리베이터 위치 안내 포스터를 참조로, 경사로 설치가 미진한 곳에 경사로 위치 안내문을 부착하는 활동을 전개했다. 이를 통해 교내에는 직접 경사로 안내문을 부착하였고, 인근 은행에 협조 말씀과 함께 안내문을 기증하기도 하였다.

안녕하세요.

저희는 ○고 동아리 act입니다.
저희는 2021년부터 유모차, 카트, 휠체어 등의 이용객들 편의를 위한 경사로 설치 프로젝트를 진행하고 있습니다.
저희가 약 1년 반 동안 프로젝트를 진행해오면서 경사로가 있음에도 위치를 파악하지 못하여 이용하지 못하는 경우가 있다는 사실을 알게 되었습니다.
때문에 경사로의 위치를 알릴 필요가 있다는 생각과 함께 경사로 안내판을 제작하게 되었습니다.
그래서 저희가 경사로 안내판을 제작해서, 기증하니, 건물에 부착하여 사람들이 경사로의 위치를 알 수 있도록 협조해주시면 감사하겠습니다.

○고 동아리 act올림

경사로 위치 안내문 부착 협조문 및 안내문

○○○

'보이기 시작했어요.'

우리 동아리 학생들은 '우리 주변에서 문제를 찾는다', '우리가 할 수 있는 것은 우리 스스로 한다'라는 취지에서 활동을 진행해 왔다. 학교 주변을 답사하던 차에 경사로 문제를 찾았고, 시청 등 관청에 지속적으로 문의해 가며 진행 과정을 확인했다. 결국 '사업 추진 불가'라는 답변을 받으면서 주민참여 예산을 받을 가능성은 사라졌지만, 관청에서 예정된 '편의시설 전수조사'에서 상가 진입로의 경사로 설치 여부까지 조사에 포함해보겠다는 답변을 받아낸 것은 소기의 성과라 할 수 있다. 우리 동아리가 할 수 있는 범위에서는 경사로를 설치하고, 미진한 곳에는 안내문 부착을 하는 등 우리 스스로 할 수 있는 일들을 진행해 오면서 스스로 적극적 의미의 평화를 되새기게 된 점은 무엇보다 값진 성과이다.

동아리 연간 활동 계획

구분	활동 주제	활동 내용
도입	· 동아리 조직 및 오리엔테이션	· 동아리 부장 선출 · 동아리 연간 활동 계획 수립
	· 지역 사회 문제점 찾기 · 활동 주제 선정	· 지역 사회 문제 찾기: 지역 답사, 견학 등 · 활동 주제 선정: 활동 계획서, 실천 활동 계획
전개 1	· 가정, 학교, 지역 사회에서 평화를 생각해 보기 위한 모둠활동	· 모둠활동, '여기, 지금 우리는 평화로운가?' · 활동 내용 발표
전개 2	· 실천 계획에 따른 캠페인 활동 준비	· 캠페인 활동 관련 준비 · 피켓 제작 등
	· 캠페인 활동	· 캠페인 활동, 활동 정리
	· 발표자료 작성	· 발표 자료 작성
	· 발표자료 발표	· 문헌 연구, 캠페인 활동 등을 바탕으로 발표 자료 보완 및 마무리
정리·평가	· 동아리 발표회	· 동아리 발표회 운영
	· 동아리 활동 평가 · 연간 활동 되돌아보기	· 평화교육 차원에서 동아리활동 되돌아보기 · 향후 계획

위 표는 지금까지의 활동을 정리하며, 평화교육을 반영한 연간 동아리 운영 계획이다. 도입에서는 우리 주변에서 문제를 찾아가는 과정이 주를 이룬다. 전개 활동에서는 지역 사회 문제를 평화와 연계해 고민해 보고, 스티커 설문 및 서명 운동 등 캠페인 활동과 경사로 설치까지 진행해 보았다. 정리 과정에서는 관청이 실제 편의시설의 경사로 설치 여부를 포함해 사업 계획을 추진하고 있는지를 확인해 볼 수 있을 것이다.

물론 처음부터 지역 사회에서 나타나는 문제를 평화교육과 연계한다는 생각까지 하지는 못했다. 하지만 활동 과정에서 아이가 아파 급하게 소아과를 찾았는데 엘리베이터가 없어서 아이를 안고 계단을 올라야 했다는 아이 부모의 얘기를 들으면서, 다리가 부실해 유모차에 의지하는 어르신을 보면서 일상이 전쟁이 되는 사람들의 어려움을 접할 수 있었다. 나 스스로도 나이가 들어가는데 비단 남의 일이 아니라 나의 일이 될 수도 있다는 자각에서는 '입장의 동일함이 이래서 중요하구나!'를 느낄 수 있었다.

교사는 학교에서 담임, 교과 수업, 행정 업무 등 다양한 역할을 수행해야 한다. 물론 학생과의 관계 맺기도 중요하다. 교사들마다 학생들과 관계 맺기 형태가 다양하겠지만, 그중에서도 동아리 활동에 주목한 데에는 1년이라는 제한된 시간을 넘어 지속성 있는 활동을 지향해 볼 수 있었기 때문이다. 무엇보다 교사와 학생이 함께 발로 움직이며 같은 입장이 되어볼 수도 있었다.

특히나 동아리 활동에서의 교사는 방향 제시에서 조언을 할 수 있지만, 구체적인 활동 자체는 학생들이 직접 해 나가야 한다. 물론 학생 중에는 동아리 시간에만 참여하고자 하는 무임승차 학생도 있다. 이는 '친구 따라 강남 온 학생' 중에 주로 나타나는 데 조그마한 역할이라도 스스로 해낼 수 있도록 안내하는 교사의 역할이 필요하다. 담임 교사로서 조회 및 상담 활동 등을 통해, 교과 교사로서 교수-학습 활동 중 한마디 더 보탠 점이 동아리 활동에 윤

활유가 되어줄 때도 있기에, 담임 및 교과 수업 등에서의 신뢰가 동아리 활동을 진행하는 데 유연하게 작용한다는 점 역시 무시할 수 없다.

학생들 스스로 활동의 필요성을 느낄 수 있도록 지도교사 스스로도 끊임없이 성찰하고 실천에 옮기기 위해 학생들을 자극해 주어야 한다. 일련의 교수-학습 활동을 제안하는 교사의 의지, 역량 또한 무시할 수 없다. 이러한 점을 어느 정도 돌파하기 위해 지도교사가 담임 또는 교과를 통해 만날 수 있는 학생들을 포함해 동아리가 구성되었고, 2년에 걸쳐 우리 지역 사회에서 평화를 해치는 요인들을 찾아 문제 해결에 대해 고민해 볼 수 있었다.

'평소에는 무심코 지나쳤던 것들이 보이기 시작했어요!', '지역 사회 문제의 해결을 위해 적극적인 노력이 필요하다는 것을 알게 되었어요.' 등 학생들이 2021학년도 활동을 마무리하며 자평한 의견들이다. 우리 사회에 필요한 제도적 차원의 정책 결정 과정에 우리 스스로 목소리를 낼 수 있었던 점, 이러한 활동이 의사결정에서 배제된 소수를 위해서가 아니라 나를 포함한 우리 공동체를 위한 일이었다는 점도 나아가 깨닫게 되었다. 단순히 나와 다른 장애인, 어르신 등을 돕기 위한 활동이 아니었다는 것이다. 누군가에게 가해진 보이지 않는 폭력, 차별이 바로 나에게도 닥칠 수 있기에, 나에게도 불편함으로 다가올 수 있는 문턱이 될 수 있기에, 우리 사회의 다양성과 공존을 용인하는 제도적 차원의 개선이 필요하다는 것이다.

이는 교육적으로 교사-학생이 함께 성장할 수 있다는 가능성을 보여준다. 평화교육 차원에서도 우리 지역 사회가 소수라 해서 배제하지 않고 사회 구성원 모두를 포용함으로써 평화를 향해 나아가는 노력과도 연계될 수 있다고 본다.

□ 수업 활용 TIP(유튜브 등 인터넷 정보, 참고 도서 등)

– **이진주, 양설 외, 『아름다운 참여』, 돌베개, 2019.**
초등학생부터 고등학생까지 학교, 지역 사회에서 문제점을 찾아 실천 계획을 세우고 실제 활동에 참여한 내용들이 소개되어 있다. 교사가 연간 학습계획을 수립하고 실천 계획을 수립할 때, 학생들 스스로 계획서 작성, 서명운 동지 만들기 등 각종 활동을 준비하고 실천하는 데에도 도움을 받을 수 있다.

– **인천광역시 주민참여예산(https://www.incheon.go.kr/budget/index)**
인천 시민들이 직접 제안한 주민참여예산 내용을 분야별로 살펴볼 수 있다. 우리 지역 사회에서 시민들이 문제로 생각하고 개선을 요구하는 내용들을 통해 우리 학생들이 할 수 있는 내용을 찾기에도 도움이 될 수 있지 않을까 싶다.

– **우치갑 외, 『비주얼씽킹 수업』, 디자인펌킨, 2016.**
비주얼씽킹(Visual Thinking)에서는 텍스트보다 이미지를 더 오래 기억하는 우리의 뇌를 위해 텍스트, 도형, 기호, 화살표, 색상 등으로 생각과 정보를 시각언어로 활용한다. 이러한 비주얼씽킹을 수업에 도입하고, 실제 적용한 다양한 수업 사례를 수록한 책이라, 교사들이 수업을 생동감 있게 활용하는 데 도움을 받을 수 있다.

100시간의 여정,
책이 된 광장

백신종 인천만수초등학교 교사

전쟁에 드러난 한기

2022년 2월 24일, 인류는 전쟁의 소용돌이에 빠져들었다. 러시아의 우크라이나 침공이다. 러시아는 우크라이나의 북대서양조약기구NATO (이하 나토)가입 가능성이 커짐에 따라 군사적 행동을 통해 이를 저지하고자 전쟁을 선택했다. 1949년 나토가 냉전체제 속 소련을 견제하기 위해 창설됐다는 것을 생각해 보면, 70여 년이 지난 오늘날에도 냉전체제의 한기는 여전한 듯하다. 하지만 그 한기는 국가 간 긴장보다 전쟁에 내몰린 사람들의 참상에서 더 아리게 느껴진다. 러시아가 우크라이나를 침공한 지난 2월, 매일 전 세계로 타전되는 우크라이나의 모습에서 우리는 전쟁의 공포에 떨고 있는 우크라이나 시민들을 확인할 수 있었다. 어른, 아이, 노인 할 것 없이 계절의 추위에 꽁꽁 싸맨 모습 너머 그들의 얼굴에 서린 공포는 전쟁이 가져온 일상의 파괴가 얼마나 참혹한 것인지 가슴 아프게 확인해 주었다. 하지만 이러한 한기는 아직도 가시지 않고 있다. 버스를 기다리던 아내가 미사일 공습에 목숨을 잃고,

놀이터에 놀던 아이들이 갑작스러운 포탄 세례에 펴보지도 못한 삶을 마감하고 있다. 이제는 심지어 핵전쟁 가능성까지 거론된다. 전쟁의 냉혹함에 인류는 떨고 있다.

전쟁, 그리고 공존

그러나 전쟁의 참상이 한쪽에서만 드러나는 것은 아니다. 러시아가 편성한 군인 대부분은 청년들이다. 그들 각각이 어떤 마음으로 참전했는지는 모르겠으나, 이들이 상부 지시와 국가의 결정에 따라 전장에 뛰어든 것만은 사실이다. 그들이라고 어찌 따뜻한 가족 품이 소중하지 않겠는가. 전쟁은 누구에게도 따뜻함을 주지 못한다. 그저 이유 없는 죽음과 평화의 파괴만 있을 뿐이다. 이는 곧 전쟁으로 인한 인류 공존 가치의 파괴를 의미한다. 서로의 공존이 아닌 누군가의 파괴를 통해 자신의 생존, 번영을 꿈꿀 때 결국 삶의 평화는 깨어지고, 공멸의 길로 접어들게 된다.

이는 비단 전쟁뿐만이 아니다. 기후 위기는 어떠한가. 기후 위기의 원인으로는 인간의 욕망을 꼽는다. 인간의 기준에서 더 편안함을 꿈꾼 결과, 인류를 비롯한 생태계는 위기에 직면했다. 여기서 더 아픈 것은 생태의 구성원인 인류의 욕망에 생태 전반이 위기에 직면한 것이다. 이기적 욕심이 공멸을 불러온 것을 마주한 오늘날, 공존이라는 말이 더욱 소중해진 것은 이 때문이다.

이러한 공존의 가치는 평화와 생태에 국한되지 않는다. 인간의 삶 전반에 중요 가치로서 자리매김해야 한다. 시민으로서, 생태의 한 구성원으로서, 평화의 한 축으로서 우리는 공존을 이야기해야 한다.

이 책의 저자들이 함께한 교사 아카데미는 2019년부터 매년 100시간의 여정을 통해 이러한 공존을 위한 교육으로써 민주시민교육을 살폈다. 2019년에는 민주시민교육의 철학을, 2020년은 민주시민교육의 관점에서 인권교육을, 그리고 2021년은 생태와 평화를 주제로 여정이 이어졌다. 그러한 여정은 우리에게 어떤 기억으로 남아있을까.

> "2019년 3월, 고개 돌리면 닿을 듯한 공간에 40여 명의 선생님이 모여 앉았어요. 아카데미라는 다소 생경한 말에 민주시민교육을 담은 '민주시민교육 교사 아카데미'는 그 이름이 주는 묘한 기대와 설렘이 있었어요. 지금 생각해 보면 촛불의 여운이 채 가시기 전인 그 시기, '민주시민'은 여전히 뜨거웠고, '아카데미'는 그 뜨거움을 깊이 있게 들여다볼 수 있을 것이라는 기대를 줬던 것 같아요."

> "첫날 첫 시간, 다소 어색함과 약간의 들뜬 분위기 속에 민주시민교육을 실천하고 있는 서로의 이야기를 나눈 기억이 나요. 지금 생각하면 다채로워도 그렇게 다채로울 수 있을까 싶어요. 초, 중등교사가 한자리에 모인 덕에 시민교육을 실천하는 방법이 저마다 가지각색이었어요. 학급 운영, 교과, 동아리 등 '민주시민교육'이라는 큰 주제 아래 서로가 쥐고 있는 도구는 천차만별이었죠. 하지만, 한 가지. 교육을 통해 학생들이 민주시민으로서 성장해야 함에는 이견이 없었어요."

그렇게 시작된 민주시민교육 교사 아카데미 1기는 민주시민교육의 심연을 향했다. 누군가를 하루 평균 5시간 이상 가르치던 이들이 평일 하루 4시간, 방학 하루 8시간 자리를 지키며 민주시민교육을 배웠다. 때로는 민주시민교육의 심연이 아닌, 시간의 심연에서 허우적대기도 했지만, 점점 우리의 공간은 가만히 앉아 듣는 공간에서, 대화하는 광장이 되어 갔다.

"아직도 생각이 나요. 교수님이 강의 중 질문을 하나 던지셨어요. 제 생각엔 분위기 전환용 가벼운 질문이었는데, 우리 선생님들이 자신의 생각과 관점을 기탄없이 쏟아 내기 시작했어요. 저도 한마디 거들었는데, 사실 제가 어디 앞에 나서서 이야기하는 사람 아니었거든요. 그렇게 광장의 삶에 익숙해지는 시민이 되고 있지 않았나 해요."

시작은 배워서 남 주자는 생각이었는데, 그 배움이 옮음을 삶으로 바꾸고 있었다. 함께 그렸던 민주주의의 이상이 일상이 되어갔다. 필자도 아카데미가 있는 날이면 체육관을 향해 집을 나설 때와 비슷한 경험을 했다. 출발하기 전에는 발이 쉬이 떨어지지 않는데 막상 다녀오면 그렇게 개운할 수 없었던 것이다. 나를 표현하고 생각을 공유하며 마음을 공감받는 과정은 그렇게 우리를 '민주주의자'의 길로 안내했다.

100시간의 과정이 끝나고 그 여정을 기록하는 소위 출판의 과정이 시작됐다. 하지만 생각을 말로 표현하는 것과 글로 표현하는 것은 또 다른 문제였다. 광장이 글이 되는 길은 험난했다.

"생각을 글로 표현하는 일은 쉽지 않더라고요. 쓰면서도 제가 무슨 이야길 하고 있는지 모를 지경이니…. 하지만 그것이 다듬어지는 과정에서 민주시민교육에 대한 제 생각도 많이 다듬어진 것 같아요. 좋은 글은 아닐지언정, 제겐 좋은 경험이었습니다."

모두의 생각이 그랬다. 글이 깎이고 다듬어지며 글에 담긴 생각도 다듬어졌다. 결국 얼마나 배웠느냐보다, 그래서 네 생각이 무엇이냐에 답할 수 있는 것이 중요했다. 우리는 답했고, 우리의 광장은 마침내 글이 됐다. 민주시민교육 교사 아카데미의 첫 작, '민주주의자들의 교실(철학 편, 실천 편)'은 그렇게 서가 한 편을 차지하게 됐다.

돌이켜보면 책에 담긴 이야기는 결국 자신의 이야기였다. 100시간을 통해 배운 지식을 담기보다 100시간 동안 표현하고, 공유하고, 공감하며 자리를 잡아 갔던 민주시민교육에 대한 자신의 생각이 출판이라는 또 한 번의 과정을 통해 모두에게 전할 수 있는 생각으로 다듬어진 것이다.

생경한 시간, 그래서 인권

"사실 힘들었어요. 코로나19로 인해 학교도, 아이들도, 심지어 저도 너무 혼란스럽고 어려웠거든요. 그 과정에서도 민주시민교육 교사 아카데미를 신청한 제가 대견하기도 했지만, 한편으론 아카데미 과정을 만끽하지 못한 것 같아 아쉬움도 남아요."

2020년, 생경한 세상에 모두가 혼란을 겪었다. 눈에 보이지도 않을 만큼 작은 바이러스는 순식간에 일상을 어그러뜨렸다. 학교는 개학을 한 달 이상 늦췄고, 사회는 안전을 위해 거리를 두었으며, 개인은 마스크에 일상을 기댔다. 하지만 안전을 위한 양보의 대가는 컸다. 사람들은 점점 날이 섰고 감염 환자에 대한 비난과 혐오, 그리고 차별이 일기도 했다. 특히 사회 취약 계층에게 안전은 더 이상 안전하지 않았다. 일용직 근로자는 일감을 잃었고, 아이들은 안전을 이유로 집 안에 머물러야 했다. 일상이 집으로 한정된 아이들은 놀 권리를 양보해야 했으며 친구들을 만날 권리도 내려놓아야 했다. 안전을 이유로 아이들의 목소리는 어른들의 결정 과정에 닿을 수 없었다. 안전을 위한 최적의 결정은 아이들의 고립을 불렀던 것이다. 결국 2020년 9월 14일, 우린 우리의 미래 둘을 잃었다. 이른바 라면 형제 화재 사건이다. 관련된 무수한 이야기를 차치하더라도, 안전을 위한 거리가 이젠 돌아올 수 없게 되어 버린 것은 서글픈 사실이었다.

이러한 과정에서 가장 절실했던 것은 무엇일까. '인권'이다. 안전할 권리도 인권이지만, 안전이 도모하고자 하는 것에 '인간다움'이 빠져서는 안 된다. 돌이켜 생각해 보건대 2020년 우리는 생존이라는 가치에 인간다움까지는 더하기엔 힘에 부쳤던 것 같다. 그러한 면에서 2020년 민주시민교육 교사 아카데미 2기의 주제를 '인권'으로 삼았다는 것은 의도했건, 그렇지 않건 상당히 시의적절했다. 그렇게 우리는 인간다움을 탐구하기 시작했다.

> "처음에는 인권을 '개인의 인간다움'으로 생각했던 것 같아요. 그래서 개개인에게 보장되어야 하는 권리에 초점을 맞춰 살펴봤습니다. 한데 100시간의 여정을 함께하는 동안, 개인의 권리의 초점이 자칫 이기주의로 흐를 수 있다는 생각이 들었어요. 개인별로 주장하는 권리가 충돌을 일으킬 텐데, 이러한 충돌은 당연하나 그것을 승패를 가리는 줄다리기 형국이 아닌 조정과 타협이라는 민주주의적 가치에 기반해야 함을 깨달았습니다."

누구나 처음은 있고 2기 아카데미도 마찬가지였다. 아카데미에 온 대다수는 인권은 인간의 당연한 권리로 인지하고 있었고, 그것이 개인적으로 보장받아야 할 권리임을 부인할 수 없음을 잘 알고 있었다. 하지만 인권의 공공성을 인지하는 것은 새로움이었다. 일례로 헌법적 가치로서 보장되는 개인의 자유가 개개인이 주장하는 모든 자유를 정당화하지 않는다. 따라서 각자가 누리고자 하는 자유는 반드시 타인의 권리 침해 여부를 고려해야 하는 것, 그리고 이때 침해 상황에 대해서는 민감할 필요가 있음은 우리의 시선을 넓혔다. 아카데미는 인권 감수성을 향했다.

"100시간의 여정이 제게 준 가장 큰 선물은 인권과 관련된 상황을 조금이나마 폭넓게 인지할 수 있었던 거예요. 예를 들면 우리 집 근처에 정말 잘 되는 고깃집이 있어요. 예전 같으면 그 수많은 손님을 보며 사장님을 부러워했을 거예요. 한데 이제는 지친 종업원분들이 얼굴이 먼저 보여요. 이분들은 권리를 보장받고 있을까? 생각해 보세요. 만약 이분들이 최저시급만 받으며 일하고 있다면 이 정도의 노동강도가 아닌 곳과 이곳의 차이는 힘겨운 일뿐인 거예요."

1기도 그랬지만 100시간의 여정에서 점점 자기 삶의 변화를 느끼게 됐다. 가르치는 삶에 인권이 스미기 시작했다. 이는 미처 보지 못한 인권적 갈등 상황을 발견함을 의미한다. 즉, 인권교육이 당위에 기반한 의식 교육을 넘어 실질적 문제 해결을 함께 다루어야 함을 의미했다.

"처음 했던 인권교육을 떠올려보면 인권은 보장되어야 한다는 지극히 당연한 이야기를 거창하게 읊었던 것 같아요. 당연한 이야길 너무 당연하게 하니, 학생들도 그저 그렇게 넘겼던 것 같습니다. 특별할 게 없으니까요. 하지만 아카데미를 통해 다양한 선생님들을 뵙고 이야기 나누며 서로의 생각을 모아가는 과정에서, 인권교육의 목적을 넘어 교육의 방법을 함께 고민해야 한다는 생각이 들었어요. 특히 권리를 위한 소통, 갈등 상황에서의 조정과 타협 등의 과정이 절실함을 느꼈습니다. 교육과정 재구성을 고민하게 된 이유가 거기 있었던 것 같아요."

민주시민교육 교사 아카데미 2기는 인권이라는 당위적 주제를 어떻게 학생들의 마음에 닿도록 할지 함께 고민했다. 특히 본인이 처음 했던 인권교육을 떠올리며 100시간의 여정을 통해 결이 잡혀가는 인권교육과 견주어보기도 했다. 역설적이게도 당연한 수업이 막막했음을 발견했고, 그래서 시작하려는 이들을 위한 안내가 필요함을 절감했다.

"사실 안내서라는 말을 감히 써도 되나 싶었어요. 제가 인권교육을 안내한다니, 어쭙잖다는 생각이 들었거든요. 하지만 아카데미의 힘이 무엇인가요? 바로 함께 표현하고, 공유하고, 공감하는 것이잖아요! 개인이 아니라 우리라는 생각을 하니 힘이 나더라고요. 그리고 안내라는 말을 썼지만, 같은 고민을 한 동료의 응원이라 생각하니 한결 더 마음이 편했어요."

어수룩한 충고, 조언, 평가, 판단은 최대한 덜어내고 싶었다. 그저 같은 고민을 하는 동료에게 오롯한 응원을 보내고 싶은 마음이었다. 그래서 우리는 처음에 주목했고, 그렇게 2기의 '처음이라는 인권교육'은 한 권의 책이 됐다.

"책 표지가 따뜻한 느낌이라 너무 좋았어요. 아직은 저자라는 말이 어색하고 그렇게 불리는 게 사실 불편하긴 하지만, 인권에 대한 우리 나름의 고민이 결실을 맺은 것 같아 행복했습니다."

> "처음에는 생태와 평화를 그저 지키고 유지하는 것으로만 생각했어요. 특히 제가 생태를 환경의 개념으로 보고 있다는 것을 아카데미 과정을 통해 알게 됐어요. 말 그대로 '둘러싸고 있는 주변'으로 생각했던 것이죠. 하지만 생태는 저를 포함한 하나의 관계였습니다. 그래서 발생하는 연쇄, 그로 인한 불평등을 조금씩 이해하기 시작했죠."

생태에서 불평등을 본 순간 생태는 단순히 지키고 유지해야 할 것이 아님이 드러난다. 다양한 권리와 요구가 상존하는 것, 이를 조정하기 위해 아카데미는 공존을 발견했다. 이는 평화에서도 동일했다.

> "분단국가에서 살고 있어서 그런지 평화하면 통일을 떠올리던 접니다. 물론 이러한 생각이 소극적 평화를 의미할 테지만 구조적으로, 그리고 문화적으로 폭력이 사라진 적극적 평화를 살피며 결국 민주시민이 바라봐야 할 평화를 절감하게 됐습니다."

직접적 폭력과 함께 구조적으로 누군가를 억누르는 현상, 문화적으로 구조적 폭력을 정당화는 모습을 인지하는 것은 평화를 위해 필요하다. 이른바 평화 감수성이다. 눈에 보이지 않는 폭력이 폭력으로 보일 때, 우리는 평화의 이야기를 더 깊이 시작할 수 있다.

생태도 마찬가지다. 생태의 사슬을 이해하는 것, 그것이 나를 비롯한 인류 구성원에게 미치는 영향을 인지하는 것, 생태 감수성은 공존으로서 세상을 바라본다.

“전 안전의 양면성을 인지하게 됐어요. 코로나19로 인해 마스크 사용이 폭증했고 다회용이 아닌 마스크는 그대로 쓰레기가 돼요. 그렇게 인류가 사용한 마스크가 한 달 430억 개의 미세 플라스틱을 만들어 생태를 오염시키고 있다고 하더라고요. 인간의 생존을 위한 몸부림이 생태를 위험에 빠뜨리고 있다는 생각이 들어, 제 평소 삶을 다시 돌아보게 됐습니다. 그래서 생태 수업을 고민하게 됐어요.”

교사의 세상 읽기는 수업을 변화시켰다. 학생들이 교실 밖 세상에 관심을 두고, 교실 밖 문제를 우리의 문제로 인지하며 이를 해결하려는 태도를 보이도록 하는 것이 시민이자, 생태의 공존자로서의 태도임을 생각하며 수업을 구상하기 시작했다. 교과서 너머를 보는 수업, 세상을 읽는 수업이 시작됐다.

“참 사소한 것인데, 예전에 아이들이 교실에 플라스틱병을 버릴 때 겉 라벨을 떼는 모습은 자주 있는 모습이 아니었어요. 플라스틱병을 분리수거함의 적절한 위치에 넣는 것만으로도 충분하다고 생각했던 아이들이, 미처 라벨이 벗겨지지 않은 플라스틱병을 분리수거함에 찾아서 라벨을 벗기는 모습은 제게 큰 보람이었어요. 아이들은 그렇게 생태 시민이 되어 가고 있었어요.”

“학생들이 학교 화장실에 휠체어가 들어가지 못하는 상황을 보고 폭력이라는 단어를 쓰는 것을 보고 흐뭇해했던 적도 있습니다. 평화를 깨는 요인 중 폭력에 관한 이야기를 다룬 적이 있는데, 직접적으로 힘을 행사하는 폭력 외에 타인의 권리를 해하는 문화나 상황들도 폭력적일 수 있다는 이야기를 나눴었거든요. 아이들이 공존을 조금씩 이해하는 것 같았어요.”

수업을 통한 아이들의 변화는 그렇게 세상 읽기로 나타났다. 주변에 숨겨져 있는 공존을 해하는 문제와 무심코 하는 행동의 파급을 인지, 즉 폭력과 생태에 대한 감수성이 자라나는 과정을 아카데미의 여정에서 우리는 확인할 수 있었다.

여정의 여운은 여전하다.

3년의 여정은 우리에게 광장을, 배움을, 때로는 버거움을 남겼다. 하지만 우리의 변화와 아이들의 변화는 우리의 발걸음을 가볍게 했다. 그러나 학생의 삶과 교사의 삶을 오가며 진한 아쉬움에 직면하기도 했다. 특히 교사의 정치적 중립성이라는 무거운 짐에 때때로 비켜 갔던 이야기들도 있었다. 그중에도 정치라는 주제는 대통령 선거가 있었던 올해 가장 뜨거웠으나, 애써 말을 아껴야 하는 주제이기도 했다. 이는 교사로서 아픈 현실이다. 학생들도 만 16세에 정당 가입이 가능해진 오늘날, 그리고 시민 저마다의 정치적 활동을 보장하는 작금에 우리는 정치적 중립성이라는 틀에 갇혀 머뭇거릴 수밖에 없었다. 시민은 광장에서 자유롭게 자신의 이야기를 표현하고 함께 공유하며 공감하는 이라고 마음을 모았음에도, 우리는 여전한 현실 앞에 이중적이어야 했다. 아직 우리 사회는 모두를 위한 광장을 갖고 있지는 못한 것 같다.

하지만 그래서 여전히 우리는 공존을 꿈꿀 수 있다. 아직 세상이 변화의 여지를 갖고 있을 때, 미처 도달하지 못했지만 가야 할 곳이 있을 때, 여정은 계속될 수 있다. 우리 학생들이 자신의 생각을 자유롭게 말하고 함께 공유하고 공감하며 광장에서 서로를 편안하게 드러낼 수 있는 사회, 그리고 그것이 불안하지 않은 세상이 되길 희망하며 앞으로도 계속될 아카데미의 여정을 응원한다.

유범상

한국방송대학교 교수

동료 시민들과 함께 <시민교육과 사회정책을 위한 사단법인 마중물>을 만들었다. 사단법인 마중물은 시민교육을 위한 교육콘텐츠, 민주시민교사 양성, 주민조직화 등을 위해 노력하고 있다.
유범상은 공저로 <연민대신 권리를 나누기로 했다>를 쓰고 청소년 시민교육과, <선배시민>을 저술하고 동료들과 함께 선배시민학회를 만들어 노인교육을 실천하고 있다.

김용진

인천광역시교육청 장학사

동료와 함께 토론하는 것을 좋아하고 낯선 세상에 대한 호기심이 많다. 지난 4년간 시교육청에서 민주시민교육과 학생자치 업무를 담당했다.

권해란

계산여자중학교 교사

현재 '국어' 시간에 3학년 학생들을 만나고 있으며, 학교홍보신문반 학생들과 학교신문을 만들고 있다. '봄'과 관련한 단어로 '개나리'가 아닌 '황사'를 적는 아이들을 보며 생태에 대한 관심을 갖기 시작했다. 미래를 살아갈 학생들이 생태에 대한 걱정 없이 자신의 꿈을 키우는 세상이 오기를 희망하며 관련 도서를 찾아보고 학생들과 고민하고 있다.

배정현

인천효성동초등학교 교사

경인교육대학교 초등교육과를 졸업하고 동 대학원에서 학교상담을 전공했다. 현재 초등학교 교사 재직 10년차로 아이들을 만나고 있다.
아이가 태어나면서 지구의 미래에 대해 고민을 하다가 이후 세계시민교육에 관심을 갖고 2021년부터 인천광역시 동아시아시민교육 선도교사로 활동하고 있다.

안진

인천송원초등학교 교사

변화하는 사회에서 학생들에게 가르침과 도움을 주고 싶은 교사. 선생님의 역할은 무엇일까를 항상 고민하며 답을 찾고자 노력하는 중에 뜻을 함께하는 동료교사들과 전문적 학습공동체 연구활동을 하고 있다. 나와 학생들의 배움과 성장을 위해 남은 교직 생활을 보내고 싶다.

이진영

연수여자고등학교 교사

교육경력 25년차 수학교사. 수학의 의미보다는 기술에 익숙해지고 있던 어느 날, 생소한 단어에 이끌려 부지불식간에 클릭, 내 인생의 소풍이 시작된 민주시민교육 교사아카데미를 만났다. 어른이 되면서 설레고 흥분되는 일보다 감내하고 견뎌야 하는 현실 속에서 소풍 같은 시간을 보내고 있다.

최현정

인천건지초등학교 교사

2020년 코로나가 확산됨과 동시에 인천건지초등학교로 첫 발령을 받았다.
첫 해 동학년 선생님과 함께 슬로리딩 교육과정을 재구성하면서 재미와 배움을 모두 갖춘 슬로리딩의 매력에 빠지게 되었다. 더 나은 수업을 항상 고민하며 아이들과 함께 행복하게 성장하는 교실을 만들기 위해 노력하고 있다.

문윤정

인천신선초등학교 교사

미래교육에서 창의적이고 포용적인 민주시민을 어떻게 양성할 수 있을지, 미래교육에서 거버넌스의 역할과 기능에 대해 관심이 있다. 인천광역시 교육과정심의위원회 위원, 미래교육 관련 도서 집필, 발명적 사고로 환경문제를 해결하는 교육실천가이다.

이혜원

인천운남초등학교 교사

초등교사를 꿈꾸어왔고 초등교사로서의 삶이 행복한 14년차 초등교사다. 서로 돕고 배려하며 긍정과 자신감으로 배움을 즐기는 학급을 만들어나가기 위한 노력을 계속하고 있다. 배움은 즐거운 여정이 되어야 하며 그 중심에는 항상 학생이 있어야 한다는 믿음으로 오늘도 아이들과 동상동몽하고 있다.

장혜진

인천원동초등학교 교사

모두와 평화롭게 공존하는 세상을 아이들과 함께 만들어가고자 노력하는 15년차 초등교사다. 평화와 생태에 대해 민주시민교육 아카데미 100시간 공부를 함께 하며 많은 것을 배우고, 실천에 대한 의지를 다지고 있다. 나와 아이들의 작은 실천들이 모여 더 나은 세상이 만들어지고 있음을 믿고 더욱 열심히 실천하고자 한다.

김성준

인천신현고등학교 교사

2014년부터 인천신현고등학교에서 정치와 법, 사회·문화, 경제, 학생자치와 사회참여, 사회문제 탐구 등을 가르치고 있다. 줄곧 3학년에서 수능 대비 문제풀이 수업을 하며 큰 염증을 느꼈다. 점점 파편화되어가는 아이들의 모습을 보며, 이들에게 사회에 관심을 갖고 공감하며 동료 시민들과 연대하기 위한 씨앗을 뿌리고자 고민하는 교사다.

이형석

인천도담초등학교 교사

대한민국 초등교사로서 아이들과 함께 각자 삶의 주인으로 살아갈 힘을 기르면서 타인과 더불어 살아가는 법을 서로 배우고 가르치는 일에 마음을 다하고 있다. 혼자 읽는 독서가 아닌 함께 읽고 다양한 샛길활동으로 체득하는 사회적 독서를 위한 한 권의 책으로 떠나는 즐거운 소풍인 슬로리딩을 여러 선생님들과 함께 나누고 싶다.

황선영

인천고등학교 교사

교직 20년차 사회교사. 아직도 해마다 바뀌는 학생, 교실이 낯설지만 그럼에도 세상은 넓고 배워야 할 것도 여전히 많다고 느끼고 있다. 요즘은 동아리를 중심으로 학생과 함께 지역사회에서 우리 스스로 할 수 있는 일이 무엇일까 고민하며, 실천해보고 있는 중이다.

백신종

인천만수초등학교 교사

15년차 초등학교 교사다. 학생의 민주시민으로서 성장이 교육 목표임을 뒤늦게 깨닫고, 2019년 민주시민교육 교사 아카데미 1기에 참여했다. 학생들이 자신의 목소리에 공존의 가치를 담는 따뜻한 시민이 되길 꿈꾸며 오늘도 학생들을 만난다.

생태와 평화교육을 위한
100시간 여행

초판 1쇄 발행 2022년 12월 15일

지은이 인천광역시교육청 학교민주시민교육 교사아카데미

발행인 김병주
COO 이기택 **뉴비즈팀** 백헌탁, 이문주, 백설
행복한연수원 이종균, 이보름 **에듀니티교육연구소** 조지연
경영지원 박란희 **편집부** 조정빈 **디자인** 정진주

펴낸 곳 (주)에듀니티
도서문의 070-4342-6110
일원화 구입처 031-407-6368 (주)태양서적
등록 2009년 1월 6일 제300-2011-51호
주소 서울특별시 금천구 가산동 371-28 우림라이온스밸리 A동 1208호
출판 이메일 book@eduniety.net
홈페이지 www.eduniety.net
페이스북 www.facebook.com/eduniety
인스타그램 www.instagram.com/eduniety/
www.instagram.com/eduniety_books/
포스트 post.naver.com/eduniety

ISBN 979-11-6425-136-0

값은 뒤표지에 있습니다.

문의하기

투고안내